BOEMIA LITERÁRIA E REVOLUÇÃO

ROBERT DARNTON

Boemia literária e revolução

O submundo das letras no Antigo Regime

Tradução
Luís Carlos Borges

2ª edição

COMPANHIA DAS LETRAS

Copyright © 1982 by President and Fellows of Harvard College
Published by arrangement with Harvard University Press
Não é permitida a venda em Portugal

Título original
The Literary Underground of the Old Regime

Capa
Mariana Newlands

Ilustração de capa
Henri Gustave Jossot, 1894

Copidesque
Sabatini Giampietro

Índice remissivo
Paulo Cezar de Mello
Maria Claudia Carvalho Mattos

Revisão
Eduardo Russo
Andrea Souzedo

Dados Internacionais de Catalogação na Publicação (CIP)
(Câmara Brasileira do Livro, SP, Brasil)

Darnton, Robert, 1939-
    Boemia literária e revolução: o submundo das letras no Antigo Regime
/ Robert Darnton ; tradução Luís Carlos Borges. — 2ª ed. — São Paulo:
Companhia das Letras, 2024.

Título original: The Literary Underground of the Old Regime.
ISBN 978-85-359-3834-0

    1. França — História — Revolução, 1789-1799 2. Literatura alternativa
— França — História e crítica — Século 18 3. Literatura e revoluções
I Título.

24-231215   CDD-944.04

Índice para catálogo sistemático:
1. França : Revolução : História   944.04

Cibele Maria Dias — Bibliotecária — CRB-8/9427

Todos os direitos desta edição reservados à
EDITORA SCHWARCZ S.A.
Rua Bandeira Paulista, 702, cj. 32
04532-002 — São Paulo — SP
Telefone: (11) 3707-3500
www.companhiadasletras.com.br
www.blogdacompanhia.com.br
facebook.com/companhiadasletras
instagram.com/companhiadasletras
x.com/cialetras

Sumário

Prefácio 7

1. O Alto Iluminismo e os subliteratos 13
2. Um espião na boemia literária 53
3. Um panfletista em fuga 83
4. Um livreiro clandestino da província 133
5. Uma tipografia do outro lado da fronteira 160
6. Leitura, escrita e atividade editorial 180

Notas 223
Fontes dos textos 257
Glossário... 259
Cronologia.. 277
Índice remissivo..284

Prefácio

Este livro reúne fragmentos de um mundo que se desintegrou ainda no século XVIII. Era um mundo, ou submundo, que vivia da produção e difusão de literatura ilegal na França pré-revolucionária. Invisível em sua própria época, exceto para os iniciados, foi, desde então, soterrado por tantas camadas de história que pareceu inacessível a qualquer escavação. Por que, então, tentar reconstituí-lo?

Eu responderia, de pronto, que reconstruir mundos é uma das tarefas essenciais do historiador, e ele não a empreende pelo estranho impulso de escarafunchar arquivos e farejar papel embolorado — mas para conversar com os mortos. Fazendo perguntas aos documentos e prestando atenção às respostas, pode-se ter o privilégio de auscultar almas mortas e avaliar as sociedades por elas habitadas. Se rompermos todo contato com mundos perdidos, estaremos condenados a um presente bidimensional e limitado pelo tempo; achataremos nosso próprio mundo.

Pode soar meio pomposo introduzir desta maneira uma obra que trata de subliteratos, editores piratas e mascates de livros proibidos. Mas o assunto é mais importante do que possa parecer: muita literatura foi proibida ao longo da história — e é proibida ainda hoje, como bem sabe quem conhece a luta do *samizdat* e da "universalidade ambulante", na Europa Oriental, contra o campo de concentração. A clandestinidade teve especial importância no século XVIII: a censura, a polícia e uma corporação monopolista de livreiros tentavam sujeitar a palavra escrita aos limites impostos pelas ortodoxias oficiais. Ideias heterodoxas só podiam circular através dos canais da clandestinidade. De que maneira? É bem pouco o que sabem os historiadores acerca da forma como era escrita, impressa, distribuída e lida, sob o Ancien Régime, a própria literatura ilegal. Dos livros proibidos, é natural, sabe-se menos ainda. A maior parte, contudo, do que hoje se tem por literatura francesa do século XVIII transitava pela calçada não iluminada da lei na França daquele século. Meu livro passeia por esses trajetos.

Fui capaz de iluminá-los porque, dezessete anos atrás, esbarrei com um sonho de historiador: um enorme depósito de arquivos intocados, os documentos da Société Typographique de Neuchâtel, na biblioteca municipal de Neuchâtel, na Suíça. A Société Typographique foi uma das maiores dentre as muitas editoras que brotaram em torno das fronteiras da França com o fim de atender à procura, no interior do reino, por livros piratas ou proibidos. Seus papéis são o mais rico filão de informações sobre uma editora do século XVIII. Depois de pesquisá-los, resolvi consultar fontes complementares na França — arquivos da polícia, da Bastilha e da corporação dos livreiros — e escrever uma série de estudos sobre a força do livro no século XVIII. A primeira parte, *The Business of the Enlightenment: A Publishing History of the* Encyclopédie, *1775-1800* (O Iluminismo como negócio: uma história editorial da *Encyclopédie*, 1775-1800), foi publicada em 1979. Esta é a segunda.

Depois de explorar o mais que pude o underground literário, percebi que o retrataria com mais eficácia se, em vez de vasto painel, preparasse um conjunto de esboços. O esboço, em ciência histórica, permite transfixar os homens no momento da ação, iluminar os assuntos sob uma luz insólita, focalizar complexidades por ângulos diferentes. Pode adicionalmente, no curso da pesquisa, fazer-nos deparar — e comunicar-nos esse vívido sentimento — com variedades surpreendentes da humanidade. Enquanto eu mergulhava nos arquivos, percorrendo dossiê por dossiê, carta por carta (há cinquenta mil delas na coleção de Neuchâtel), era permanentemente atingido pela impressão de que a vida se projetava da obscuridade, adquiria caracteres distintivos e pessoais, revelava-se enquanto escrevia, imprimia ou traficava com livros. É sensação incomum a de abrir um dossiê de cinquenta ou cem cartas que ninguém mais leu desde o século XVIII. Terão vindo de Paris, da mansarda em que um jovem escrevinha com a imaginação suspensa entre o Parnaso e as ameaças de despejo formuladas pela senhoria? Narrarão as agruras de um fabricante de papel de longínqua aldeia montanhesa a renegar o clima, que estraga a consistência do material logo na hora de dar-lhe acabamento, e praguejando contra os trapeiros, que não vêm trazer-lhe papel velho nas datas combinadas? Talvez seja preciso ler em voz alta estes rabiscos quase ilegíveis; quem sabe, assim, os ouvidos captem mensagens que resistem ao olhar. Talvez desvendem o esquema de uma operação de contrabando. Podem transportar-nos ao interior de uma tipografia, onde operários arfam sobre os prelos, ou para baixo dos balcões onde se guardam os livros sediciosos. Ou conduzir-nos pelos trajetos que os vendedores percorrem a cavalo para difundir o Iluminismo. Ou fazer-nos descer os grandes rios rumo a *entrepôts* como Amsterdam e Marselha e aos remotos mercados de livros de Lisboa, Nápoles, Frankfurt, Leipzig, Varsóvia, Budapeste, Moscou.

Podem, essas cartas, vir de qualquer lugar. E revelar qualquer coisa. Geralmente nos apanham de surpresa. Quando nos convencemos de que o autor está a pique de abocanhar um dote, eis que o expulsam da cidade por uma *lettre de cachet.** Quando um engradado de livros está chegando ao porto em que o esperam, ei-lo surrupiado pelos corsários. Nosso homem de negócios se revela um trapaceiro; nosso filósofo se transforma em espião da polícia. A humanidade muda de feições ante nossos olhos, enquanto presenciamos o desenrolar das especulações dos livreiros e os rangidos e sacolejos de carroças, abarrotadas de livros, que atravessam o continente. O mundo acionado pela imprensa tem sua própria *comédie humaine,* tão rica e complexa que não caberia entre as capas de um só livro. Tentei, por isso, esboçar seus compartimentos mais interessantes, adiando para obra posterior um estudo sistemático.

A observação dos barrocos personagens que habitavam os subterrâneos da literatura propôs-me certos problemas históricos, por assim dizer, clássicos. Quão profundamente o Iluminismo penetrou na sociedade francesa? Em que medida as ideias radicais contribuíram para destruir o Ancien Régime? Quais foram as ligações entre o Iluminismo e a Revolução na França? Reexaminadas da perspectiva dos arquivos dos editores, estas questões mostram-se menos abstratas, mais terra a terra, que as formulações contidas nos manuais tradicionais. Se não podem ser respondidas de forma absoluta, podem, ao menos, ser reduzidas a proporções aceitáveis e passíveis de tratamento narrativo, como se fossem estudos de casos. Este livro apresenta os casos.

Ao fazê-lo, tentei argumentar em favor de um alargamento da história intelectual, sugerindo que um gênero híbrido — a história social das ideias — poderia contribuir para uma nova

---

* As palavras e expressões assinaladas com asteriscos são explicadas no Glossário ao fim do volume. (N. E.)

avaliação do Iluminismo. A constante releitura das grandes obras do século XVIII, pelos historiadores e especialistas em literatura, levou-os a elaborar uma imagem do Iluminismo como uma fase distinta na civilização ocidental. Sem discutir o valor de seu trabalho, gostaria de enfatizar a importância de se ir além dos livros para se defrontar com um novo conjunto de questões: como os escritores tentavam fazer carreira na república das letras? Sua condição socioeconômica influía em seus escritos? Como operavam editores e livreiros? Seus métodos comerciais afetavam de forma significativa o custo do livro? O que era essa literatura? Quem a lia? E como era lida?

Estas questões poderiam ser colocadas em qualquer período da história; mas são de particular importância para a compreensão do Ancien Régime. No século XVIII emergiu, na França, o que se poderia chamar de *público leitor*; a opinião pública ganhou força; e o descontentamento ideológico jorrou, juntamente com outras correntes, para produzir a primeira grande revolução dos tempos modernos. Os livros contribuíram de forma considerável para essa fermentação — mas tal contribuição não pode ser apreciada apenas pelo estudo de seus textos. Precisamos saber mais sobre o mundo por trás dos livros. A começar pelo dos subliteratos, onde tantos textos tomaram forma, prosseguir a pesquisa através das tipografias e rotas de contrabando, e chegar, por fim, às vendas clandestinas e transações sub-reptícias de um enorme submundo literário. Este livro fornece apenas um reconhecimento preliminar do território. Mas talvez baste para descerrar um mundo que estava perdido. E nos ajude a compreender vidas que se haviam desvanecido no passado.

1. O Alto Iluminismo e os subliteratos

De onde provém tão insensata agitação? De uma turba de escreventes e rábulas, escritores sem nome, escrevinhadores esfaimados, que se dedicam a agitar o populacho em clubes e cafés. Eis as forjas que forjaram as armas que as massas hoje empunham.

P. J. B. Gerbier, junho de 1789

As recompensas da nação devem ser ministradas aos que dela são dignos; e, agora que desbaratamos os vis bajuladores do despotismo, devemos buscar o mérito que habita os porões e as águas-furtadas do sétimo andar... O verdadeiro gênio quase sempre é sans-culotte.

Henri Grégoire, agosto de 1793

Tantas foram, e tão boas, as descrições do ápice da história intelectual do século XVIII, que talvez conviesse rumar noutra direção, tentando atingir a base do Iluminismo e mesmo penetrar seu submundo, lá onde ele possa ser examinado como ultimamente se tem feito com a Revolução — isto é, *de baixo*.

O ato de escavar, na história das ideias, exige novos métodos e novos materiais. Remexam-se arquivos, em vez de contemplar tratados filosóficos. Um exemplo da espécie de detritos que tal escavação pode trazer à luz é a seguinte carta, dirigida por um livreiro de Poitiers a seu fornecedor na Suíça:

> Eis uma pequena lista de livros filosóficos que desejo. Favor mandar a fatura antecipadamente:
> *Vênus no claustro ou A freira em camisola*
> *O cristianismo desvendado*
> *Memórias da marquesa de Pompadour*
> *Investigação sobre a origem do despotismo oriental*
> *O sistema da natureza*
> *Thérese, a filósofa*
> *Margot, a companheira dos exércitos.*[*1]

Eis, no jargão do comércio livreiro do século XVIII, uma noção do *filosófico* partilhada por homens cujo negócio era saber o que os franceses queriam ler. Se a colocarmos em contraste com a visão do movimento filosófico que piamente vem sendo passada de manual para manual, impossível não sentir um certo desconforto: a maioria dos títulos é absolutamente desconhecida e parece sugerir que um monte de lixo acabou se juntando, de alguma forma, à ideia de filosofia do século. Talvez o Iluminismo fosse mais banalizado que o rarefeito clima de opinião descrito pelos autores de manuais faz suspeitar, e devêssemos questionar a visão pretensiosa, sumamente metafísica, da vida intelectual no século XVIII. Um meio de trazer o Iluminismo de volta à terra é encará-lo do ponto de vista dos autores da época. Afinal, eram homens de carne e osso, desejosos de encher a barriga, cuidar da família e vencer na vida. É claro que o estudo dos autores não resolve todos os problemas vinculados ao estudo das ideias — mas sugere a natureza de seu conteúdo social e permite que se extraia, da história literária convencional, o bastante para arriscar umas poucas hipóteses.[2]

Uma das hipóteses favoritas da história da literatura é a da evolução do status do escritor no século XVIII. À época do Alto Iluminismo, durante os últimos vinte e cinco anos do Ancien Régime, o prestígio dos autores franceses havia se elevado de tal forma que um visitante inglês, ao descrevê-los, serviu-se dos mesmos termos empregados por Voltaire para descrever os literatos ingleses nos primórdios do Iluminismo: "Há certa nobreza em ser autor".[3] A carreira do próprio Voltaire atesta a transformação de valores ocorrida nas camadas superiores da sociedade francesa. Os mesmos círculos que aplaudiram a sova que lhe ministraram os asseclas do cavaleiro de Rohan, em 1726, ovacionaram-no como um deus durante sua volta triunfal de Paris em 1778. Usou sua apoteose para promover a causa da "classe" — os homens de letras reunidos por valores, interesses e inimigos comuns em nova categoria profissional, ou "estado". Sua correspondência dos últimos vinte anos pode ser lida como contínua campanha de proselitismo para sua "igreja", como a chamava, e para proteger os "irmãos" e "fiéis" que a integravam. Quantos jovens do fim do século XVIII não sonharam em juntar-se aos iniciados, ensinar aos monarcas, resgatar a inocência ultrajada, governar a república das letras a partir da Académie Français ou dum *château* ao estilo de Ferney? Tornar-se um Voltaire ou um D'Alembert, eis a glória que seduzia os jovens em busca de êxito. Como fazê-lo, contudo, sendo um *philosophe*?

Acompanhemos a carreira de Jean-Baptiste-Antoine Suard, um típico *philosophe* do Alto Iluminismo. Marmontel, Morellet, La Harpe, Thomas, Arnaud, Delille, Chamfort, Roucher, Garat, Target, Maury, Dorat, Cubières, Rulhière, Cailhava — todos serviriam tão bem quanto ele. A vantagem de Suard é ter sido descrito pela esposa. A ascensão de um *philosophe* é muito reveladora quando observada do ponto de vista de sua mulher; especialmente quando, como no caso de Mme. Suard, essa mulher conservava um dos olhos voltado para detalhes domésticos e a necessidade de equilibrar o orçamento familiar.[4]

Suard deixou a província aos vinte anos. Chegou a Paris exatamente a tempo de participar do entusiasmo que cercava a *Encyclopédie* na década de 1750. Tinha três virtudes: boa aparência, boas maneiras e um tio parisiense. Tinha também cartas de apresentação para amigos de amigos. Seus contatos sustentaram-no por alguns meses, enquanto aprendia inglês o bastante para aguentar-se como tradutor. Então conheceu e cativou o *abbé* Raynal, uma espécie de agente recrutador para a elite sociocultural conhecida como *le monde*.[5] Raynal arranjou-lhe empregos como preceptor de crianças bem-nascidas. Encorajou-o a redigir pequenos ensaios sobre os heróis do dia — Voltaire, Montesquieu, Buffon. Introduziu-o nos *salons*. Suard concorreu a prêmios para ensaios oferecidos por academias provincianas. Publicou fragmentos literários no *Mercure*. E, conseguindo frequentar o salão de Mme. Geoffrin, começou a ser presença constante em *le monde* — expressão que aparece com a regularidade de um leitmotiv em todas as descrições de Suard.[6] Com as portas dos *salons* de D'Holbach, de madame D'Houdetot, da senhorita de Lespinasse, de madame Necker e de madame Sauvin abrindo-se para ele, obteve emprego na *Gazette de France*: alojamento, aquecimento, iluminação e 2.500 *livres** anuais para desbastar a matéria-prima semanalmente fornecida pelo Ministério das Relações Exteriores.

Aqui Suard empreendeu seu primeiro passo fora da ortodoxia: casou. Os *philosophes* geralmente não casavam. As grandes figuras dos primórdios do Iluminismo — Fontenelle, Duclos, Voltaire, D'Alembert — permaneceram solteiras. Ou, quando aderiam ao matrimônio, como Diderot e Rousseau, faziam-no com alguém de sua condição — balconistas e criadas.[7] Mas o elevado status do *philosophe* no tempo de Suard fazia do casamento coisa concebível. Escolheu mocinha de boa cepa burguesa, como ele próprio; triunfou das objeções do irmão dela, o editor Panckoucke, e das de madame Geoffrin, que sustentava antiquadas ideias de incompatibilidade entre a profissão de escritor e a vida familiar; e montou casa no apartamento cedido pela *Gazette de France*. Madame Suard apertou o guarda-roupa, fazendo-o caber no estreito orçamento doméstico. Todas as semanas, amigos como o príncipe de Beauvau e o marquês de Chastellux enviavam-lhes os frutos de suas caçadas. E principescos patrocinadores, como madame de Marchais, remetiam carruagem para transportar o casal a jantares em que a jovem esposa se maravilhava com "a posição e o mérito dos convidados".[8] Isso era coisa nova: Mme. Philosophe antes não acompanhava o marido em suas incursões por *le monde*. Madame Suard seguia o marido por todos os lugares e até começou a formar seu próprio salão, a princípio oferecendo modesta ceia a amigos literatos. Amigos e patronos reagiram entusiasticamente; uma espécie de culto desenvolveu-se em torno do *petit ménage*, o "casalzinho", como passaram a ser conhecidos após um poema laudatório de Saurin. Outrora personagem secundário, laçado para distrair os salões e depois devolvido à rua, onde o aguardava a rotina de espancamentos, mendicância e *embastillement* (encarceramento na Bastilha), o *philosophe* se domesticava; ficava respeitável; e era assimilado pela mais conservadora das instituições, a família.

Conquistado *le monde*, Suard começou a ganhar dinheiro. Assumindo a administração integral da *Gazette de France*, ele e seu colaborador, o *abbé* Arnaud, aumentaram seu estipêndio de 2.500 para 10.000 *livres* cada um. A proeza foi praticada a despeito dos protestos de um burocrata do Ministério das Relações Exteriores, que se declarou "assombrado por homens de letras não se considerarem bastante ricos com 2.500 *livres* de renda".[9] Apelaram diretamente ao ministro, o duque de Choiseul, cuja irmã, a duquesa de Grammont, era íntima da princesa de Beauvau, por sua vez amiga dos Suard e de madame de Tessé, a protetora de Arnaud. Essa nobreza obsequiosa, contudo, era vulnerável às oscilações políticas da corte; e, quando D'Aiguillon substituiu Choiseul, os Suard foram despejados do apartamento da *Gazette*. Mas eis que outra vez *le monde* sai em socorro de seu *petit ménage*. Suard recebeu, a título de compensação, uma pensão de 2.500 *livres* de D'Aiguillon, a isso persuadido por madame de Maurepas, convencida a fazê-lo pelo duque de Nivernais, comovido pela visão de madame Suard soluçando em plena Académie Française e aguilhoado pelas pressões de D'Alembert e de La Harpe. Aí vieram 800 *livres* sob a forma de *rentes perpétuelles*, um dom dos Necker. Os Suard alugaram casa na rue Luis-le-Grand. Suard manobrou para conseguir lucrativo cargo de correspondente literário do margrave de Bayreuth. Os amigos arranjaram-lhe uma pensão de 1.200 *livres* sobre as rendas do *Almanach Royal*. Vendeu sua coleção de livros ingleses ao duque de Coigny por 12.000 *livres* e comprou casa no campo. Tornou-se censor real. Seguiu-se a eleição para a Académie Française, trazendo renda de cerca de 900 *livres* em *jetons* (duplicada em 1786) e bem mais em benefícios indiretos, tais como o cargo de censor de todas as peças e espetáculos, no valor de 2.400 (mais tarde 3.700) *livres* por ano. Quando o *Journal de Paris* teve a circulação suspensa por haver publicado epigrama contra uma princesa estrangeira, o grão-chanceler convocou Suard e obteve sua aquiescência para expurgar o material futuro de toda inconveniência. Suard também concordou, naturalmente, em partilhar os lucros: mais 1.200 *livres*. "Tomava um cabriolé que o transportava, após o cumprimento dos deveres inerentes a seus cargos, à adorável casa com que me presenteara",[10] relembra madame Suard. Haviam alcançado o ápice, desfrutando uma renda de 10.000, talvez 20.000 *livres* anuais, e todas as delícias dos últimos dias do Ancien Régime. Os Suard tinham chegado lá. O mais espantoso, na história do sucesso dos Suard, é sua dependência de "proteção" — não mais a antiga variedade palaciana de mecenato, mas um tipo inteiramente novo que implicava conhecer as pessoas certas, manipular os cordéis adequados e "cultivar", tal como a palavra era entendida no século XVIII. Os escritores mais velhos e estabelecidos, os burgueses opulentos, os nobres — todos participavam desse processo de cooptar jovens dotados do estilo certo, perfeitamente afinados com o *bon ton*, para os salões, academias, jornais privilegiados e cargos honoríficos. O elemento ausente era o mercado: Suard vivia de pensões e sinecuras, não da venda de livros. Na verdade, pouco escrevia; e pouco tinha a dizer — nada, ocioso acrescentar, que ofendesse o regime. Acatava escrupulosamente a linha do partido dos *philosophes* e embolsava sua recompensa.

Quantas recompensas desse gênero existiam? Quão típico era o *cas typique* de Suard? Parte da resposta jaz numa caixa dos Arquivos Nacionais (Archives Nationales), que contêm uma lista de 147 "Literatos que requerem pensões" e dez dossiês abarrotados de material informativo sobre escritores e suas fontes de renda.[11] A lista parece um *Who's Who* do mundo literário; foi preparada por funcionários do *Contrôle général* para orientação de Calonne,* que em 1785 decidira ampliar e sistematizar a concessão de pensões, *gratifications* e *traitements* (estipêndios) literários. Calonne recebeu auxílio de uma comissão composta por Lenoir, antigo comissário geral de polícia, Vidaud de Latour, diretor do comércio livreiro, e dois acadêmicos da corte, o marechal de Beauvau e o duque de Nivernais: um grupo que dificilmente se poderia considerar revolucionário. A lista de pensões, com as recomendações dos funcionários e as anotações do próprio Calonne rabiscadas à margem, dá a mesma impressão. Exibe acentuada inclinação por escritores simpáticos ao sistema, especialmente acadêmicos. Eis Morellet com 6.000 *livres* anuais da Caisse de Commerce. Marmontel com 3.000 *livres* como *historiographe de France* e 2.000 como secretário perpétuo da Académie Française. La Harpe queixa-se de receber apenas 600 *livres* do *Mercure*; o marechal de Beauvau pressiona para que o pensionem com mais 1.500; apesar de um subalterno desmancha-prazeres observar que La Harpe já recebe 3.000 *livres* como professor do Lycée, a pensão é concedida. A lista prossegue; as figuras do Alto Iluminismo sucedem-se. Chamfort (2.000 *livres* acrescentadas às 1.200 da *maison du roi*), Saint-Lambert (pedira 1.053 e a decisão foi adiada), Bernardin de Saint-Pierre (1.000 *livres*), Cailhava (1.000 *livres*), Keralio, Garat, Piis, Cubières, Des Essarts, Aubert e Lemierre.

Blin de Sainmore, firme cidadão das camadas inferiores da república das letras, exemplificava as qualidades necessárias para a obtenção de pensão. Era censor real, *historiographe de l'Ordre du Saint-Esprit* e protegido da princesa de Rochefort: "Devo ainda acrescentar, Monseigneur, que sou chefe de família, nasci sem fortuna e nada tenho para sustentar e educar minha gente, exceto o cargo de historiógrafo das Ordens do rei, cujo rendimento mal daria para viver, sozinho, de forma decente".[12] Assim, as pensões não só recompensavam bons serviços; podiam ser uma espécie de caridade. A viúva de Saurin candidatou-se a uma destas: a morte do marido a deixara desamparada, pois ele vivia inteiramente "da beneficência do governo".[13] E especificava:

Pensão da Académie Française	2.000
Pensão das Fazendas Gerais	3.000
Como filho de ministro [protestante] convertido	800
Como censor	400
Do cargo de *trésorier du pavé de Paris*	2.400
Total	8. 600

Essa beneficência destinava-se, geralmente, a escritores sérios e merecedores; seria impensável para um qualquer, sem relações com *le monde*. Em primeiro lugar, na lista do governo, vinham os acadêmicos — a ponto de um assistente ministerial anotar numa das margens: "Há certo perigo de o título de acadêmico tornar--se sinônimo de pensionista do rei".[14] Ducis pleiteava 1.000 *livres* anuais a título vitalício, argumentando que "a maioria de nossos *confrères*, da Académie Française ou da Académie des Inscriptions, conseguiu pensões cujo caráter é o de uma graça permanente".[15] Esse favoritismo irava Caraccioli:

> Serei pretensioso o bastante para crer que o senhor já ouviu falar de minhas obras, todas tendo a religião e a sadia moralidade por objeto. Venho escrevendo neste gênero por trinta e cinco anos; e, a despeito da frivolidade do século, [minhas obras] difundiram-se por todos os lugares e foram traduzidas em diversas línguas. Não obstante, sob os ministros que o precederam, e que me fizeram as mais belas promessas, nada obtive jamais, exceto viver em mo-destíssima situação, que passaria perfeitamente por indigência. E tenho visto *gratifications* e pensões jorrando em abundância.[16]

Como sugerem os comentários de Caraccioli, ter opiniões "sadias" era qualificação necessária para conseguir pensão. Em certos casos, o governo subsidiava escritores que tivessem feito propaganda a seu favor. Mostrou-se benevolente para com o *abbé* Soulavie, pois este "submeteu alguns manuscritos, versando so-bre assuntos financeiros, a *M. le Contrôleur Général*".[17] Evitava, ao contrário, qualquer pagamento a quem fosse de duvidosa lealda-de. Rejeitou liberar verbas para J.-C.-N. Dumont de Sainte-Croix, um autor de pouca expressão especializado em jurisprudência, com base em nota marginal junto a seu nome: "novos sistemas desse gênero até mereceriam encorajamento, se feitos exclusivamente para conhecimento do governo e não do público, por eles incitado a rebelar-se contra as leis estabelecidas em vez de ser esclarecido quanto aos meios de aprimorá-las". A seguir, em outra caligrafia: "Nada".[18] Rivarol não recebeu, igualmente, coisa alguma — mas apenas por já ser o beneficiário de pensão secreta de 4.000 *livres*. "É muito inteligente, e um encorajamento, que poderíamos pagar-lhe todos os anos se permanecer fiel a princípios sadios, seria um modo de impedir que siga sua propensão a aderir a ideias perigosas."[19]

Variadas, assim, as considerações que determinavam o patrocínio do Estado. No caso de instituições modernas, como o Centre National de la Recherche Scientifique, a monarquia sustentava circunspectos sábios, desejosa, talvez, de recrutar uma nova elite intelectual.[20] Dispensava, igualmente, caridade. E usava seus fundos para estimular escritos que propagassem imagem favorável do regime. Mas sempre restringia os subsídios a homens de certo prestígio no mundo das letras. Personagens secundários, como Delisle de Sales, Mercier e Carra, tiveram a audácia de pedir pensões; nada receberam. Lenoir revelaria, mais tarde, que ele e seus colegas haviam recusado Carra, Gorsas e Fabre d'Eglantine porque "os acadêmicos os descreviam como 'as fezes da literatura'".[21] Enquanto os subliteratos erguiam, em vão, as mãos para o governo, este concedia suas benesses a escritores seguramente instalados em *le monde*.

E as prodigalizava em larga escala. Uma nota de funcionário subalterno registrava pagamentos anuais de 256.300 *livres*; em 1786 foram adicionadas mais 83.153. Essas cifras representavam apenas os benefícios que saíam do tesouro real. Muito mais dinheiro fluía para as bolsas dos escritores "sadios" proveniente de cargos distribuídos pelo governo. Os jornais, por exemplo, representavam importante fonte de renda para uns poucos privilegiados, no sentido literal da palavra. Privilégios reais reservavam certos assuntos para periódicos semioficiais como o *Mercure*, a *Gazette de France* e o *Journal des Savants*, que exploravam esse monopólio de notícias sem o aborrecimento de competidores (o governo permitia a circulação de certos periódicos estrangeiros, desde que fossem discretos, acatassem a censura e pagassem compensação a um jornal privilegiado) e entregavam parte da receita a escritores nomeados pelo governo. Em 1762, o *Mercure* pagou 30.400 *livres* a vinte astros menores do Alto Iluminismo.[22] Havia, ainda, as sinecuras. O rei não exigia apenas um historiógrafo oficial; também subsidiava *historiographes de la marine*, da Marinha, *des bâtiments royaux*, dos edifícios reais, *des menus-plaisirs** e *de l'Ordre du Saint-Esprit*. Os ramos da família real estavam carregados de leitores, secretários e bibliotecários — postos mais ou menos honoríficos *pelos* quais, antes de conquistá-los, se trabalhava, mas *nos* quais bem pouco se fazia; a eles se chegava esperando em antecâmaras, improvisando panegíricos, cultivando relações nos salões e conhecendo a *gente certa*. É claro que sempre ajudava ser membro da Académie Française.[23]

As dúzias de volumes sobre a história e a *petite histoire* da academia no século XVIII,[24] não importa se escritas com amor ou ódio, revelam um tema dominante: a bem-sucedida campanha do Iluminismo para conquistar a elite francesa. Após a *chasse aux Pompignans** de 1760, a eleição de Marmontel em 1763 e a elevação de D'Alembert ao secretariado perpétuo em 1772, a academia rendeu-se aos *philosophes*. Tornou-se uma espécie de sede de clube para eles; um fórum ideal para lançar ataques contra *l'infâme;** proclamar o advento da Razão e, mal expirassem os acadêmicos da velha guarda, cooptar novos *philosophes*. Esta última função, virtualmente monopólio dos salões filosóficos, era uma garantia de que apenas homens do partido teriam acesso às culminâncias. Os convertidos assediavam a igreja de Voltaire. Esse espetáculo, da nova geração apanhando a tocha e levando-a adiante, abrasara o coração do velho de Ferney. Ao congratular Suard por sua eleição, exultou: "*Voilà*, Deus seja louvado, uma nova carreira assegurada... Enfim contemplo os frutos da filosofia e começo a crer que morrerei contente".[25] Assim, Suard e seu círculo, sumos sacerdotes do Alto Iluminismo, conquistavam o ápice do mundo literário enquanto os *philosophes* de meados do século declinavam e morriam. Os novos homens eram escritores como Thomas, Marmontel, Gaillard, La Harpe, Delille, Arnaud, Lemierre, Chamfort e Rulhière; *grands* com inclinações filosóficas, como o marquês de Chastellux; cortesãos poderosos, como o marechal de Duras; e membros do clero, como Boisgelin, arcebispo de Aix, e Loménie de Brienne, arcebispo de Sens.

Desde a metade do século os escritos filosóficos privilegiam temas como a fusão de *gens de lettres* e *grands*. Duclos já a proclamava, triunfante, em *Considérations sur les moeurs de ce siècle* (1750). Escrever, explicava, tornara-se uma nova "profissão", que conferia um "estado" eminente a homens de talento, mesmo que de origem modesta. Esses escritores integravam-se a uma sociedade de ricos patrocinadores e cortesãos, para mútuo benefício: a *gens du monde* ganhava entretenimento e instrução, a *gens de lettres* refinamento e posição social. Desnecessário acrescentar que a promoção à alta sociedade acarretava certo compromisso com a hierarquia social. Duclos tinha olho atilado para todas as sutilezas de status e condição social; embora se jactasse da habilidade dos literatos para ascender graças ao talento, mostrava igual respeito pelo que fazia um homem de *le monde*: "É-se *homme du monde* por nascimento e posição".[26]

Voltaire, o arquiapologista do *mondain*, partilhava as mesmas atitudes. Seu artigo "Gens de lettres", na *Encyclopédie*, martelava a tecla de que, no século XVIII, "o espírito da época fizera-os [aos homens de letras], em sua maior parte, adequados tanto a *le monde* quanto ao estudo. Foram mantidos do lado de fora da sociedade até o tempo de Balzac e Voiture. Desde então, dela se tornaram parcela necessária". E seu artigo "Goût", no *Dictionnaire Philosophique*, transpira a mesma inclinação elitista presente em sua concepção da cultura: "O gosto é como a filosofia. Pertence a um reduzido número de almas privilegiadas... Nas famílias burguesas, constantemente ocupadas com a manutenção da própria fortuna, não é conhecido". Incansável cultivador de cortesãos, sempre tentando, e afinal conseguindo, comprar seu ingresso na nobreza, Voltaire entendia que o Iluminismo devia começar com os *grands*: uma vez conquistadas as camadas dominantes da sociedade, poderia ocupar-se das massas — mas zelando para que não aprendessem a ler.

Embora não compartilhando o gosto de seu "mestre" pela corte, D'Alembert acreditava, em essência, na mesma estratégia.[27] O *Essai sur les gens de lettres et les grands* (1752), publicado dois anos antes de sua eleição para a Académie Française, equivalia a uma declaração de independência dos escritores e do ato de escrever como orgulhosa profissão nova (não no atual sentido sociológico do termo, mas como o usara Duclos). Mesmo empregando linguagem um tanto forte para defender uma república das letras "democrática" em oposição às práticas humilhantes do mecenato, D'Alembert sublinhava que a sociedade era e deveria ser hierárquica, e que o lugar mais alto estava reservado aos *grands*.[28] Na época em que escreveu *Histoire des membres de l'Académie Française* (1787), quando dominava a instituição como sucessor de Duclos no secretariado perpétuo, reformulou de forma conservadora o tema de seu predecessor. Vergastou severamente a "horda de rebeldes literários" (*frondeurs littéraires*) por dar vazão a ambições frustradas em seus ataques contra a academia. Defendeu a mistura acadêmica de *grands seigneurs* e escritores. E enfatizou o papel dos cortesãos como especialistas do gosto e da linguagem, num Iluminismo bastante elitista — um processo de difusão gradual e descendente do conhecimento, em que o princípio da igualdade social não desempenhava nenhum papel.

> Será necessário algum esforço formidável de filosofia para compreender que em sociedade, e especialmente no caso de um grande estado, é indispensável a existência de uma hierarquia claramente definida? Que, se a virtude e o talento, por si sós, têm direito à nossa reverência, a superioridade de nascimento e de posição exigem nossa deferência e nosso respeito...? E como poderiam, os homens de letras, invejar ou compreender erroneamente as tão legítimas prerrogativas de outros estados?[29]

Como porta-vozes do novo estado dos escritores (mas não de *philosophes* como Diderot e D'Holbach), Duclos, Voltaire e D'Alembert exortavam seus "irmãos" a tirarem proveito da mobilidade que se lhes era oferecida, juntando-se à elite. Em vez de desafiar a ordem social, apoiavam-na.

Mas o que significava esse processo? Era a ordem estabelecida que se esclarecia ou o Iluminismo que se estabelecia? Provavelmente as duas coisas. Embora convenha, talvez, evitar a surrada expressão "ordem estabelecida"[30] e retomar a já mencionada expressão do século XVIII, *le monde*. Após as lutas travadas em meados do século por seus princípios e concepções e a consolidação da vitória nos últimos anos do reinado de Luís XV, os grandes *philosophes* tiveram de afrontar o problema que atormenta qualquer ideologia vencedora: encontrar acólitos dignos da causa na geração mais nova. "Geração", admitamo-lo, é conceito vago.[31] Talvez não haja verdadeiras gerações, mas "classes" demográficas. Ainda assim, os grandes *philosophes* formam unidade demográfica razoavelmente nítida: Montesquieu (1689-1755), Voltaire (1694-1778); depois Buffon (1707-1788), Mably (1709-1785), Rousseau (1712-1778), Diderot (1713-1784), Condillac (1715-1780) e D'Alembert (1717-1783). Os contemporâneos foram sensibilizados, naturalmente, pelas mortes, e não pelos nascimentos dos grandes homens. Voltaire, Rousseau, Diderot, Condillac, D'Alembert e Mably morreram entre 1778 e 1785; e suas mortes abriram importantes vácuos que seriam preenchidos por homens mais moços, nascidos, em sua maioria, entre as décadas de 1720 e 1730.

Quando a idade os derribava, os grandes *philosophes* faziam o giro dos salões, à cata de sucessores. Tentaram encontrar outro D'Alembert — e sacaram Marmontel, o campeão do *Gluckisme*.* Fizeram força para persuadir-se de que Thomas podia trovejar como Diderot, e La Harpe, zombetear com a finura de Voltaire. Mas foi em vão. Com a morte dos velhos bolcheviques, o Iluminismo passou para as mãos de nulidades como Suard: perdeu a flama e serenou em mera difusão de luzes, convertendo-se em confortável rampa rumo ao progresso. A transição dos tempos heroicos para o Alto Iluminismo domesticou o movimento, integrando-o a *le monde* e banhando-o na *douceur de vivre* dos anos de agonia do Ancien Régime. Mme. Suard registrou, após o relato do recebimento da última pensão do casal: "Não tenho outros eventos a narrar, senão que mantivemos vida branda e variada até aquela época horrível e desastrosa [a Revolução]".[32] Seu marido, tornado censor, recusara-se a aprovar a peça de Beaumarchais,* não tão revolucionária, *Le mariage de Figaro*. E Beaumarchais, desde então, devotou-se energicamente à especulação e, por fim, à construção da maior residência de Paris: "uma casa que seja motivo de conversas". O sonho do arrivista.[33]

A institucionalização do Iluminismo, contudo, não embotou seu gume radical. Se um hiato de gerações separava os *philosophes* do Alto Iluminismo de seus predecessores, uma ruptura, no interior de sua própria geração, mantinha-os rigorosamente apartados dos subliteratos, aqueles dentre seus contemporâneos que haviam fracassado na busca do sucesso e deslizado de volta ao underground.

Talvez o mundo literário tenha sempre se dividido hierarquicamente, tendo no vértice um *monde* de mandarins e, na base, a boemia literária. Esses extremos existiam no século XVIII e subsistem ainda hoje. Mas as condições sociais e econômicas do Alto Iluminismo cavaram um fosso incomum entre os dois grupos nos últimos vinte e cinco anos do Ancien Régime. Esse distanciamento, se examinado em profundidade, forçosamente revelará algo sobre uma das questões clássicas propostas pela era pré-revolucionária: qual foi a relação entre o Iluminismo e a Revolução?

À primeira vista, parece que a condição do escritor deve ter progredido substancialmente no reinado de Luís XVI. Os dados relevantes, por mais superficiais que sejam, apontam na mesma direção: considerável expansão da demanda pela palavra impressa.[34] O número de alfabetizados provavelmente duplicara no curso do século, e a constante tendência ascendente da economia, combinada com o aperfeiçoamento do sistema educacional, geraram, quase certamente, um público leitor maior, mais rico e com mais tempo disponível. A produção de livros disparou, seja avaliada diretamente — pelos pedidos de privilégios e *permissions tacites* —, seja de forma indireta, pelo número de censores, livreiros e impressores. Mas há poucos indícios de que os escritores tenham extraído benefícios de algum boom editorial. Ao contrário, tudo indica que, enquanto os mandarins cevavam-se com pensões, a maioria dos autores afundava numa espécie de proletariado literário.

As informações sobre o crescimento da legião de subliteratos não provêm, reconheço, de fontes estatísticas, mas anedóticas. Mallet du Pan asseverava que trezentos escritores, incluindo uma cambulhada de subliteratos, haviam se candidatado às pensões de Calonne. E arrematava: "Paris está coalhada de jovens que confundem módica habilidade com talento: escriturários, guarda-livros, advogados, soldados. Bancam os autores, gemem de fome, mendigam. E fabricam panfletos".[35] Crébillon fils, que, segundo se diz, concedia, todos os anos, *permissions de police* a troco de quarenta a cinquenta mil versos de poesia panfletária, era assediado por uma "multidão de versejadores e pretensos escritores" que inundava Paris, vinda da província.[36] Mercier encontrava esses "escribas famintos" (*écrivailleurs affamés*), "esses pobres escrevinhadores" (*ces pauvres barbouilleurs*), por toda parte,[37] e era recorrente, em Voltaire, o mote da "ralé enlameada" (*peuple crotté*) que abarrotava o fundo do ambiente literário. Colocava a "miserável espécie que escreve para ganhar a vida" — o "refugo da humanidade" (*lie du genre humain*), a "canalha da literatura" (*canaille de la littérature*) — em nível social inferior ao das prostitutas.[38] Escrevendo na mesma linha, Rivarol e Champcenetz publicaram um censo fictício e zombeteiro dos Voltaire e D'Alembert não descobertos, que pululavam nos sótãos e nas sarjetas de Paris. Produziram artigos sobre bem mais de quinhentos desses pobres escribas de aluguel, que sobreviviam por uns tempos na obscuridade e depois se esfumavam como seus sonhos de glória, com exceção de uns poucos: Carra, Gorsas, Mercier, Restif de la Bretonne, Manuel, Desmoulins, Collot d'Herbois e Fabre d'Eglantine. Os nomes desses futuros revolucionários parecem estranhos na lista de Rivarol dos "quinhentos ou seiscentos poetas" perdidos nas hostes de *la basse littérature*, mas Rivarol os colocava no lugar devido.[39]

Esse lugar era a clandestinidade, cujos habitantes, inflamáveis em qualquer época, explodiam nos últimos vinte e cinco anos do Ancien Régime. É claro que tal interpretação pode não passar de fantasia demográfica, baseada, como foi, em fontes literárias subjetivas; mas essas fontes são sugestivas o bastante para soltar as rédeas da imaginação. Sublinham constantemente o tema do rapaz provinciano que lê um pouco de Voltaire, arde em ambição de tornar-se um *philosophe*, sai de casa para definhar, indefeso, em

Paris, onde por fim morre, derrotado.[40] Até Duclos se preocupava com esse triste corolário de sua fórmula para o sucesso.[41] E Voltaire, obcecado pela superpopulação de jovens escritores em Paris ("o antigo Egito não tinha tantos gafanhotos"), afirmou que investia contra os subliteratos para evitar que contagiassem a juventude.[42] "A quantidade de gente que se perde em razão dessa paixão (pela carreira das letras) é prodigiosa. Tornam-se incapazes de qualquer obra proveitosa... Vivem de rimas e esperanças e morrem na miséria."[43] Os ataques de Voltaire feriram Mercier, que saiu em defesa dos "pobres-diabos" em oposição aos "queridinhos" mimados e subvencionados das academias e salões. Afirmou que os "pobres" subliteratos (*basse littérature*) do Faubourg Saint-Germain tinham mais talento e integridade que os "ricos" beletristas (*haute littérature*) do Faubourg Saint-Honoré. Mas não escapava à conclusão pessimista: "Ah! Apartai-vos dessa carreira, se não quiserdes conhecer pobreza e humilhação".[44] Linguet, outro antivoltairiano, dedicou um livro inteiro ao tema. Constantemente assediado por pretensos autores em busca de protetor, tinha motivos de sobra para lamentar que "as escolas secundárias tenham se tornado ninhos de autores-crianças que rabiscam às pressas tragédias, romances, histórias e obras de todos os tipos" e que depois "consomem o resto de suas vidas em penúria e desespero".[45]

Os provincianos acorriam em bandos a Paris buscando glória, dinheiro e posição social, coisas que pareciam garantidas a qualquer escritor com suficiente talento. Não compartilhavam necessariamente as motivações dos *philosophes* que os precederam, muitas vezes nobres e membros do clero que dispunham de ócio para trabalhar apenas quando se sentissem inspirados e escreviam antes da época em que "a literatura se tornou um *métier*", como observava Meister com desgosto.[46] J.-J. Garnier, um escritor com senso profissional altamente desenvolvido, notava que, em 1764, muitos homens de letras eram seduzidos pela "esperança de adquirir reputação, influência, riqueza, etc. Vendo os caminhos habituais do progresso fechados para eles em virtude de suas humildes origens e modestas fortunas, perceberam que a carreira das letras, a todos aberta, oferecia um outro escoadouro para sua ambição".[47] Mercier concordava que o imigrante provinciano podia alimentar a esperança de desvencilhar-se de suas origens humildes e subir na vida em Paris.[48] Mas o ápice parisiense, *le tout Paris*, não tinha muito espaço para jovens ambiciosos atrás de oportunidades, talvez porque, como afirmam os sociólogos, grupos emergentes tendam ao exclusivismo. Quem sabe uma versão literária da pressão malthusiana; ou ainda porque a França padecesse de moléstia comum a países em desenvolvimento — um excedente de *littérateurs* e advogados supereducados e subempregados. Seja como for, parece que a atração da nova carreira celebrada por Duclos, e da nova igreja profetizada por Voltaire, resultou numa supersafra de *philosophes* em gestação, bem mais do que o arcaico sistema de proteções seria capaz de absorver. Como definir um "homem de letras"? Alguém com reputação literária? Alguém que tenha publicado um livro? Alguém que vive de escrever? A confusão de categorias sociais na França pré-revolucionária, e a falta de estatísticas, fazem dessas hipóteses coisa refratária a verificações. Mas não será preciso recensear os escritores do século XVIII para compreender a tensão entre os subliteratos e os homens de *le monde* às vésperas da Revolução. Os fatos da vida literária daquele tempo falam por si.

O dado mais saliente é que o mercado não podia sustentar mais escritores que nos dias de Prévost e Le Sage, que haviam provado ser possível — embora *penosamente* — viver da pena, em vez de pensões. Apesar de os editores oferecerem condições um tanto melhores que as do início do século, os autores terminavam invariavelmente encurralados entre os mestres das corporações de editores e livreiros, que pagavam pouco pelos manuscritos, e os editores piratas, que não pagavam nada.[49] À exceção de Diderot, que nunca rompeu inteiramente os laços com a boemia literária, nenhum dos grandes *philosophes* de meados do século contava muito com o produto da venda de seus livros. Mercier afirmou que em sua época só uns trinta "profissionais" de gabarito viviam da escrita.[50] O mercado aberto, "democrático", capaz de alimentar um grande número de autores ativos, não apareceria na França senão quando o século XIX já estivesse adiantado. Antes dos tempos da prensa a vapor e do público leitor de massa, os escritores viviam ao longo da estrada, recolhendo esmolas dos ricos e pondo em prática, conscienciosamente, o método que tão bem funcionara no caso de Suard — e, se fracassassem, deixavam-se tombar na sarjeta.

Tendo escorregado para a boemia, o jovem provinciano, que sonhara em tomar de assalto o Parnaso, nunca mais se libertava. Como disse Mercier, "cai e soluça aos pés de uma barreira intransponível... Forçado a renunciar à glória por que tanto suspirara, para e estremece diante da porta que se cerra sobre sua carreira".[51] Os sobrinhos e sobrinhos-netos de Rameau* enfrentavam uma dupla barreira, social e econômica; uma vez marcados pela boemia literária, não mais tinham acesso à sociedade polida, onde circulavam as mamatas e as oportunidades. Por isso amaldiçoavam o mundo fechado da cultura. Sobreviviam fazendo o trabalho sujo da sociedade — espionar para a polícia e mascatear pornografia — e enchiam seus escritos de imprecações contra *le monde*, que os humilhara e corrompera. As obras pré-revolucionárias de homens como Marat, Brissot e Carra não expressam nenhum sentimento vago e "antiestablishment": transpiram ódio contra os "aristocratas" literários que haviam expugnado a igualitária "república das letras", dela fazendo um "despotismo".[52] Foi nas profundezas do submundo intelectual que esses homens se tornaram revolucionários: ali nasceu a determinação jacobina de exterminar a aristocracia do pensamento.

Para explicar por que não havia saída do mundo dos subliteratos e por que seus prisioneiros sentiam tamanho rancor pelos *grands*, cumpre dizer uma palavra sobre os modos de produção cultural no fim do século XVIII; essa palavra é a que se encontra em qualquer canto do Ancien Régime: privilégio.[53] Até os livros portavam privilégios concedidos pela graça do rei. Corporações privilegiadas, cuja organização mostrava o dedo de Colbert, monopolizavam a produção e a distribuição da palavra impressa. Periódicos privilegiados exploravam monopólios concedidos pela realeza. As privilegiadas Comédie Française, Académie Royale de Musique e Académie Royale de Peinture et de Sculpture monopolizavam o palco, a ópera e as artes plásticas. A Académie Française circunscrevia a imortalidade literária a quarenta privilegiados indivíduos, ao mesmo tempo em que órgãos privilegiados como a Académie des Sciences e a Société Royale de Médecine dominavam o mundo das ciências. E, acima de todos esses organismos, pairava a quintessência da elite cultural privilegiada, que guardava *le monde* todinho para si.

Deve ter sido apropriado que uma sociedade corporativa organizasse corporativamente sua cultura; mas uma organização tão arcaica asfixiava as forças em expansão que podiam ter aberto caminho para as indústrias culturais, com isso sustentado maior parcela de habitantes do superpovoado submundo das letras. As corporações de livreiros agiam com muito mais eficácia que a polícia na supressão de livros desprovidos de privilégio; jovens que não gozavam desse benefício, como Brissot, foram empurrados compulsoriamente para a miséria, nem tanto pelo radicalismo de seus primeiros trabalhos — mas porque os monopólios impediam-nos de chegar ao mercado.[54] Assim, os escritores alimentavam suas famílias ou com pensões e sinecuras reservadas aos membros de *le monde*, ou com as migalhas atiradas ao underground.

A organização corporativa da cultura não era simplesmente uma questão econômica; contradizia as premissas básicas sob as quais os jovens escritores haviam invadido Paris nas décadas de 1770 e 1780. Estavam convencidos de que a república das letras existia realmente, tal como a descreviam as obras dos grandes *philosophes* — uma contrapartida literária do individualismo "atomístico" da teoria fisiocrática, uma sociedade de indivíduos independentes e fraternos em que só os melhores triunfavam, é certo, mas a todos se dispensavam a dignidade e o sustento decorosos provenientes do serviço à causa comum. A experiência concreta ensinou-lhes que o mundo real das letras funcionava como tudo o mais no Ancien Régime: os indivíduos avançavam como podiam por um labirinto de instituições barrocas. Para conseguir publicar um artigo no *Mercure*, ter uma peça aceita pela Comédie Française, encaminhar um livro nos meandros da Direction de la Librairie, ganhar assento numa academia, frequentar um *salon* ou abiscoitar uma sinecura na burocracia, era preciso recorrer aos velhos expedientes do privilégio e da proteção. Talento, por si só, não bastava.

Certamente houve quem chegasse ao sucesso por ser talentoso. Maury era filho de um pobre remendão de aldeia do Venaissain; Marmontel, de um alfaiate do Limousin; Morellet, de um insignificante mercador de papel de Lyon; Rivarol (que se dizia conde), de um estalajadeiro do Languedoc; La Harpe e Thomas, órfãos. Todos subiram por meio de habilidade e bolsas de estudo e não foram os únicos exemplos de rápida ascensão. Mas, como de Tocqueville observaria, era a abertura lotérica da mobilidade, e não sua ausência, que produzia tensões sociais. Em nenhum lugar esse fenômeno, de resto generalizado, teve mais importância que no mundo das letras: a atração da escrita como um novo tipo de carreira produziu escritores em doses maciças, muito superiores à capacidade de absorção de *le monde* — e incapazes de encontrar sustento longe de suas benesses. Aos olhos dos forasteiros, todo o processo parecia podre, e relutavam bravamente em atribuir o fracasso às próprias deficiências: ao contrário, tendiam a considerar-se dignos sucessores de Voltaire. Foram bater à porta da igreja de Voltaire — mas ela permaneceu fechada. Não subiram de status com a velocidade que imaginavam. Antes, caíram vertiginosamente, tragados por um mundo de opostos e contradições. Um *monde* virado às avessas, onde ocupavam uma posição social absolutamente indefinida e a dignidade se dissolvia na penúria. Vista da perspectiva do submundo boêmio, a república das letras era uma mentira.

Se o alto mundo literário tinha realidades institucionais que contradiziam seus princípios — ao menos na opinião dos que nele não haviam conseguido entrada —, quais seriam as realidades da vida no underground? O mundo dos subliteratos não tinha princípios; tampouco alguma instituição do tipo formal. Era um universo de gente à deriva — nada de cavalheirescos discípulos de Locke resignados às regras de algum jogo implícito, mas brutos partidários de Hobbes colhidos em meio à briga pela sobrevivência. Isso não ficava a menor distância de *le monde* que o *café* do *salon*.[55]

Apesar do papel democrático do *espírito*, o salão continuava uma instituição bem formalista. Lá não se podia pousar os cotovelos sobre a mesa nem entravam indivíduos desprovidos de sólidas apresentações. Nas últimas décadas do Ancien Régime, o salão cada vez mais se tornava reduto dos *philosophes* do Alto Iluminismo, que abandonavam os cafés às espécies inferiores de *littérateur*. O *café* era uma antítese do *salon*: aberto a todos, a um passo da rua — embora houvesse gradações em sua intimidade com o popularesco. Se os *philosophes* de alto coturno preferiam reunir-se no Procope ou no café La Régence, figuras menores congregavam-se no famigerado Caveau do Palais Royal. Já os escribas humildes frequentavam os cafés dos *boulevards*, fundindo-se a um submundo de "vigaristas, agentes recrutadores, espiões e batedores de carteira; lá não se encontram senão proxenetas, sodomitas e *bardaches*".[56]*

O *underground* podia não possuir a estrutura corporativa da cultura beletrística; mas não era de todo anárquico. Tinha até suas instituições. Por exemplo: os *musées* e *lycées* que floresceram durante a década de 1780 e respondiam à necessidade dos autores obscuros de exibir trabalhos, declamar trovas e fazer contatos. Esses clubes formalizavam as funções dos cafés. Parece, mesmo, que os *musées* de Court de Gébelin e P. C. de La Blancherie serviram de contra-academias e antissalões para a multidão de *philosophes* privada de audiência noutros lugares. La Blancherie publicava um periódico, *Les nouvelles de la republique des lettres et des arts*, que expressava certas frustrações dos membros do *musée*, atacando os acadêmicos e resenhando obras solenemente ignoradas pelo *Journal de Paris* e pelo *Mercure*.[57] Mas o franco-atirador mais competente, o intruso que adquiriu maior influência na França pré-revolucionária, foi Simon-Henri Linguet. Embora respeitador da Coroa e da Igreja, fulminava as instituições mais prestigiosas do reino, especialmente o meio judiciário parisiense e a Académie Française. Seu gênio polêmico fazia de quaisquer panfletos, *mémoires* judiciárias e diários verdadeiros best-sellers; e suas tiradas contra o corporativismo aristocrático e despótico reverberavam por todo o mundo dos subliteratos, fixando o tom em que se desenvolvia boa parte da propaganda antielitista da Revolução.[58]

O mundo dos subliteratos dispunha, assim, de meios organizados para se exprimir. Talvez até possuísse um incipiente mas peculiar sistema de estratificação, de vez que o *underground* continha diversos níveis. Autores havia que, tendo cultivado um *philosophe* estabelecido, ou conseguido inserir uns versos no *Almanach des muses*, consideravam-se com direitos a viver logo abaixo de *le monde*. Mirabeau manteve um estilo de vida mandarinesco, mesmo quando encarcerado e endividado. Empregava um esquadrão de panfletistas (que o mencionavam simplesmente como *le comte*) que produzia as obras publicadas sob seu nome.[59] Autores menores perpetravam enciclopédias, dicionários, compêndios e antologias que circularam copiosamente na última metade do século XVIII. Mesmo o trabalho mais grosseiro de escrevinhador podia gozar de certa respeitabilidade — ser ghost-writer de ministros, cometer panfletos a pedido dos *baissiers*, "baixistas", que combatiam os *haussiers*, "altistas", na *Bourse* de Valores produzir *nouvelles à la main*. Mas também podia ser degradante: produzir pornografia, vender livros proibidos, espionar para a polícia. Muito escritor viveu na fímbria da lei. Diziam-se advogados ou escrivães e aceitavam trabalhos avulsos que pudessem agarrar na *basoche** do Palais de Justice. Alguns, tocando o ponto mais baixo do submundo, mergulhavam na criminalidade. Charles Théveneau de Morande, um dos mais virulentos panfletistas da boemia literária, vivia em meio a uma fauna de prostitutas, chantagistas, proxenetas, batedores de carteira, vigaristas e homicidas. Pôs-se à prova em mais de uma dessas modalidades profissionais. Colher material para seus panfletos não lhe era difícil — bastava correr os olhos pela escória que o circundava. Seus escritos tendiam à difamação generalizada, repassados de depravação tamanha, e de tanta insânia, que Voltaire exclamou, horrorizado: "Acaba de aparecer uma daquelas obras satânicas (o *Gazetier cuirassé*, Jornalista em couraça, de Morande) em que todos, do monarca ao último dos cidadãos, são insultados com furor; em que as mais atrozes e absurdas calúnias instilam sua peçonha terrível em tudo aquilo que se respeita e ama".[60]

O exercício da subliteratice sufocava o respeito e o amor. A luta feroz para continuar vivo trazia à tona sentimentos mais mesquinhos, como insinuam os seguintes excertos de relatórios entregues à polícia parisiense por suas legiões de espiões e agentes secretos — muitos deles acumulando tais funções com as de escritor do submundo e objeto, eles próprios, de fornidos dossiês nos arquivos policiais.

Gorsas: apto aos mais vis biscates. Expulso de Versalhes e engaiolado em Bicêtre (prisão para criminosos de reputação particularmente infame) por ordem pessoal do rei, pois corrompeu crianças alojadas em sua casa. Atualmente se acha retirado num cubículo de quinto andar na rue Tictone. Produz *libelles*. Tem arranjos com um aprendiz de impressor da Imprimerie Polytype despedido de outras oficinas. Suspeita-se que [Gorsas] lá imprimiu obras obscenas. É camelô de livros proibidos.

Audouin: diz-se advogado, escreve *nouvelles à la main*, mascateia livros proibidos; ligado a Prudhomme, Manuel e outros autores e comerciantes de livros de má reputação. Faz qualquer trabalho; não recusará ser espião, se o convidarem.

Duport du Tertre: solicita emprego nos quadros da polícia; é advogado, sem ocupação frequente no Palais, embora não seja incompetente. Não teve êxito em conseguir um cargo nos Domaines. Vive em apartamento modesto de quarto andar; não costuma dar-se ares de riqueza [*il ne respire pas l'opulence*]. Em geral, falam bem dele; boa reputação na vizinhança.

Delacroix: escritor, advogado expulso da ordem. Produz *mémoires* [dos tribunais] dos casos mais sombrios; quando não tem *mémoires* para escrever, faz obras pornográficas.

Mercier: advogado, homem feroz e bizarro; não pleiteia na corte nem dá consultas. Não foi admitido na ordem, mas usa o título de advogado. Escreveu o *Tableau de Paris*, em quatro volumes, e outras obras. Temente à Bastilha, andou sumido por uns tempos, mais tarde reaparecendo; mostra-se desejoso de trabalhar para a polícia.

Marat: charlatão atrevido. M. Vicq d'Azir pede, em nome da Société Royale de Médecine, sua expulsão de Paris. É de Neuchâtel, na Suíça. Muitos doentes morreram em suas mãos, mas tem diploma de médico, sem dúvida comprado.

Chénier: poeta insolente e violento. Vive com a Beauménil da Ópera, que resolveu entregar-lhe seus encantos decadentes. Maltrata e espanca a amante — a ponto de, segundo os vizinhos, quase matá-la se não correm a apartar. Ela o acusa de lhe haver surrupiado as joias, descreve-o como indivíduo capaz de qualquer crime e não oculta o arrependimento de se ter deixado enfeitiçar pelo biltre.

Fréron: não tem o espírito nem o talento do pai; é objeto de geral desprezo. Não escreve em *Année Littéraire*, embora detenha o privilégio da publicação. Dá serviço a advogados desempregados. Covarde mas fanfarrão, não ficou sem receber seu quinhão de bastonadas — de que, naturalmente, não se vangloria —, dado pelo ator Desessarts, por ele chamado "ventríloquo" numa de suas publicações. Tem ligações com Mouvel, expulso da Comédie por pederastia.

Panis: jovem advogado do Palais, protegido por M. le Président D'Ormesson a pedido dos pais, que são seus [de D'Ormesson] *fermiers* (rendeiros); Fréron empregou-o em *Année Littéraire*. Sua amante foi marcada em brasa pelo carrasco.[61]

A vida dos subliteratos era dura e cobrava um tributo psicológico; as "fezes da literatura" não enfrentavam apenas o fracasso, mas também a degradação — e tinham de fazê-lo sozinhas. O fracasso gera solidão, e as condições do underground eram adequadíssimas para isolar seus habitantes. Ironicamente, a unidade básica de vida de *la basse littérature* era a mansarda (o ranking das classes sociais, na Paris do século XVIII, era por andares, e não por vizinhança). Em suas *mansardes* de quarto ou quinto andar, antes que Balzac as romantizasse, os *philosophes* injustiçados compenetravam-se amargamente de que eram mesmo o que Voltaire deles dissera: *le canaille de la littérature*. Como conviver com tão rude constatação?

Fabre d'Eglantine é um caso típico. Vagabundo à deriva e decaído, *déclassé*, julgava-se, no entanto, o sucessor de Molière. Entrou para os dossiês da polícia como "poeta medíocre, que rasteja em meio à vergonha e à indigência; desprezam-no por toda parte; os homens de letras consideram-no um sujeito execrável" (*poète médiocre qui traîne sa honte et sa misère; il est partout honni; il passe parmi les gens de lettres pour un exécrable sujet*).[62] Pouco antes da Revolução, escreveu uma peça que pode ser vista como a fantasia escapista de um autor aprisionado no submundo literário. O herói, um gênio provinciano e ignorado de 28 anos, escreve apaixonada e incansavelmente em sua água-furtada parisiense, escarnecido e explorado pela malévola elite que domina a literatura francesa: editores mercenários, estúpidos chefes de jornais e pérfidos *beaus-esprits* que monopolizam os salões. Prestes a sucumbir à doença e à pobreza, eis o golpe de sorte: um virtuoso magnata burguês o descobre. Admirado de seu talento e de sua superior moralidade, o bom homem o reconduz à província, onde o herói escreverá obras-primas e será feliz para sempre. A peça exala ódio pela elite cultural e feroz igualitarismo, confirmando a descrição de La Harpe do Fabre pré-revolucionário: um amargo fracassado, "envenenado pelo rancor, como a gente de sua igualha, contra todo aquele que tenha o direito de dizer-se *homme du monde*, contra tudo que tenha uma posição na sociedade — uma posição que ele não tinha nem merecia ter".[63]

É provável que outros buscassem refúgio em fantasias similares. O sonho de Marat era ser conduzido à presidência de uma academia de ciências em Madri.[64] Ele e Carra consolavam-se com a ideia de haverem superado Newton, apesar da relutância da sociedade em reconhecer coisa tão evidente. Mas não havia dosagem de fantasia capaz de dissipar as contradições entre a vida do vértice e a da base do mundo das letras; ou entre o que *eram* e o que *desejavam ser* os autores engolfados na subliteratice. Os beletristas desfrutavam de um "estado"; as instituições culturais estabelecidas abençoavam-nos e os enriqueciam. O proletariado literário, por sua vez, não tinha nenhuma situação social. Panfletistas esfarrapados não podiam dizer-se homens de letras; eram apenas *canaille*, condenados à sarjeta e à mansarda, trabalhando em solitude, pobres e degradados. Eram presas fáceis da psicologia do fracasso — mórbida combinação de aversão pelo sistema e autoaversão.

A mentalidade dos subliteratos condenados à clandestinidade exprimiu-se com excepcional veemência nos últimos anos do Ancien Régime. E falou através do *libelle*, o principal meio de vida do subliterato, seu ganha-pão e gênero favorito. Um gênero que merece ser resgatado da negligência dos historiadores, pois comunica a visão de mundo da boemia literária: um espetáculo de velhacos e idiotas vendendo-se uns aos outros, sempre vitimados por *les grands*. O verdadeiro alvo dos *libelles* era o *grand monde*. Difamavam a corte, a Igreja, a aristocracia, as academias, os salões — tudo o que fosse elevado e respeitável, sem perdoar a própria monarquia — com uma insolência difícil de imaginar ainda hoje, mesmo em se tratando de gênero com longa carreira na literatura clandestina. Os panfletistas viviam de libelos desde os tempos de Pietro Aretino.* Haviam explorado todas as grandes crises da história francesa (como, por exemplo, a propaganda da Liga Católica* durante as guerras religiosas, ou as *Mazarinades** da Fronda). Mas a crise terminal do Ancien Régime propiciava oportunidade única — e os panfletistas mostraram-se à altura da ocasião, empregando toda a artilharia antissocial armazenada em seus rancorosos arsenais.[65]

Este não é o lugar apropriado[66] para empreender um levantamento dos *libelles* publicados entre 1770 e 1789. Mas captemos precariamente seu sabor, examinando um texto. Talvez o *libelle* mais desbocado tenha sido aquele que causou palpitações de horror no coração filosófico de Voltaire: *Le gazetier cuirassé*, de Charles Théveneau de Morande. Era um panfleto sensacionalista, e foi tão lido que acabou virando uma espécie de protótipo do gênero. Morande dosava calúnias específicas e arengas gerais em parágrafos breves e confusos, numa antecipação do estilo dos colunistas de mexericos da moderna imprensa marrom. Prometia revelar "segredos de bastidores" (*secrets des coulisses*),[67] na melhor tradição da *chronique scandaleuse*. Mas servia aos leitores algo mais que escândalo:

> A devotada esposa de certo marechal de França (o qual sofre de imaginária moléstia pulmonar), considerando um marido dessa espécie demasiado delicado, julga seu dever religioso poupá-lo, mortificando-se com os carinhos mais crus de seu mordomo, que ainda seria mero lacaio se não houvesse dado provas de invejável robustez.[68]

O sensacionalismo sexual era portador de mensagem social: a aristocracia degenerara a ponto de não conseguir reproduzir-se;[69] os grandes nobres ou eram impotentes, ou pervertidos;[70] suas esposas viam-se obrigadas a buscar satisfação com a criadagem, representante das mais viris classes inferiores; por toda a parte, entre *les grands*, incestos e doenças venéreas apagavam as últimas fagulhas de humanidade.[71] A descrição de vívidos detalhes tornava a mensagem mais eficaz que quaisquer abstrações. Se o leitor, a princípio, ficasse chocado por algum incidente escabroso,

Havendo o conde de Noail se permitido liberdades escandalosas com um de seus lacaios, este, aldeão ignorante, retribuiu com tão certeiro bofetão que Monseigneur teve de guardar leito por oito dias... O lacaio... é um picardo ingênuo, desprovido de qualquer instrução sobre as implicações de se servir a um grande de Espanha, cavaleiro das ordens reais, lugar-tenente geral, governador de Vers, príncipe de P, senhor de Arpa, Grã-Cruz de Malta, cavaleiro do Tosão de Ouro e membro secular da Companhia de Jesus, etc., etc., etc., etc.,[72]

saberia tirar suas conclusões depois de se refazer do choque. Amontoando anedotas sobre anedotas e fazendo-as rolar na mesma direção — contra *le monde* —, Morande conduzia o leitor a deduções gerais: mostrava que a cúpula da sociedade decaíra, física e moralmente, além de qualquer possibilidade de regeneração:

> Fica o público advertido de que certa moléstia contagiosa grassa entre as meninas da Ópera, começa a atingir as damas da corte e já foi assinalada entre seus lacaios. A doença espicha o rosto, arruína a aparência, reduz o peso e causa hórridas devastações nas partes pelas quais é transmitida. Sabe-se de damas que perderam os dentes, outras as sobrancelhas; teme-se que algumas ficaram completamente paralisadas.[73]

A crônica de adultério, sodomia, incesto e impotência nas classes altas pode ser lida como indiciamento da ordem social. E Morande não deixava ao leitor simplesmente a impressão de corrupção generalizada. Associava a decadência da aristocracia à sua incompetência no exército, na Igreja e no Estado.

> Há cerca de duzentos coronéis na infantaria, na cavalaria e nos dragões da França; cento e oitenta sabem dançar e cançonetar. É

essa, mais ou menos, a quantidade dos que se vestem de rendas e usam saltos vermelhos. Pelo menos metade sabe ler e assinar o nome; e, para concluir, nem quatro deles conhecem os rudimentos de seu ofício.[74]

Tendo o confessor do rei caído em desgraça — foi surpreendido a flertar com alguns pajens —, desencadeou-se aberta competição pela posição, que será dada ao prelado capaz de mostrar-se mais indulgente para com a consciência real. Alguém propôs o arcebispo de R, mas este foi rejeitado devido às relações escandalosas que há tempos mantém com um grão-vigário. Os cardeais de Gèv e de Luy foram designados para servir em semestres alternados; como o primeiro ainda não aprendeu a ler, e o segundo não se recobrou inteiramente de certas palmadas no traseiro [referência a um escândalo homossexual], nada se pode antecipar quanto à decisão de S. Majestade.[75]

Morande continuamente destacava a ligação entre corrupção sexual e corrupção política, servindo-se de instantâneos como o seguinte: "Muito ciumento de sua bela esposa, o infeliz barão de Vaxen mereceu uma *lettre de cachet* que o mandou ao cárcere para aprender, no recolhimento, os costumes de *le monde*; enquanto isso, o duque [La Vrillière, um dos ministros favoritos de Luís XV] dorme com a esposa momentaneamente abandonada".[76] A monarquia degenerara em despotismo, eis a mensagem que saltava de cada página: ministros contratavam equipes extras de secretários apenas para a assinatura de *lettres de cachet*; tão abarrotadas estavam a Bastilha e Vincennes que os guardas se abrigavam em tendas instaladas às pressas; uma nova unidade policial de elite, tomando por modelo as dragonadas* de Luís XIV, era criada para levar o terror às províncias indóceis; o governo testava as virtudes de nova máquina, capaz de enforcar dez homens ao mesmo tempo; e o carrasco público pedira demissão, não por idiossincrasia contra a automação, mas porque o novo ministério Maupeou era uma afronta a seu senso de justiça. Para poupar ao leitor o risco de não atinar com a ironia, Morande se fazia explícito: "segundo o chanceler Maupeou, Estado monárquico é o Estado em que o príncipe tem direito de vida e morte sobre os súditos; em que toda a riqueza do reino lhe pertence; em que a honra e a equidade fundamentam-se em princípios arbitrários, que devem sempre conformar-se aos interesses de momento do soberano".[77]

Qual era o lugar do rei nesse sistema político? "O chanceler e o duque D'Aiguillon dominam a tal ponto o rei que mal lhe ficou a liberdade de dormir com a amante, fazer festa aos cães e assinar contratos de casamento".[78] Zombando da ideia da origem divina da soberania real,[79] Morande reduzia o rei ao nível de sua corte ignorante e devassa. Fazia de Luís xv uma figura ridícula, trivial até em seu despotismo: "Publicou-se um anúncio: procura-se o cetro de um dos maiores reis da Europa. Depois de longa e minuciosa busca, foi encontrado na *toilette* de uma bela condessa, que o usa para fazer cócegas na barriga de seu gato".[80] Os verdadeiros senhores de França, os vilões do livro, eram a condessa du Barry e o triunvirato ministerial de Maupeou, Terray e D'Aiguillon. Convertendo Mme. du Barry em símbolo do regime, Morande manobrava habilmente detalhes por ele engenhocados ou extraídos dos mexericos dos cafés: a suposta origem ilegítima de Madame, filha de criadinha seduzida por um monge; sua carreira de rameira; o uso do poder do rei para proteger as antigas colegas, proibindo a polícia de bisbilhotar nos lupanares; as relações lésbicas com a camareira; e por aí afora. No mesmo estilo, Morande mostrava que os ministros se valiam da autoridade para engordar as bolsas, conseguir amantes ou simplesmente se deliciar com a patifaria pela patifaria.

Grotesca, simplista e pouco séria como era, esta versão de notícias políticas não deve ser relegada à condição de pura mitologia: fazer mitos, ou desfazê-los, revelaram-se forças poderosas nos últimos anos de um regime que, apesar de absolutista em teoria, na prática se tornara progressivamente vulnerável às oscilações da opinião pública. É claro que o "público" francês do século XVIII não existia de forma organizada; e, por menos que existisse nessa condição, fora excluído de qualquer participação direta na política. Mas sua exclusão resultara numa candidez política que o tornava ainda mais permeável ao gazetismo de Morande. Em vez de propor a discussão de temas, ou ministrá-los, mesmo que de modo tendencioso, o *gazetier cuirassé* ocupava-se em difamar indivíduos. Sepultava as reformas de Maupeou — provavelmente a última tentativa de sobrevivência do regime, removendo alguns interesses espúrios que o devoravam — numa torrente de injúrias. Se o programa de Maupeou beneficiaria ou não o povo comum, eis algo que Morande não se deteria em examinar; ele e seus colegas do underground não se interessavam por reformas. Detestavam o sistema em si mesmo — e exprimiam seu ódio dessacralizando símbolos, destruindo os mitos que o legitimavam aos olhos do público e perpetrando o contramito do despotismo degenerado.

Longe de se limitar aos trabalhos de Morande, esses temas, à medida que o Ancien Régime estertorava, adquiriam crescente importância na literatura de *libelle*. Le *gazetier cuirassé* apenas deu o tom para um aluvião de panfletos contra o governo que se estendeu da reforma "Maupeouana" (início da década de 1770) à "Calonniana" (fins da década de 1780). O subliterato mais prolífico, nessa última fase, foi Jean-Louis Carra, um pária nos fechados círculos da ciência estabelecida; sem se recusar à franqueza, declarava que seus esforços para desacreditar o Ministério derivavam da recusa de Calonne a uma pensão por ele pleiteada.[81] Morande não tivera razões mais elevadas: queria fazer dinheiro a todo custo, explorando o mercado do sensacionalismo e chantageando as vítimas de seus libelos.

A calúnia em tal escala, com sua motivação ignóbil, pode tornar-se um apelo à revolução? A resposta é não. Os *libelles* careciam de programa. Não apenas sonegavam ao leitor qualquer ideia sobre que tipo de sociedade deveria substituir o Ancien Régime, na verdade mal continham ideias abstratas. Denunciando o despotismo, Morande clamava por liberdade; e fulminando a decadência aristocrática, parecia advogar padrões burgueses de decência, nem que fosse apenas por contraste.[82] Mas não defendia nenhum conjunto definido de princípios. Dizia-se *le philosophe cynique*[83] e, partindo dessa premissa, caluniava todo o mundo — até os *philosophes*.[84] O mesmo espírito insuflava a maior parte dos *libelles*; mais que compromisso ideológico, era niilismo.

Ainda assim, os *libelles*, mesmo em sua pornografia, exibiam curiosa tendência moralizante. O clímax de um panfleto obsceno de Morande sobre cortesãos e cortesãs era oferecido sob a forma de uma descrição indignada de Mme. du Barry:

> Saiu direto do bordel para o trono. Derrubou ministros poderosos e temíveis. Subverte a constituição da monarquia. Insulta a família real, o herdeiro presuntivo do trono e sua augusta consorte por viver num luxo inconcebível e expressar-se com modos insolentes. [E insulta] a nação inteira, que está morrendo de fome, com sua vaidosa extravagância e com as tão conhecidas pilhagens de todos os *roués* (dissolutos) que a cercam, pois tem, prostrados a seus pés, não só os *grands* do reino e os ministros, mas também os príncipes de sangue real, embaixadores estrangeiros e a própria Igreja, que canoniza seus escândalos e deboches.[85]

Esse tom de moral ultrajada era típico dos *libelles* e parece ter sido mais que mera retórica. Expressava um sentimento de desdém total por uma elite corrompida totalmente. Se lhes faltava uma ideologia coerente, comunicavam, contudo, um ponto de vista revolucionário: a podridão social consumia a sociedade francesa, corroendo-a de cima para baixo. E seus detalhes picantes prendiam a atenção de um público que podia não assimilar o *Contrato social*, mas que depressa se poria a ler *Le père Duchesne*.

Esse rousseauísmo de sarjeta — a linguagem natural do *Rousseau du ruisseau*,[86] o Rousseau do meio-fio — devia relacionar-se à rejeição, por Rousseau, da cultura e da moralidade das classes superiores da França. Os homens do underground viam Jean-Jacques como um dos seus. Seguindo suas pegadas, imaginavam concretizar as próprias esperanças e consolar-se em caso de fiasco. Como os *libellistes* típicos Brissot e Manuel, Rosseau, um *débourgeoisé*, burguês decaído, emergira das mesmas fileiras e conseguira penetrar em *le monde*. Vira-o como era, condenara a cultura elitista como o grande agente da corrupção social; e retornara, com sua semianalfabeta esposa da classe operária, para viver uma existência humilde nas fronteiras da boemia literária. Lá morrera, por fim, puro e purgado. Os subliteratos respeitavam-no e desprezavam Voltaire. Voltaire, o *mondain*, que estigmatizara Rousseau como um "pobre-diabo" e que morreu no mesmo ano que Jean-Jacques. No regaço de *le monde*.[87]

Seria de surpreender, então, que esses escritores, por Voltaire escarnecidos como *la canaille de la littérature*, moralizassem, à maneira de Rousseau, em sua pornopolítica? Para eles, obsceno era o Ancien Régime. Ao transformá-los em espiões e mascates de livros indecentes, violara-lhes a essência moral e desconsagrara suas visões juvenis de servir honradamente à humanidade na igreja de Voltaire. Isso os tornara ateus empedernidos, que vertiam as almas em blasfêmias contra a sociedade que os arrojara a um submundo de criminosos e pervertidos. A escatologia de seus panfletos — as constantes referências, por exemplo, à doença venérea transmitida pelo cardeal de Rohan à rainha e a todas as grandes figuras da corte durante o Caso do Colar da Rainha* — poreja total oposição a uma elite que, de tão corrompida, merece a aniquilação. Não é de admirar que o governo mantivesse arquivos secretos sobre os *libellistes* e colocasse os *libelles* na base de sua escala graduada da ilegalidade — ou que os catálogos de *libelles* à venda circulassem secretamente, em notas manuscritas (como a lista de "livros filosóficos" reproduzida no início deste capítulo). Os *libellistes* eram porta-vozes de uma subintelligentsia que não só se situava fora dos quadros da sociedade, mas que, em vez de reformá-la por métodos polidos e liberais — os métodos voltairianos —, queria subvertê-la.

É arriscado usar prodigamente a palavra "revolucionário", ou exagerar a distância ideológica entre o vértice e a base do mundo literário do Ancien Régime. Os primeiros *philosophes* foram revolucionários à sua moda: articularam e propagaram um sistema de valores, uma ideologia, que minava os tradicionais valores herdados pelos franceses de um passado católico e monarquista. Os homens da boemia literária tinham acreditado devotamente na mensagem dos *philosophes*; nada desejavam, senão se tornarem, eles próprios, *philosophes*. Foi na tentativa de materializar essa ambição que passaram a ver a *philosophie* sob uma luz diversa e a aplicá-la não apenas às realidades da sociedade em geral, mas também às do universo cultural. Os grandes *philosophes*, de sua parte, também haviam tido uma percepção aguda das realidades; seus sucessores imediatos devem ter sido tão realistas quanto os mais castigados subliteratos: nada indica que o mundo, visto do cume, pareça mais distorcido do que parece aos que o observam das depressões. Mas a diferença de pontos de vista era crucial — uma diferença de perspectiva, não de princípios. De mentalidade, não de filosofia. Uma diferença a ser buscada antes na coloração emocional que no conteúdo ideológico. O ímpeto emocional da subliteratura foi revolucionário, mesmo não possuindo programa político coerente nem ideias que os distinguisse. Tanto os *philosophes* quanto os *libellistes* foram sediciosos a sua maneira: estabelecendo-se, o Iluminismo fez concorrência desleal à fé da elite na legitimidade da ordem social; atacando a elite, os *libelles* disseminaram larga e profundamente o descontentamento. Cada qual desses campos opostos merece lugar nas origens intelectuais da Revolução.

Quando veio a Revolução, a oposição entre alta e baixa literatura teve de ser solucionada. A boemia literária ascendeu, destronou *le monde* e requisitou para si as posições de poder e prestígio. Foi uma revolução cultural que criou nova elite e lhe deu novas tarefas. Enquanto Suard, Marmontel e Morellet eram despojados de seus rendimentos, Brissot, Carra, Gorsas, Manuel, Mercier, Desmoulins, Prudhomme, Loustalot, Louvet, Hébert, Maret, Marat e tantos outros companheiros do antigo proletariado literário passavam a viver como jornalistas e burocratas.[88] A Revolução inverteu o mundo cultural, virando-o às avessas. Destruiu as academias, esvaziou e dispersou os salões, revogou as pensões, aboliu os privilégios e pulverizou as agências e interesses particulares que estrangulavam o comércio de livros antes de 1789. Jornais e teatros brotaram em tal profusão que não seria arriscado falar de uma revolução industrial dentro da revolução cultural.[89] Destruindo as velhas instituições, a nova elite impôs uma brutal justiça revolucionária: eis Manuel comandando o departamento de polícia que outrora o contratara, muito em segredo, para suprimir *libelles*. Tratou de publicar os arquivos policiais, sardonicamente optando, ao fazê-lo, pela forma libelística (antes disso, tomou o cuidado de expurgar todas as referências à sua carreira, e à de Brissot, como espião). Marat, vítima de perseguições acadêmicas antes da Revolução, liderou o movimento que acabou por destruir as academias. Fabre e Collot, frustrados teatrólogos-atores sob o Ancien Régime, cortaram o monopólio dos *comédiens du roi* e por pouco não sucumbiram à tentação de cortar-lhes igualmente as cabeças. Numa continuação de seu recenseamento pré-revolucionário, Rivarol forneceu a seguinte interpretação da Revolução: obra de um excedente populacional faminto de status, que só a empreendera por não ter conseguido êxito sob a velha ordem.[90]

Não é preciso assinalar que a revolução cultural não caberia com exatidão no padrão de propaganda contrarrevolucionária de Rivarol; ao menos, não mais do que este padrão se encaixaria na história contrarrevolucionária de Taine. Muitos membros da antiga elite, alguns até acadêmicos como Condorcet, Bailly, Chamfor e La Harpe, não se opuseram à destruição das instituições em que haviam prosperado. Os subliteratos despacharam-se numa dúzia de direções, apoiando diferentes facções em diferentes fases do processo. Houve quem, especialmente no período girondino e do Diretório, se mostrasse desejoso de promover uma revivescência de *le monde*. E, ao menos nos anos de 1789 e 1791, a Revolução pôs em prática muitas das ideias propagadas pelo Alto Iluminismo. Mas, no ápice de seu revolucionarismo, expressou as paixões antielitistas maturadas no underground. Seria um erro interpretar essas paixões como simples avidez por emprego e ódio pelos mandarins. Os panfletistas jacobinos acreditavam em sua propaganda. Queriam safar-se de seus velhos "eus" corruptos, tornando-se os neoconversos de uma república virtuosa. Enquanto revolucionários culturais, queriam destruir a "aristocracia do pensamento" para criar uma igualitária república das letras numa república igualitária. Ao exigir a abolição das academias, Lanjuinais argumentou com precisão: "As academias e outros organismos literários devem ser livres, nunca privilegiados; autorizar sua formação sob o amparo de qualquer proteção seria torná-los verdadeiras corporações. Academias privilegiadas são a sementeira de uma aristocracia literária".[91] Daí à terminante conclusão de Grégoire não havia mais que um passo: "Devemos buscar o mérito que habita os porões e águas-furtadas do sétimo andar... O verdadeiro gênio é quase sempre *sans-culotte*".[92] Talvez os propagandistas das mansardas funcionassem como mensageiros ideológicos que injetavam a crua versão jacobina do rousseauísmo na *sans-culotterie* parisiense.[93] Hébert certamente desempenhou esse papel — Hébert, que apodrecia na obscuridade antes da Revolução e que, certa vez, fora tentar persuadir o Variétés a encenar uma de suas peças, voltara para casa com um emprego de fiscal de bilhetes nas *loges* (camarotes).[94]

Cabe, assim, na pesquisa da conexão entre o Iluminismo e a Revolução, examinar a estrutura do mundo cultural sob o Ancien Régime, descendo das altitudes metafísicas e ingressando nos cafés apinhados de subliteratos. Nesse nível inferior da análise, o Alto Iluminismo parece relativamente domado. As *Lettres philosophiques* de Voltaire podem ter explodido como bomba[95] em 1734, mas, na época de sua apoteose, em 1778, a França já absorvera o choque. Nada houve de chocante nas obras de seus sucessores: *eles* haviam sido digeridos, completamente integrados a *le monde*. Naturalmente, convém levar em conta exceções como Condorcet, mas a geração de *philosophes* de Suard bem pouco tinha a dizer. Discutiam Gluck e Piccinni, patinhavam no pré-romantismo, ladainhavam acerca da reforma legal e de *l'infâme*,* recolhiam seus dízimos. Enquanto engordavam sob os arcos serenos da igreja de Voltaire, o espírito revolucionário desertava para os homens escanifrados e famintos da boemia literária, os párias culturais que, vivendo à míngua e remoendo as vexações, plasmavam a versão jacobina do rousseauísmo. O panfletarismo rude dos subliteratos foi revolucionário enquanto sentimento e enquanto mensagem. Exprimiu a paixão de homens que detestavam visceralmente o Ancien Régime. Homens que padeciam as dores do ódio. Foi nesse ódio que subia das entranhas, e não nas refinadas abstrações de uma bem tratada elite cultural, que o extremismo revolucionário jacobino articulou seu verdadeiro timbre.

2. Um espião na boemia literária

Lê-se a biografia de Jacques-Pierre Brissot como a parábola de seus tempos. O biografado assegurou-se desse efeito escrevendo ele mesmo o roteiro. Em suas "memórias" apresenta-se como a encarnação do espírito revolucionário incorruptível e intransigente. Um *philosophe* transformado em homem de ação. Imbuído de Iluminismo desde a infância, rejeitou, na mocidade, a autoridade da Igreja e do Estado — e na idade adulta tramou a Revolução. Os biógrafos de Brissot, e a maioria dos especialistas em Revolução Francesa, aceitaram as memórias como um quadro verista do perfeito pré-revolucionário. Como escreveu Daniel Mornet, "da juventude em diante, ele é a imagem completa de todas as aspirações de uma geração".[1] Visto, contudo, pelo prisma das cartas comerciais e dos relatórios da polícia, um homem pode parecer algo diferente do retrato exibido em suas memórias. Um reexame da carreira de Brissot, baseado em novas fontes, acrescentaria sombras, é certo, mas também carnação a sua imagem tradicional. Não se empreenderá essa investigação para despir alguém que pudicamente se cobre com uma autobiografia — mas para compreender a formação de um revolucionário. E a era que, acredita-se, ele tipificou.

É em seu ponto mais crítico que a carreira do Brissot pré-revolucionário parece mais vulnerável: dois meses na Bastilha no verão de 1784. Tal como o encarava de sua prisão, o Ancien Régime devia parecer uma conspiração tramada com o exclusivo fim de extinguir espíritos livres como o dele. Décimo terceiro filho de um taverneiro de Chartes, partira, sete anos antes, para conquistar um lugar de respeitável cidadão na república das letras, sediada em Paris. Nesse ínterim, publicara milhares de páginas sobre os temas apropriados: os sofismas de são Paulo, os despropósitos do sistema legal francês, as glórias e fraquezas da Constituição britânica. E desenvolvera uma visão adequadamente enciclopédica dos fatos, como se vê dos títulos por ele caraminholados: *Correspondance universelle sur ce qui intéresse le bonheur de l'homme et de la société* e *De la vérité ou méditations sur le moyens de parvenir à la vérité dans toutes les connaissances humaines*. Peregrinara filosoficamente à Suíça de Rousseau e à Inglaterra de Voltaire e Montesquieu. Implorara o apoio de Voltaire e D'Alembert. Competira em concursos de ensaios patrocinados por diversas academias e ganhara dois prêmios. Fora até merecedor de duas *lettres de cachet*. Mas, apesar de carreira tão exemplar para um jovem escritor, Paris tivera o sumo desplante de recusar-se a reconhecê-lo *philosophe*.

Mudara destemidamente para Londres, investindo toda a sua energia, toda a sua ambição — e todas as 4 ou 5.000 *livres* herdadas pela morte do pai em 1779 — num plano para estabelecer um *Lycée* ou centro universal para filósofos, incluindo um jornal, um sistema de correspondência e uma sede. Mas os filósofos do universo, lastimavelmente, não acorreram ao modesto lar de Brissot em Newman Street, 26. Pouquíssimos os que se corresponderam com ele ou subscreveram assinaturas do jornal — tão poucos, na verdade, que o sócio de Brissot, Desforges d'Hure-court, que chegara na primavera de 1784 para deparar com um *Lycée* de um só homem, organizado de forma ruinosa e destituído até da prometida sede, concluiu ter sido engabelado em 13.000 *livres*, cuja restituição tratou de exigir em juízo, alegando havê-las enterrado em empreendimento evidentemente fraudulento. O se-nhorio e o cobrador de impostos puseram-se a clamar por di-nheiro; o impressor de Brissot meteu-o na prisão por dívidas. Brissot raspou o fundo das economias e juntou dinheiro suficien-te para comprar a liberdade — e torrou as sobras numa tentativa de conseguir, com usurários parisienses, uma restituição para Desforges. Enquanto forcejava por recobrar-se de tão feroz desca-pitalização, Brissot perdia o principal mercado para seu jornal: Vergennes,* ministro do Exterior, revogou a permissão para sua circulação na França. Em 12 de julho, à uma da madrugada, o gol-pe final: Brissot era trancafiado na Bastilha, suspeito de produzir certos panfletos que satirizavam altos funcionários.[2]

Perdera a juventude em fracassos e ambições frustradas. O máximo que conseguira fora a Bastilha, e o futuro, visto de seus trinta anos, deve ter parecido ainda pior que o passado. Seu pri-meiro filho, Félix, nascera a 29 de abril de 1784, pouco depois da partida de Brissot para a França; a criança e a mãe estavam doen-tes. O *Lycée*, arruinado; o jornal, impossível reavivá-lo; e Desfor-ges iniciara longa, onerosa e por fim inútil batalha judicial para recuperar as 13.000 *livres* e condenar Brissot por fraude. Brissot perdera todo o investimento no *Lycée* e devia grandes somas ao impressor, ao fornecedor de papel e a outros. Nada restava, no ativo, para compensar os débitos; Desforges não perdoara nem a mobília da casa de Newman Street. Preso e virtualmente des-pojado de todas as posses, onde encontrar as 13.335 *livres* de que necessitava, como escreveu mais tarde,[3] para evitar a quebra dos negócios londrinos? Como conseguir emprego, um lar para a família, um meio de escapulir da Bastilha? Não conseguira ser *philosophe*: o que seria dele?

Havia as providenciais soluções temporárias. A sogra de Brissot acolheu por uns tempos a esposa e o bebê em sua casa de Boulogne-sur-Mer. Mme. de Genlis, antiga empregadora de sua esposa no Palais Royal, ajudou a negociar sua saída da Bastilha — coisa que se deu a 16 de setembro. Mas outro problema tornou a situação quase desesperadora. Vinha se correspondendo com a Société Typographique de Neuchâtel desde 31 de agosto de 1779. A correspondência, hoje na Bibliothèque de la ville de Neuchâtel, oferece detalhado registro de sua evolução como panfletista e a medida de sua inquietante situação no segundo semestre de 1784. As primeiras cartas vibram, luminosas, do entusiasmo de um jovem disposto a fazer-se *philosophe*, mas em 1784 esse entusiasmo fora soterrado pela avalanche de problemas financeiros. Encarregara-se, com toda a inocência, de custear suas próprias publicações, embora seja o caso de indagar se alguém mais financiaria as filosofices de um provinciano desconhecido, filho de taverneiro. E encheu de encomendas os livros da Sociedade. É uma lista melancólica de insucessos: mais ou menos uma dúzia de panfletos e tratados, incluindo *Bibliothèque philosophique du législateur*, *Théorie des lois criminelles*, *De la vérité*, *Testament politique de l'Angleterre* e o primeiro volume de sua *Correspondance universelle*. Brissot apostara em que a venda das obras pagaria os custos de publicação e o guindaria aos pináculos de um jovem Voltaire ou D'Alembert. Só conseguiu uma reputação de panfletista menor, razoavelmente audacioso, e 12.309,90 *livres*[4] de débitos para com a Sociedade, além do que já devia em Londres.

Tão logo soube de sua libertação da Bastilha, a Sociedade começou a assediá-lo para que pagasse as contas de impressão. Esquivou-se das exigências oferecendo seu estoque de livros encalhados — clássico expediente dos autores inadimplentes, como a Sociedade já aprendera, a alto preço, em passadas experiências. Brissot não tinha nada mais a oferecer, e havia alguma esperança de venda para a *Bibliothèque philosophique du législateur* — compilação em dez volumes de estudos filosóficos sobre direito —, que tinha, aparentemente, mais probabilidades que os próprios trabalhos elucubrados por Brissot. Antes de perseguir esta última esperança, cumpria a Brissot, contudo, remover um obstáculo à negociação. A polícia de Paris havia confiscado um carregamento do quinto volume da *Bibliothèque philosophique*. Sem o quinto volume, o conjunto de dez ficaria estropiado. Assim, não importa para que lado se voltasse, Brissot parecia sempre esbarrar nas forças do Ancien Régime. Podemos avaliar a situação desesperadora de seus negócios através da seguinte carta, enviada aos impressores de Neuchâtel seis semanas depois de sair da Bastilha.

Boulogne-sur-Mer, 22 de outubro de 1784

Messieurs,

Aproveito o primeiro momento livre, que só se me ofereceu aqui em Boulogne, para conciliar nossas contas. Examinei-as com a máxima minúcia. Não respondem, de forma satisfatória, aos pontos que abordei em minha detalhada carta de 3 de fevereiro de 1784... Mas colocarei de lado este e outros pormenores. Quero parar. Desejo despedir-me solenemente das especulações editoriais, renunciando à carreira que encetei com tanta imprudência. Bem pouco era o conhecimento que tinha do mundo, especialmente do mundo em que me pus a negociar. Fui ludibriado, tapeado em todas as ocasiões. Felizmente não é ainda demasiado tarde para recuar. Sua conta é uma das últimas, e a única avultada que não liquidei. Farei o possível para saldá-la em breve. Os senhores tiveram uma ideia exata de minha posição quando me consideraram fraco demais para a empreitada [o *Lycée* de Londres]. Pensei que o início traria o suficiente para sustentar o fim. Mas todos exigiram seus créditos ao mesmo tempo, e fui esmagado. Agora nos aproximamos da liquidação. Posso libertar-me e até esperar certo lucro, caso os senhores se disponham a considerar os arranjos que proponho no memorando anexo. Antes de lê-lo, solicito que concedam a mais profunda atenção a dois pontos: primeiro, minha honestidade, que me obrigará, enquanto viver, a saldar minhas dívidas, sejam quais forem; segundo, minha situação atual. Sabem de meu infortúnio. Mas o pior de todos os sofrimentos, porquanto se prolonga no futuro, é-lhes desconhecido. Minha prisão na Bastilha arruinou-me. Devo renunciar a meu estabelecimento [o *Lycée* de Londres]. Tal perda custa-me mais de 20.000 *livres*, envolve-me em clamoroso processo judicial e, na verdade, me aniquilaria se não fosse o apoio que um amigo tem emprestado em minha quebra. Devo a sua extraordinária generosidade mais de 10.000 *livres*, quantia necessária para salvar-me e sustentar meu jornal, tudo que fui capaz de safar ao triste desastre. Bem podem imaginar que, em tão precária situação, não me atreveria a contrair novas obrigações; primeiro, porque não quero assumir nada que não possa pagar; segundo, porque já é tempo de parar de abusar da benevolência dos amigos, exaurindo suas bolsas apenas para aumentar minha própria miséria. Nada disso lhes serve de consolo, bem sei. Seria mais adequado enviar dinheiro, em vez do relato de minhas desventuras. Mas o que posso fazer, se nada tenho? Oferecer-lhes minhas posses, visto que os senhores estão em posição de usá-las e até de auferir algum lucro. Foi com esse espírito que formulei as propostas em anexo.[5] Deixo-os à vontade para modificar, ampliar ou diminuir. Estejam seguros de que continuo aberto a tudo que atenda a seus interesses e possa promover uma acomodação. Se tiverem outras propostas, queiram enviá-las. Conheço-lhes suficientemente a delicadeza para nutrir quaisquer prevenções quanto à longanimidade de seus métodos. A um credor inflexível eu diria:

todo o rigor do mundo não lhe valerá uma vírgula, será mesmo prejudicial. Mas aos senhores direi: seguindo indulgentes e conciliatórios, serão pagos, podendo até amealhar certos recursos para um amigo infeliz que no passado estimaram. Estou persuadido de que este argumento bastará para convencê-los a responder-me de forma satisfatória. Rogo que não demorem a fazê-lo, pois estou providenciando a liberação para venda, na França, de minha *Bibliothèque*, e não duvido de que receberei tal favor. Assim, queiram enviar prontamente pela diligência de Besançon dois exemplares costurados dos volumes VI a IX a M. Lenoir, comissário-geral de polícia em Paris, e também o volume X, se já foi impresso. Se não, enviem-no o mais depressa que puderem. Imagino que já o imprimiram, para que todo o conjunto esteja em condições de venda neste inverno. No frontispício, coloquem o nome de Belin, livreiro na rue Saint-Jacques, juntamente com o de Desauges.[6] Avisem-me da remessa a M. Lenoir.

Tenho a honra de ser, com a máxima consideração, *Messieurs*, seu mais humilde e obediente servidor.

Brissot de Warville[7]

Essa resposta satisfez parcialmente a Société Typographique. Indicava que Brissot podia arrancar seus livros das garras da polícia e que um amigo rico o ajudava a protelar a bancarrota. Brissot, naturalmente, estabelecia preço exorbitante pelas obras que oferecia em garantia do pagamento de suas dívidas, mas a Sociedade podia barganhar e reduzi-lo (como acabou fazendo depois de ásperas negociações). O mais importante era obter alguma segurança quanto à solvência de Brissot e a situação de seu benfeitor — um homem que Brissot ajudaria, em 1792, a ser ministro das Finanças: o especulador genebrino Étienne Clavière. Depois de pagar a fiança de Brissot em 1784, Clavière ainda contribuiria para que não contraísse novas dívidas nos anos seguintes.[8] Os impressores de Neuchâtel conheciam esses dois homens muito bem. Escreveram a Clavière, pedindo garantias de que Brissot honraria seu débito, e a 15 de novembro de 1784 receberam a seguinte resposta:

> Meu conhecimento dos negócios de M. de Warville, assim como a opinião que faço de suas perspectivas futuras, levam-me a julgar que a oferta feita aos senhores é a melhor possível nas atuais circunstâncias... No momento, decidiu permanecer na França. É uma espécie de restrição que lhe foi imposta, e espera ocupar-se com escritos úteis e instrutivos, segundo a capacitação que lhe conferem sua instrução e seu talento. Não é improvável que, dia mais, dia menos, obtenha alguma posição rendosa no governo. Parece que sua honestidade e disposição para o trabalho têm sido apreciadas... Estejam certos, *Messieurs*, de que M. de Warville se acha em situação precária, e que os amigos que o salvaram mal podem contar com reembolso sobre o que restou das obras por ele impressas, independentemente do que sua pena venha a produzir. Suas imponderadas pretensões ao sucesso arrastaram-no a empresas mais ruinosas do que jamais imaginaria. É homem determinadíssimo, mas os amigos que lhe conhecem a situação não podem evitar certa apreensão quanto aos meios que possa encontrar para se desembaraçar.[9]

Estas cartas parecem confirmar o retrato tradicional de Brissot. Mostram que os esforços dramáticos na luta por um lugar no mundo das letras haviam ruído sob os golpes desferidos pelos poderes arbitrários do Ancien Régime. O confisco do carregamento da *Bibliothèque*, a suspensão do privilégio do jornal, o *embastillement*, a par dos problemas financeiros, haviam-no quebrado. Só escapou da falência graças a Clavière, mas tal ajuda apenas procrastinava o ajuste de contas, que seria feito em torno de 20 a

30.000 *livres* — soma que, no cargo de escrivão que exercera antes de entregar-se à ambição de virar *philosophe*, levaria no mínimo cinquenta anos para ganhar. Tão desesperadas circunstâncias devem ter-lhe trazido amargas ruminações acerca de um sistema político que esmagava, com todo o peso do Estado, as ambições de um burguês provinciano. Aqueles dois meses na Bastilha devem ter feito dele um revolucionário. Mas não o revolucionário celebrado nos livros de história: as cartas aqui transcritas lançam certas dúvidas quanto às suas relações com os poderes do Estado francês. Como explicar que um homem recém-*desembastilhado* pudesse esperar, como um "favor", que o chefe de polícia livrasse da máquina estatal de controle do pensamento um livro ilegal? Podia o governo tomar-se tão depressa de amores por um ex--prisioneiro, cogitando empregá-lo? Jean-Paul Marat* teria uma resposta na ponta da língua:

> Lá estava ele, outra vez na calçada, sem tostão; e, para coroar sua miséria, oprimia-o o fardo de esposa e filho. Ninguém ignora que, tendo chegado ao fim da linha, resolveu oferecer seus serviços ao comissário de polícia Lenoir, que o fez observador real a troco de 50 *écus* por mês. Eis a nobre profissão que exercia à época da Queda da Bastilha, mas teve de abandoná-la quando o chefe fugiu... Bailly, que assumira a administração municipal, e já se prostituíra ao governo, deteve [Brissot], ameaçando exibir ao público seu nome na lista da polícia, mas prometeu favorecê-lo e protegê-lo desde que se bandeasse para o lado dele [Bailly].[10]

Devido a sua brutalidade polêmica, a acusação de Marat nunca foi levada a sério. Assacara-a para devolver os golpes dos girondinos,* que em junho de 1792 tentavam arrancá-lo de seus esconderijos e prendê-lo como agitador. Em seu alvoroço, Marat cometeu alguns erros factuais. Afirmou, por exemplo, que Brissot trabalhara para o duque D'Orléans (assim como para Lenoir) *após* sua viagem americana de 1788. Mas fez, igualmente, certas revelações — sobre as relações de Brissot com livreiros de Paris e Londres, por exemplo — que só um amigo íntimo poderia fazer. Estava em posição de afirmar com alguma justeza, em 1792, que "ninguém fora colocado em melhor condição que eu para enxergar o fundo de sua alma":[11] havia treze anos que o conhecia. Em 1783, com efeito, Brissot era "meu caríssimo amigo" para ele: "sabes, caro amigo, o lugar que ocupas em meu coração".[12] Assim, o testemunho de Marat parece merecedor de certa consideração. O problema de apurar se Brissot espionava ou não para a polícia justifica novas investigações: será um teste crucial para a exatidão do revolucionário típico retratado nas memórias e biografias de Brissot.

Seus três biógrafos, escrevendo sob o inevitável influxo das "memórias", mal tocam na questão da espionagem. Um deles não a menciona.[13] Outro a refere *en passant*, como exemplo dos ataques de que Brissot foi vítima.[14] O terceiro a rejeita, pois difamações são indignas de consideração.[15] Taine, para ilustrar a falta de caráter dos líderes pré-revolucionários, deu crédito à imputação,[16] e Mathiez a menciona para exemplificar a maldade girondina, embora cuidadosamente a atribua aos inimigos de Brissot.[17] Nenhum escrúpulo do gênero embaraçou Pierre Gaxotte, que repetiu a acusação, sem se incomodar com provas, no espírito antirrevolucionário de Taine.[18] Passemos aos defensores da Revolução. Michelet, Lescure e Louis Blanc tentaram exculpar Brissot ao menos de forma indireta,[19] mas o principal advogado de defesa foi Alphonse Aulard. Tinha o hábito de extrair lições morais das vidas dos revolucionários: "Durante toda a sua vida, o estadista adorou sua mãe como adorava a França; os grandes patriotas da Convenção foram, todos, filhos obedientes",[20] ensinava ele às crianças da Terceira República em sua biografia de Danton. Aulard teve a inspiração de refutar, cheio de indignação, as asserções de Taine. Em seu exemplar de *Les origines de la France contemporaine*, anotou à margem do retrato que Taine fizera de Brissot: "Eis um desgraçado; nascido em padaria, criado em escritório de advocacia, ex-agente da polícia a 150 francos ao mês, antigo sócio de chantagistas e mascates de calúnias, aventureiro da pena, escriba, subliterato consumado".[21] E sacou essa passagem num ataque aos atacantes de Brissot: "Diante de tão honesta confissão [as memórias de Brissot, que Aulard aceitava como fiel autorretrato do revolucionário], deveriam hesitar antes de dizer que esse generoso propagador de ideias filosóficas não passou de vil agente policial por 150 francos ao mês, como certo indivíduo vem afirmar, em letra de fôrma, sem se dignar fornecer nem sombra de prova".[22] Taine não desdenhava compulsar documentos. O problema era a falta de evidências concretas. Como a maior parte dos escritores que se ocuparam do conflito entre *girondins* e *montagnards*, seu material, embora cuidadosamente selecionado, provinha da torrente de denúncias e insultos pessoais que invadia os debates das assembleias revolucionárias e se espraiava pelas colunas dos jornais revolucionários. Já que os historiadores não podem enriquecer os autos deste processo investigatório, ouçamos os próprios revolucionários, e seus contemporâneos antirrevolucionários, acerca da reputação de Brissot como espião da polícia.

A acusação de espionagem encabeçava a lista de acusações contra Brissot no indiciamento dos *girondins* apresentado por André Amar à Comissão de Segurança Geral a 8 de outubro de 1793. Falando pelos *montagnards* vitoriosos, Amar vinculou o epíteto "agente da polícia sob os reis" ao nome de Brissot e pediu a guilhotina para ele. Foi um breve comentário, feito à guisa de introdução à análise do papel de Brissot na Revolução; não aparece no relatório contra Brissot e outros *girondins* enviado por Saint-Just à Comissão de Segurança Pública para a Convenção em 8 de julho.[23] Mas Brissot levou-o a sério, o bastante para refutá-lo com algum vagar em seu *Projet de défense devant le tribunal révolutionnaire*. Outra vez encarcerado, mas agora com a vida em jogo, tentou justificar sua carreira perante a Revolução e a posteridade. Como nas "memórias", escritas com o mesmo imperativo, apresentou-se como um desinteressado idealista, a própria antítese do espião policial:

> E sempre me mostrei inimigo implacável do reinado inquisitorial da polícia! E meus únicos negócios com o ministro e a polícia foram três *lettres de cachet* devidas a meus escritos em favor da liberdade; encerraram-me na Bastilha por dois meses, vi quase todas as minhas obras proibidas e confiscadas! E de 1779 até a dissolução da polícia real em 1789 não se passou um ano sem que eu publicasse algum trabalho contra o governo; e a polícia me mantinha sob constante vigilância, jamais cessou de espionar-me! Como, então, posso ter sido agente de um ministro que me perseguia e a quem eu desmascarava?[24]

É provável que Brissot tenha resolvido insistir em sua inocência porque os inimigos, à medida que a disputa entre *girondins* e *montagnards** crescia em ferocidade, repetiam com frequência cada vez mais estridente a denúncia de Marat de 4 de junho de 1792. A 14 de novembro de 1792, François Chabot levou ao clímax um violento ataque contra Brissot no Clube Jacobino, ao tachá-lo de "antigo espião da polícia".[25] Anacharsis Cloots fez coro à acusação num discurso aos jacobinos de 26 de novembro.[26] Um panfleto anônimo, publicado entre junho e outubro de 1793, preparou o terreno para a execução de Brissot, denunciando "o infame papel por ele desempenhado sob os tirânicos labregos da polícia". Atribuía-lhe tal papel desde sua chegada a Paris, acrescentando detalhes fictícios em quantidade suficiente para convertê-lo em vilão irreconhecível.[27] Robespierre, por fim, fez da corrupção de Brissot dogma oficial, em discurso proferido perante a Convenção, a 24 de junho de 1793: "Um espia covarde da polícia".[28]

Mais que qualquer outro, contudo, foi Camille Desmoulins quem difundiu a reputação de espião de Brissot. Depois que o Tribunal Revolucionário sentenciou os girondinos à morte a 31 de outubro de 1793, Desmoulins teria exclamado: "Oh, meu Deus, meu Deus; sou eu que os estou matando. Oh, meu Deus, é o meu Brissot sem a máscara, *démasqué*, quem os está matando".[29] Num panfleto, o ataque mais arguto e eficaz jamais feito a Brissot, reproduziu uma carta atribuída ao barão de Grimm: "O senhor diz que Brissot de Warville é bom republicano. Sim, mas espiava para M. Lenoir, por 150 *livres* ao mês. Desafio Brissot a negá-lo e posso ainda acrescentar que foi demitido da polícia porque Lafayette, que tramava intrigas na época, o subornara e tomara a seu serviço".[30] Como Desmoulins não ignora, tal carta, em verdade, era uma diatribe de Rivarol contra Volney, intitulada *Réponse de M. le Baron de Grimm... à la lettre de M. Chasseboeuf de Volney*, datada de 1º de janeiro de 1792. A observação sobre Brissot nada tinha a ver com o tema central da carta. Rivarol, aparentemente, fizera o acréscimo como um pós-escrito ou coisa do gênero, para desopilar algum ressentimento pessoal ou para reforçar seu argumento de que a Revolução recrutava líderes entre as mediocridades ambiciosas que, ao contrário dele, não fizeram sucesso sob o Ancien Régime.[31]

Rivarol era apenas um dentre os muitos inimigos de Brissot que, a partir dos primeiros estádios da Revolução, forneciam munição para os ataques dos *montagnards* de 1792 e 1793. Brissot detectou algumas das outras fontes em seu *Projet de défense*: "A sórdida infâmia foi primeiro imaginada por certos aristocratas, e difundida por Gouy d'Arsy e Théodore Lameth; repudiei-a em todos os jornais. Lancei um desafio formal para que alguma prova fosse exibida, e os abomináveis caluniadores não se atreveram a responder.

Tais são os homens que os republicanos hoje copiam para difamar um dos mais ardentes defensores do republicanismo!".[32]

O marquês de Gouy d'Arsy, um aristocrata e traficante de escravos que passava por radical em 1789, voltara-se contra Brissot no início de 1791. Este, então porta-voz da ala radical e líder da Société des Amis des Noirs, dirigia a campanha para pressionar a Assembleia Constituinte a abolir o comércio escravagista. A questão criava um conflito entre os interesses comerciais das cidades costeiras e os princípios revolucionários — liberdade e igualdade — e humanitários da época. Dera causa, assim, a uma panfletagem pronunciadamente ríspida e venenosa. Num característico panfleto contra Brissot, Gouy d'Arsy afirmou que, longe de servir à humanidade, o "amigo dos negros" estivera a serviço da polícia parisiense; Brissot replicou com um panfleto igualmente destemperado no qual se lia uma altiva afirmação de sua inocência. Republicou-o, mais tarde, em seu jornal, *Le Patriote Français*, edição de 3 de fevereiro de 1791: "O senhor me relaciona ao antigo comissário de polícia Lenoir; declara que fui seu agente secreto. Ele me atirou à Bastilha. Eis o único sinal de confiança que me concedeu tal pessoa. Não a conhecia antes e nunca a vi depois. Prove o contrário, eu o desafio".[33]

Brissot renovou o repto a outro acusador na edição de 20 de março de 1792 de seu jornal: "Insinuou que estive a soldo da antiga polícia. Desafiei-o a (1º) assinar-se, (2º) repetir a acusação, (3º) fornecer alguma prova. Ele então assina, mas nada diz acerca da calúnia e não indica provas. Eis que seu próprio silêncio condena o difamador". O inimigo, desta vez, era François de Pange, um aristocrata que desejava impedir que a Revolução extravasasse dos limites de uma conservadora monarquia constitucional. Na primavera de 1792, ele e diversos simpatizantes dos *feuillants** entupiram o *Journal de Paris* de ataques a Brissot, que se tornava poderoso na Assembleia Legislativa. Pange fazia-se passar por arauto da *opinião pública informada* contra Brissot: "Certas pessoas, curiosas... escreveram tê-lo visto a serviço da antiga polícia"; não ocultava seu empenho em dar credibilidade ao boato, observando que com isso se explicavam as louvaminhas entoadas por Brissot à monarquia francesa, à polícia e ao próprio Lenoir — "Um ministro que é amigo da humanidade", dele dissera — num panfleto publicado em 1781.[34] Brissot pedia provas de seu trabalho como espião? Pange limitava-se a retrucar que o panfleto de 1781 o mostrava capaz desse ofício. E o amigo de Pange, André Chénier, preparou, com base nesse enredo, uma carta enviada ao *Journal de Paris* a 19 de março de 1792. Nem Pange nem Chénier se interessavam pela produção de provas; o que pretendiam era desacreditar os radicais da linha "brissotiana", apresentando seu chefe como um trampolineiro hipócrita: "É um camelô de ideias. Sempre sondou a preferência do público antes de fustigar alguém — e só o fazia quando pudesse extrair vantagem".[35]

A acusação de espionagem não foi menos irrelevante na polêmica que estalou entre Brissot e Théodore Lameth em março de 1791. Lameth patrocinava um grupo de cidadãos conservadores de Lons-le-Saunier que reivindicava filiação ao Clube Jacobino parisiense; Brissot, por seu turno, era o campeão de um grupo rival, que tentava impugnar o pedido acusando a facção de Lameth de aristocrática. Lameth revidou com uma campanha de injúrias, mexericos e impropérios, segundo se depreende de um ataque publicado por Brissot em *Le Patriote Français* de 7 de março de 1791: "Um homem, em cuja palavra se pode confiar, assegura ter o senhor afirmado *que eu era pago por M. La Fayette, que fui espião da polícia, e que o senhor tem provas disso*". Tendo provocado Lameth a oferecer as evidências de que dispusesse, sem contudo receber resposta, prosseguia Brissot: "Por conseguinte, nego formalmente. Desafio-o a publicar essas provas; e, se não o fizer, o público deve considerá-lo um reles caluniador".[36] A querela suscitou, contra Brissot, a hostilidade da direita; achava-se prestes a pregar o republicanismo, ao passo que os irmãos Lameth, com Barnave, Duport e a colaboração ocasional de Lafayette, lançavam as bases da coalizão conservadora dos *feuillants*.

As cargas que lhe faziam de espionagem, agregadas a uma sucessão de temas episódicos de fundo político, atormentaram a carreira revolucionária de Brissot. Pipocavam a cada polêmica em que se envolvia. Ouviu-as, pela primeira vez, ao afrontar os conservadores que se desdobravam para deter o avanço da Revolução; tornou a ouvi-las, uma última vez, quando ele próprio tentou contê-lo. O curso da Revolução, assim, parecia estar sempre em jogo nas trocas de acusações; mas o debate raramente se erguia do nível dos vitupérios pessoais. Não fornece, é certo, muita informação sobre o passado de Brissot — mas ilustra o caráter das polêmicas revolucionárias. Como antes da Revolução, os franceses preferiam, à política, discutir personalidades e escândalos. Os *feuillants* batiam-se pela monarquia constitucional; os *montagnards*, pela república igualitária. Ambos acusando Brissot de ter espionado para a polícia. Decoravam escrupulosamente seus discursos, adornados de abstrações surrupiadas de Rousseau, Montesquieu e autores clássicos, mas pareciam, na verdade, sequiosos em tirotear denúncias acerca das relações de Brissot com Lenoir, Pétion com Mme. de Genlis, Maria Antonieta com o cardeal de Rohan ou o duque D'Orléans com qualquer um. Não se pode sequer atinar com a origem da acusação de espionagem no emaranhado de *libelles* que circunda a reputação de Brissot. Talvez a primeira referência — ou a que passa por sê-lo — seja, justamente, a mais típica. Uma carta endereçada a Brissot, por ele reproduzida em *Le Patriote Français* de 7 de outubro de 1790, revelava: "um escritor bastante conhecido" dissera que "certas pessoas... afirmam ter visto sua esposa indo receber uma pensão de M. Lenoir sob o Ancien Régime". Brissot replicou, ultrajado, que "essa pensão é uma fábula. Nunca minha mulher requereu ou recebeu pensão. Minha prisão na Bastilha custou-me de 20 a 25.000 *livres*. Jamais recebi um tostão de indenização por isso".[37] Assim, por volta de outubro de 1790, havia um rumor pairando no ar, à disposição de quem precisasse brandir armas contra Brissot e a linha revolucionária por ele propugnada. Mas Brissot *foi* espião da polícia?

A boataria deu-lhe uma reputação dúbia e pode fazer inferir coisas do tipo *onde há fumaça há fogo*; mas os rumores também revelam as naturais inconsistências do parisiensíssimo *on dit* e não combinam com alguns fatos seguros. Lenoir foi comissário-geral de polícia de agosto de 1774 a maio de 1775; tornou a ocupar o cargo de junho de 1776 a agosto de 1785. Marat, assim, deve ter se enganado ao afirmar que Brissot pediu o emprego de delator depois de deixar o Palais Royal (por volta de agosto de 1787) e após sua volta dos Estados Unidos (janeiro de 1789). Não há indícios a favor da acusação de Marat de que Bailly conseguiu o apoio de Brissot ameaçando revelar-lhe as ligações com Lenoir. De acordo com a *Vie Privée*, Brissot estreara na espionagem tão logo se estabelecera em Paris (maio-agosto de 1774), mas era, então, um escrivão de 20 anos, sem as necessidades financeiras nem os contatos que eram pré-requisitos para qualquer espião daquele tempo. Pange o faz espião em 1780, época igualmente improvável: Brissot acabara de herdar dinheiro bastante para esperançar-se de construir uma respeitável reputação literária. Hébert adiciona uma variante à acusação, sugerindo ao Tribunal Revolucionário que Brissot espionara para os ingleses — obviamente depois de 1789 —, mas seu depoimento só é convincente para os interessados em brutais invocações da guilhotina.[38] Outros inimigos de Brissot, como Desmoulins e Rivarol, não forniam suas acusações de datas nem detalhes; suas investidas podem ser lidas como sucessão de calúnias que passavam de um antibrissotiano para outro ao longo da Revolução. O hábito dos revolucionários de traficar denúncias ("A lei pune os falsificadores; a nação premia quem os denuncia", dizia um lema impresso nos *assignats*) faz com que os ataques a Brissot pareçam quase naturais; é surpreendente a ausência de alusões à espionagem nas denúncias de Saint-Just e Théveneau de Morande, este um antigo desafeto que comandou violenta campanha panfletária contra Brissot durante as eleições para a Assembleia Legislativa.[39] Se levarmos em conta o tom confiante de Brissot ao negar tais imputações e sua fama de homem íntegro (ao menos entre certos observadores mais ou menos tendenciosos),[40] somos tentados a concordar com Aulard e os biógrafos de Brissot: a acusação de espionagem parece fantasia de seus inimigos, maquinada para fins polêmicos.

Quão perturbador, então, deparar com as seguintes declarações manuscritas de Jean-Pierre Lenoir, o comissário-geral de polícia, que sabia sobre as atividades secretas de Paris mais que qualquer outro: "Brissot permaneceu em Paris [após o relaxamento de sua prisão na Bastilha]. Veio oferecer seus serviços à polícia. Recusei; mas, por cerca de um ano esteve ligado, como espião, a um dos secretários deste departamento, que me submetia os relatórios de Brissot; tais relatórios eram remunerados. Pouco depois de minha aposentadoria [agosto de 1785], Brissot ainda servia como espião da polícia".[41] Essas afirmações devem ser recebidas com cautela, pois foram escritas no exílio. Nessas condições, Lenoir por certo não padecia de nenhuma paixão incontrolável pelos revolucionários e descrevia eventos de, pelo menos, quinze anos antes. Figuram em fragmentos de notas que pretendia organizar sob a forma de memórias — e memórias que podiam perfeitamente ser tão autoindulgentes e lacunosas (ou, ao contrário, entremeadas de embustes) quanto as de Brissot. É evidente que Lenoir teria documentos originais à mão para ajudar as lembranças, mas teria, igualmente, ressentimentos com que distorcê-las. E uma causa a defender: demonstrar que o velho sistema policial de

Paris era muito mais eficiente, e bem menos despótico, que o dos revolucionários. Parece duvidoso que tivesse alguma prevenção pessoal contra Brissot. Como já foi dito, os inimigos de Brissot impugnavam seu patriotismo em 1791 por ter elogiado Lenoir num de seus primeiros panfletos. Nessa época, contudo, Brissot já se penitenciara dos louvores com outras descrições de Lenoir, agora convenientemente revolucionárias. Numa delas o chefe de polícia era retratado em companhia de seus lacaios "por ocasião de seus jantares extravagantes, nos quais, enquanto se embebedavam todos de champanhe com belas esposas arrebatadas aos maridos, escarneciam das obras filosóficas daqueles espíritos arrebatados que conservavam nas masmorras da Bastilha e zombavam da estupidez do povo comum, de quem suprimiam a voz e bebiam o sangue e o suor".[42] Se essa calúnia conseguiu alcançar Lenoir no exílio, poderia tê-lo açulado a devolver o golpe. Mas os remoques de Brissot até que eram comedidos se comparados aos de outros jornalistas, que faziam de Lenoir um dos principais vilões do folclore revolucionário. Um amigo de Brissot, Jean-Louis Carra, de longe o suplantara ao divulgar a imagem de Lenoir, ataviado de grilhetas e se curvando sobre os *cachots* (calabouços), como símbolo do despótico Ancien Régime. Na verdade, parece que o comissário-geral de polícia foi funcionário honesto e nada despótico — honesto demais, com efeito, para mentir sobre Brissot, na improvável hipótese de possuir motivos para tanto.

Os desmentidos de Brissot às acusações de espionagem são fortes. Não poderia ignorá-las. E tampouco rebatê-las frouxamente. Talvez até se sentisse em segurança ao desafiar seus detratores a apresentar provas: sabia que seu registro policial desaparecera sob os escombros da Bastilha. Seu amigo íntimo Pierre-Louis Manuel dera-o a ele "dizendo que nada a meu respeito devia permanecer no monturo da polícia".[43] Os arquivos da Bastilha, hoje na Bibliothèque de l'Arsenal, exibem um sugestivo vácuo no lugar em que deveria estar o dossiê Brissot, e, onde há menção a seu nome — relatórios esparsos de rotina —, o *larmoyant* (lacrimoso) relato de seu aprisionamento por ele publicado durante a Revolução, é desmentido. "Eu definhava numa cela subterrânea, eu, inocente!... Apartado da humanidade, de minha esposa, de meu filho! Nem ao menos minhas cartas chegavam a minha família, não obstante jurarem que eram entregues... Os bárbaros divertiam-se com minhas lágrimas e tormentos."[44] Os bárbaros não se limitariam a atender os pedidos de Brissot para comunicar-se com a família; Lenoir chegou até a escrever ao marquês de Launay, comandante da Bastilha, a 23 de agosto de 1784: "Rogo ao comandante que permita a M. de Warville receber sua esposa, tomando as precauções de praxe". Segundo uma anotação feita por de Launay, o primeiro encontro do casal teve lugar "no dia 24 [de agosto de 1784], de 9h30 a 10h30". Outras anotações indicam que Brissot foi bem abastecido de comida e roupa; era-lhe permitido caminhar no perímetro dos muros da prisão.[45]

Brissot tinha boas razões, durante a Revolução, para explorar o mito da Bastilha, pintando-se nas vestes de mártir do despotismo real. Quando Manuel e seus colegas estavam preparando a publicação de *La Bastille dévoilée*, cuidadosa seleção de documentos da Bastilha, pediram a Brissot que redigisse seu próprio artigo, renunciando a incluir os documentos que lhe diziam respeito. Como era de esperar, Brissot escreveu que "a verdadeira causa de minha detenção foi o zelo com que defendi, em todas as ocasiões e em todos os meus textos, os princípios hoje triunfantes".[46] Manuel deve ter adulterado o artigo sobre seu próprio *embastillement*; disse ter sido aprisionado em 1786 por distribuir um inocente panfleto sobre o *Affaire du Collier* e uns outros de Mirabeau. Os registros de seus interrogatórios sobreviveram porque lhe foram arrebatados em 1793 e mostram que o haviam engaiolado por vender pornografia.[47] Queria, acaso, ocultar a verdadeira natureza de sua existência de subliterato antes da Revolução, aproveitando o ensejo para prestar inestimável favor a um velho amigo? A hipótese parece verossímil: Lenoir revelou que também Manuel espionava para a polícia. Numa anotação sobre a clandestinidade editorial em Paris, escreveu que "Manuel, escritor e mascate de livros, foi então contratado por um inspetor de polícia para espionar; anunciou ter visto algumas obras obscenas provenientes de tipografia secreta montada por Sauson nas proximidades do Hôtel du Contrôle des Finances".[48] Nem todas as marcas que o underground deixava num homem podiam ser reescritas em clave heroica.

Eis uma constatação inelutável: a menos que Lenoir estivesse mentindo, Brissot foi espião — e mentiroso, também. As publicações de Brissot, especialmente suas memórias, não oferecem, decerto, copiosas garantias de fidedignidade. Fornecem uma interpretação no mínimo equívoca de suas relações com Lafayette, Dumouriez e Orléans; de seu papel durante a crise de Varennes e a insurreição de 10 de agosto de 1792; do propósito de sua viagem aos Estados Unidos; da natureza de seu Lycée e de seus reais interesses na Bourse e na produção de panfletos. Seu tratado sobre a verdade era coisa de início de carreira; em 1789 a verdade se enredava na polêmica, e em 1793 havia, para cobri-la, a sombra lúgubre da guilhotina. Por mais que nos apiedemos de suas circunstâncias pessoais, será difícil negar que, graças a elas, Brissot tinha mais probabilidades que Lenoir para falsificar o passado.

Em sua defesa, convém assinalar que "espionar" para a polícia podia significar não a delação de amigos, mas a transmissão de informações sobre a disposição de ânimo de certos círculos ou áreas da cidade. A curiosidade literária do chefe de polícia era, por dever de ofício, bem ampla. Os espiões, frequentemente chamados *mouches* (termo aparentemente derivado de um famigerado agente do século XVI, Antoine Mouchy), infestavam como moscas os cafés e outros pontos em que se pudessem colher mexericos e rumores. Faziam relatórios sobre indivíduos conhecidos pela corrupção moral ou por opiniões religiosas e políticas de cunho radical. Lenoir possuía, acerca de Brissot, um relatório típico do gênero:

> Brissot: escritor, mais perigoso do que se possa imaginar. Sob ademanes aparentemente corteses, oculta-se uma alma perversa. Sua esposa, se for mesmo sua esposa, parece honesta. Associou-se, em Genebra, a certos homens depois banidos daquela cidade [referência a Clavière e outros membros do partido Représentant, exilados após a malograda insurreição de 1782]. Circulava com um inglês chamado Pigot, homem singular e imoral, bastante rico e dono de casas por toda a parte, exceto na terra natal, por ele abandonada não se sabe por quê. Diz-se que Brissot o serviu, em Genebra, como amigo, escritor e secretário.[49]

Brissot tinha contatos suficientes no mundo dos escritores miseráveis e dos radicais de salão parisienses, coisa que o habilitava a cometer relatórios como esse; mas não é de excluir a hipótese de que suas atividades consistissem em relatar e manipular boatos, como indica um fragmento dos manuscritos de Lenoir que Jacques Peuchet, arquivista da polícia, pretendeu editar. "Os famigerados conde Mirabeau e Brissot de Warville haviam sido empregados separadamente pela polícia para escrever boletins e outras obras e disseminá-las entre o público, a fim de contradizer falsas histórias e anedotas".[50] Brissot pode ter abastecido a polícia com notícias sobre os chantagistas e mascates de pornografia conhecidos como *libellistes* e *sommateurs*, que constituíam boa parte da colônia de expatriados franceses em Londres antes de 1789. Brissot a conhecia muito bem; lá se iniciara no jornalismo e lançava a culpa de seu *embastillement* sobre o líder dessa colônia, Charles Théveneau de Morande, um pirata literário, pornógrafo político e, por vezes, agente-diplomata da polícia, que apoiara Desforges contra Brissot na questão do Lycée. Durante seu interrogatório na Bastilha, Brissot pode ter contado a Lenoir bem mais do que admitiu em suas memórias a respeito de *La naissance du Dauphin, Les petits soupers de l'hôtel de Bouillon, Les rois de France dégénérés, Le passetemps d'Antoinette et du vizir de Vergennes, Le diable dans un bénitier* e outros panfletos que os *libellistes* de Londres contrabandeavam para a França ou entregavam à polícia parisiense em troca de resgate.[51] Uma carta do agente de Brissot em Ostende pulveriza sua alegação de que não tinha envolvimento algum, "nem direto, nem indireto", com o panfleto *Le diable dans un bénitier* (O diabo numa pia de água benta).[52] Uma outra carta, encontrada entre os documentos da Société Typographique de Neuchâtel, prova, como afirmou Marat, que Brissot estivera envolvido com a produção de literatura infinitamente mais pesada que *Les liaisons dangereuses*, obra que, a crer nas resenhas publicadas em dois de seus jornais, ultrajara sua sensibilidade moral.[53] Sensibilidade moral, para o panfletista pré-revolucionário, era atributo padrão, dotado do mesmo peso de sua necessidade de dinheiro.

Como seus colegas panfletistas, Brissot aprendera a manobrar dentro da burocracia barroca que tentava controlar e, por vezes, explorar a palavra impressa na França. Seu livreiro, um agente da polícia chamado Goupil de Pallières, dera-lhe a primeira lição em 1777, durante uma cerimônia encenada para o anúncio da primeira *lettre de cachet* de Brissot. Goupil desempenhou seu papel no rito com suma delicadeza: Brissot devia preparar-se para más notícias; insultara estultamente a esposa de um chicanista de prestígio em sua brochura *Le potpourri*. Uma ninharia, sem dúvida, mas uma ninharia que o levaria à Bastilha se não se eclipsasse antes da manhã seguinte, quando Goupil apareceria com a *lettre de cachet* em punho e tentaria encontrar, como prova de seu zelo no cumprimento da lei, algumas páginas do manuscrito que Monsieur teria a bondade de, na pressa, deixar para trás. Goupil, mais tarde, cobrou sua comissão na forma de panfletos proibidos, que certamente imaginava traficar. No ano seguinte, ei-lo atirado à Bastilha: dera à esposa, para vender, panfletos de sua alentada coleção de obras confiscadas.[54] A natureza do underground fazia com que policiais e panfletistas vivessem em permanente simbiose. Brissot, naturalmente, clamou em suas memórias que o ambiente jamais o conspurcara, mas suas cartas aos editores soavam menos inocentes.

Parecem ter sido escritas de dentro do Hôtel de la Police. A 26 de julho de 1781, por exemplo, prevenia a Société Typographique de Neuchâtel para acautelar-se contra carregamentos da *Histoire philosophique et politique des établissements des européens dans le deux Indes*, de Raynal, recentemente proibida:

> O devotamento que dedico a tudo que interesse aos senhores leva-me a enviar este aviso. As ordens mais terminantes foram emitidas para impedir a entrada na França da obra de Raynal. Sabe-se que o livro está sendo produzido em quatro diferentes pontos [fora do reino]. Agentes disfarçados foram despachados para examinar a impressão e descobrir as rotas por que entrarão os livros. Mais não digo, mas o que disse apurei em fonte segura. Os senhores serão mantidos sob rigorosa vigilância.[55]

Seis meses mais tarde, advertiu os editores contra espiões que estavam atrás de sua edição do proibido *Tableau de Paris*, de Mercier: "Fiquem em guarda quanto ao *Tableau de Paris*. Há ordens para mantê-los sob severa observação. Previno-os, e meu conhecimento é de boa fonte".[56] Brissot faz referência menos velada a sua fonte em carta informando a Sociedade da corrida pela publicação das obras de Rousseau tal como as viam as autoridades encarregadas de suprimi-las. "Sobre Rousseau, esquecia-me de dizer-lhes que M. Martin, da polícia, outro dia me contou que nove edições estavam a caminho, suficientes para inundar a França. A dos senhores terá boa acolhida, se conseguirem fazê-la atravessar rapidamente a fronteira."[57] Eis como o *Almanach Royal* definia as atribuições do obsequioso Martin: secretário da polícia encarregado de "tudo o que respeita à Bastilha, Vincennes e outros castelos em que os prisioneiros do Estado são encarcerados, ao comércio de livros proibidos, etc.". Era o principal funcionário, aquele que qualquer pessoa envolvida com o tráfico clandestino de livros gostaria de conhecer: estava em seu poder fornecer informações sobre os concorrentes, dar avisos sobre as medidas repressivas e assistência quando os livros se enroscassem na engenhoca que mantinha fora da França os livros perniciosos e protegia o monopólio da corporação dos livreiros. A amizade de alguém como Martin podia ser arma poderosa no acidentado mundo editorial do século XVIII, conforme escrevia, em 1781, Quandet de Lachenol, agente da Société Typographique de Neuchâtel:

> Estou prestes a ser apresentado a M. Martin, principal funcionário da seção incumbida do comércio de livros. Vários de seus amigos, que tenho a honra de conhecer, prometeram-me esse favor. O funcionário é íntimo de M. Boucherot [secretário do grão-chanceler], e M. Boucherot se acha favoravelmente disposto em relação aos senhores. Foi por seu intermédio [de Martin] que ele [Boucherot] conseguiu a liberação dos engradados confiscados da *Description des arts*, entregando-os a M. Perre, que mos devolveu.[58]

Brissot conhecia bem Martin. Escreveu para a Sociedade, não sem uma ponta de jactância, que "M. Martin, que parece estimar-me e ser afeiçoado a mim, assegurou-me de sua boa vontade".[59] A amizade deve ter chegado ao auge na Bastilha; e, como a Bastilha, deve ter sido erradicada depois de 14 de julho de 1789. O 14 de julho metamorfoseou Martin em vilão, escorraçou-o do emprego; e em seu lugar foi colocado ninguém menos que Manuel (para o populacho da boemia literária, Revolução não queria dizer simplesmente libertação do *embastillement*; também significava emprego nos novos jornais, que brotavam como cogumelos em Paris, na nova burocracia estatal). Feito inspetor do comércio de livros, Manuel limitou-se a pouco mais que recolher material para suas próprias obras. Brissot, editor do novo e bem-sucedido *Le Patriote Français*, saudou-o como um defensor da liberdade de imprensa: "Nosso amigo Manuel imprime bem diferente estilo ao departamento de polícia. Em nada lembra seu predecessor, Martin, contumaz distribuidor de *lettres de cachet*, que o torturou, e a mim, nas profundas da Bastilha. M. Manuel é digno de ser um republicano; faz o menos que pode".[60] Brissot usava linguagem diversa antes de tão alvissareiras mudanças. Tendo tido o cuidado de cair nas boas graças de Martin, enviou a seu "torturador" da Bastilha uma singela carta, logo depois de ser posto em liberdade:

> Aproveito o primeiro instante de sossego para reiterar minha gratidão por haver se dignado interessar-se por meu infortúnio.
>
> Tenha a bondade de transmitir meus respeitos a M. Lenoir e assegurá-lo da gratidão que seu tratamento generoso e delicado inspirou em mim e em minha esposa. E, por favor, aceite também o senhor seus agradecimentos e votos de estima.
>
> Sou, com toda a consideração possível, Monsieur, seu mais humilde e devotado servidor.[61]

Que tipo de "servidor" era Brissot para Martin? Decerto um que tinha acesso a informações internas. Depois que a polícia confiscou alguns livros ilegais da Sociedade, ele escreveu:

Embora não conseguisse entrevistar-me com M. Quandet, sei, contudo, que apresentou um belo memorando ao comissário de polícia e que procedeu muito bem. Goza de bom conceito. Amanhã sondarei M.[62]

Em fevereiro de 1785, Quandet caiu em desgraça junto à polícia e à Société Typographique; uma *lettre de cachet* despachou-o para o exílio. Brissot, porém, continuava estabelecido no círculo de confidentes de Martin, como relatou o sucessor de Quandet como agente da Société Typographique em Paris:

> M. de Warville disse-me que, em sua última conversa com M. Martin, primeiro-secretário do comissário-geral de polícia, ele [Martin] afirmou não importar que rota escolhêssemos a fim de contrabandear nossos livros para dentro de Paris; encontrará os meios de descobri-la e cumprir suas ordens ao longo da fronteira suíça. Só permitiria a M. de Warville a importação de 200 exemplares dos volumes VI a IX da *Bibliothèque philosophique*.[63]

A polícia, assim, vinha agindo com rigor no tocante aos contrabandos de Neuchâtel, mas estava disposta a deixar um número limitado de livros proibidos de Brissot escorrer entre seus dedos; e Brissot continuava a se entreter, talvez com regularidade, com o funcionário da polícia encarregado do comércio de livros no começo de 1785 — exatamente como Lenoir escreveu.

Confrontando as afirmações de Lenoir e a correspondência de Brissot com seus editores suíços, parece justo concluir ainda mais. Se Brissot enviava informações internas para Neuchâtel, na verdade ele era alguém *de dentro* na polícia secreta de Paris, como acusavam seus inimigos. Foi provavelmente um espião, e é possível que suas atividades se relacionassem à área dos *libelles*, um estilo de panfletarismo que contribuiu para seu sustento antes da Revolução — e para sua queda no desenrolar do processo revolucionário. Esta conclusão enquadra-se na moldura do retrato desesperado de Brissot no segundo semestre de 1784; desespero eloquentemente ilustrado pela correspondência do próprio Brissot, e de seu amigo Clavière, com a Société Typographique de Neuchâtel, reproduzida neste capítulo. Como está ele nessa época? Agoniado pela ruína de suas ambições, a doença da esposa e do filho, a perfídia de seus inimigos. Abatido pela Bastilha e pela iminência de bancarrota. Parece natural, assim, que tenha oferecido seus serviços a Lenoir — talvez pelas 150 *livres* mensais indicadas por Marat, Rivarol e Desmoulins. Espionar abria uma comporta por onde vazar suas aflições; talvez tenha sido mesmo o preço da abertura das portas da Bastilha. Encontrou uma saída mais relevante no patrocínio financeiro de Clavière, mas isso já é outra história. A crônica de sua espionagem merece ênfase — não para pôr Brissot em julgamento, mas para compreendê-lo. O *embastillement*, por si só, não atestava sua pureza patriótica, como viria a argumentar posteriormente. Ao contrário, corrompeu-o e, ao corrompê-lo, crismou seu ódio pelo Ancien Régime. Deve ter borbulhado de ira intimamente ao selar o acordo. Deve ter rangido os dentes contra aquele sistema arbitrário de poder que primeiro derrubava um homem e a seguir o tomava a seu serviço. Deve ter surdamente invectivado contra os homens que controlavam o sistema e que, depois de frustrar suas tentativas de conquistar honra e fama, desonravam-no ao fazê-lo seu agente. Não é de espantar que sua fúria tenha rebentado, durante a Revolução, em arengas contra a perversidade de Lenoir e dos outros homens da cúpula do Ancien Régime: eram os corruptores do sincero jovem burguês que virginalmente deixara Chartres em busca do sonho de tornar-se um *philosophe*.

Havia certa consolação na ideia de que "eles" — a aristocrática gente bem situada, *gens en place* — também haviam pervertido

Rousseau, que no íntimo, entretanto, permanecera puro. Foi o que Brissot descobriu em 1784, após a terceira leitura das *Confissões*. Tinha mais motivos que a maioria das pessoas para se identificar com Rousseau — "Sofro quando o leio. Penetro seu sofrimento e digo a mim mesmo: por que não tive a fortuna de conhecê-lo? A ele eu teria desnudado minha alma!".[64] Como Jean-Jacques, inventou um eu fictício para contrabalançar os defeitos do eu real. Brissot deu a seu outro eu o nome de Phédor. "Phédor possui o espírito da retidão e o mais profundo amor pela justiça; a benevolência é a base de seu caráter... Quando morrer, colocará diante do soberano juiz uma alma casta e amante da virtude."[65] Phédor era um jovem filósofo de Chartres que preservara a inocência; foi o herói das memórias de Brissot, escritas após uma sexta leitura das *Confissões* e antes de submeter sua causa ao Tribunal Revolucionário, do qual só cabia recurso à instância suprema da posteridade.

Expor desta forma o Brissot-personagem das "memórias", dando-lhe ossos, sangue, músculos e articulações, não significa usurpar a tipicidade que os historiadores lhe conferiram. Os ideais rousseaunianos de Brissot realmente tipificam os de seus contemporâneos, mas o idealismo não levaria um jovem burguês muito longe na França pré-revolucionária. Quando viu seu caminho obstruído, teve de fazer concessões para continuar na estrada. Quando o sistema o encarcerou e confiscou seus trabalhos, entendeu-se com sua polícia. Quando o sistema falhou em fazer dele um digno *philosophe*, tornou-se panfletista mercenário e *mouche*. E, quando veio a Revolução, agarrou-se encarniçadamente a ela, não como o idealista desinteressado das memórias, mas como um náufrago do velho sistema, disposto a redimir-se no novo. A Revolução fez de Brissot o eminente e razoavelmente próspero editor de *Le Patriote Français*, o poderoso líder dos girondinos. Será, assim, surpreendente que a "anarquia" *sans-culotte* de 1793 fosse por ele vista como ameaça a tudo aquilo que, após cinco anos de luta e humilhações, havia finalmente conquistado? A tudo aquilo que, para Brissot, *era* a Revolução? Seus amigos panfletistas da década de 1780 talvez detestassem o sistema social tanto quanto ele e, como ele, viram-se compelidos a fazer concessões. Eram homens de carne e osso, que precisavam sustentar a família, satisfazer ambições, buscar prazeres. Seus malogros e frustrações sob a velha ordem serviram de medida para sua dedicação sob a nova, e a Revolução pode ser compreendida, sob o ponto de vista destes homens, como *carreira*. Estudar carreiras, método que parece antiquado e meramente biográfico, poderia oferecer útil contrapartida ao estudo, mais abstrato, de ideias e ideologias. As origens intelectuais da Revolução e o caráter de sua política podem ser melhor compreendidos se descermos da *Encyclopédie* ao underground, lá onde homens como Brissot produziam jornais e panfletos, cartazes e caricaturas, canções, boatos e *libelles*. Aquelas coisas que transformavam intrigas pessoais, e rivalidades de facções, em combate ideológico pelo destino da França.

3. Um panfletista em fuga

Seu nome, provavelmente, era Le Senne, mas tantos usou que não se pode ter certeza. Suas obras ascenderam a uma dúzia ou mais, embora nenhuma possa ser encontrada. Apesar de tê-la dedicado à causa do Iluminismo, sua vida tornou-se uma fraude. Por que exumar o caso do *abbé* Le Senne? Era um simples subliterato. Mas um subliterato de tal ordem, um "pobre-diabo" (como gente de sua espécie era costumeiramente designada na França do século XVIII) tão puro, tão irredimível que merece ser resgatado do esquecimento. Le Senne não foi um mero espalhador de literatura. Foi a própria matéria de que se fazia a literatura. Parecia a encarnação dos temas desenvolvidos por Voltaire em "Le pauvre diable" e por Diderot em *Le neveu de Rameau*. E ilustra um dos aspectos mais escorregadios das letras clandestinas sob o Ancien Régime: o processo pelo qual ideias não ortodoxas passavam das especulações dos filósofos para as mãos dos leitores. Le Senne compilou, condensou, popularizou e difundiu o Iluminismo como se sua vida disso dependesse — e dependia mesmo, pois o Iluminismo foi seu ganha-pão. O Iluminismo também era um programa para a difusão das Luzes (*Lumières*) — ou seja, uma tentativa de propagar ideias entre o público em geral, e não apenas refiná-las entre os filósofos. Os pobres-diabos, seus arautos e propagadores. Carregavam material bem mais copioso que o dos *philosophes*, e provavelmente de efeito mais direto na opinião pública. Sem intermediários como Le Senne, o Iluminismo correria o risco de nunca sair dos salões, e suas grandes vozes poderiam ter estridulado pelo esmagamento de *l'infâme* ("a coisa infame", a tirânica ortodoxia) sem que o eco as repetisse.

Nada se sabe quanto às origens de Le Senne, exceto que, a certa altura da vida, contraiu a febre de tornar-se homem de letras, epidemia que grassara na França em meados do século e depressa se mostrara fatal para o anti-herói do poema satírico de Voltaire, "Le pauvre diable".[1]

> J'étais sans bien, sans métier, sans génie,
> Et j'avais lu quelques méchants auteurs;
> Je croyais même avoir des protecteurs.
> Mordu du chien de la métromanie,
> Le mal me prit, je fus auteur aussi.
>
> Estava sem dinheiro nem trabalho, não era estroso,
> Mas os poetastros todos eu lia e relia;
> Até me via protegido por Mecenas poderoso.
> Descabelando-me de amor pela poética mania,
> Cedi à febre louca, e pus-me a perpetrar poesia.

A exemplo da maioria dos pobres-diabos, Le Senne escreveu no anonimato, viveu na obscuridade e, depois de morto, quase não deixou traços de sua existência.[2] Se não tivesse se metido em negócios com a Société Typographique de Neuchâtel (STN), teria se esfumado por completo no passado. Mas seu envolvimento resultou numa sequência de cartas que, num período de quatro anos (1780 a 1784), fornece visão notavelmente rica da vida de um *philosophe* mascateador.

Os editores suíços toparam com Le Senne quando tentaram introduzir sua revista literária, o *Journal Helvétique*, no mercado francês. O plano de introdução fora sugerido por Laus de Boissy, subliterato que contava dirigir a revista e convertê-la em órgão partidário dos *philosophes*.[3] A STN encorajara Laus, mas quando seus diretores, Abraham Bosset de Luze e Fréderic-Samuel Ostervald, chegaram a Paris em janeiro de 1780 esqueceram-no por completo e foram direto a D'Alembert; encontraram Le Senne, que havia conseguido, não se sabe como, a "proteção" do *philosophe*. Os suíços tentaram persuadir D'Alembert a aceitá-los como editores de seus livros e a usar a revista como um canal divulgador de seus ensaios. D'Alembert limitou-se a expressar simpatia pelo plano e a empurrar-lhes Le Senne.

Este não perdeu a deixa. Lançou-se alegremente ao papel de jornalista-*philosophe*. Infernizou Ostervald e Bosset, bombardeou-os com cartas e desovou um pomposo prospecto para o jornal, que assim começava:[4] "Desagravar os grandes homens do século dos ultrajes que o fanatismo agonizante ainda ousa publicar contra eles em certos jornais cujo sucesso não se deve senão à malignidade de seus autores; expor à luz do dia as verdades que os filósofos anunciaram em escritos que o preconceito mantém sepultados na obscuridade; demonstrar a superioridade da filosofia moderna sobre a pretensa sabedoria dos partidários da credulidade e da intolerância... eis as metas que este jornal perseguirá".[5] D'Alembert, na ocasião, vinha sendo desancado por Fréron em *L'Année Littéraire* e, com particular assanhamento, por Linguet em *Annales Politiques, Civiles et Littéraires*, de maior penetração; encontrava-se, pois, desejoso de fundar um jornal que neutralizasse a crescente influência da imprensa *antiphilosophe*.

Longe de pairar acima das brigas e turbulências do jornalismo, D'Alembert e seus aliados planejavam usar a imprensa para conquistar a opinião pública. Mas ficariam muito contentes em delegar a polêmica a Le Senne e em permitir que a STN a custeasse. Em sua primeira carta aos suíços, Le Senne explicava que seguiria o nobre exemplo de Pierre Rousseau, o subliterato que fundara o *Journal Encyclopédique* e fizera fortuna defendendo os *philosophes*. Mas o jornal de Le Senne seria bem mais militante que o de Rousseau. Bateria Linguet e Fréron em seu próprio campo, atacando impiedosamente a curriola dos *antiphilosophes*.[6]

Ostervald e Bosset não partilhavam propriamente essa opinião. Embora simpatizassem com os *philosophes*, seu objetivo primordial era ingressar no mercado jornalístico francês. Queriam que escritores famosos colaborassem no jornal e não ficaram exatamente seduzidos pela ideia de deixá-lo nas mãos de uma insignificância insigne como Le Senne — ou, pior ainda, de que o governo francês, graças às proezas do fogoso editor, resolvesse abolir a publicação. Consideravam, adicionalmente, que Le Senne cobrava preço demasiado alto por seus serviços. Queria que a STN o levasse a Neuchâtel com despesas pagas e o sustentasse por um período experimental de cinco anos. Na qualidade de editor-chefe, comprometia-se a fornecer todo o material ao custo de 24 *livres* por folha impressa e exigia comissão de uma *livre* por assinatura angariada. Como pretendesse produzir duas edições mensais de seis folhas *in octavo*, estava pedindo, na verdade, renda garantida de 3.456 *livres* por ano — rendimentos principescos para um jornalista, sem contar a participação na receita das assinaturas, que receberia em dobro se as subscrições ultrapassassem quatro mil.

Os suíços rejeitaram tais exigências. Mas, ainda esperançados de conquistar D'Alembert, que seguia apoiando seu *abbé*, deixaram a porta aberta a novas negociações; Le Senne, intrépido, tratou de cruzar a soleira.[7] Contentar-se-ia com rendimentos menores, disse ele, desde que o compensassem adequadamente pelos artigos que conseguisse junto aos mais eminentes escritores de Paris. Os colaboradores, contudo, insistiam em permanecer anônimos, assim como ele, "por temor de que os clérigos meus conhecidos procurem vingança, atrapalhando a circulação do jornal". O *abbé* não gozava, propriamente, das boas graças da Igreja. Havia renunciado a toda esperança de obter um benefício, explicou, e não desejava mais que se estabelecer "num país que os fanáticos gostam de chamar herético... Peço apenas uma dádiva a Deus: viver sem a ajuda temporal da Igreja". Modestamente pedia para si um pequeno chalé, com alguns campos ao redor, e garantia de emprego na STN se o jornal fracassasse (não que acreditasse, apressava-se a esclarecer, em hipótese tão absurda). Declarava-se pronto a desistir de tudo para ir a Neuchâtel — mas era evidente que nada tinha de que desistir. "Assemelho-me àqueles campos incultos, que nada produzem enquanto neles não são investidos alguns recursos."[8]

A proposta não empolgou Ostervald e Bosset. Le Senne viu-se na contingência de apresentar outra, ainda mais humilde. Aceitaria qualquer salário que a STN se dignasse a pagar-lhe, pedindo apenas que esta se comprometesse a mantê-lo durante um ano. Se, ao cabo desse prazo, os suíços resolvessem dispensá-lo, teriam de arranjar-lhe novo emprego "na mesma região ou noutra parte, mas fora da França".[9] O *abbé* parecia ansioso por sair do reino, mas hesitava em razão de suas obrigações para com dois dependentes: uma viúva, de nome Bauprais, descrita como sua cunhada, e um menino, filho dela e portanto seu sobrinho. Le Senne caridosamente sugeria que a STN fizesse alguma coisa.

Nesse ponto, Ostervald e Bosset suspenderam provisoriamente as negociações com Le Senne. Tinham de cuidar do problema, muito mais premente, de obter permissão para o jornal circular na

França. Tais permissões não se conseguiam facilmente no Ancien Régime. Exigiam um bom lobby na Direction de la Librairie, agência governamental encarregada do comércio de livros; um censor que respondesse pelo conteúdo de cada edição; a boa vontade do comissário-geral de polícia, do grão-chanceler e do ministro do Exterior; subornar seus secretários; e pagar uma compensação a um jornal francês — pois os jornais domésticos detinham *privilèges* que lhes conferiam monopólio sobre certas notícias, tais como tópicos literários, no caso do *Mercure*, ou assuntos internacionais, na *Gazette de France*. Depois de árduas maquinações, Ostervald e Bosset suspeitaram, perplexos, que transpor essas barreiras era tarefa acima das forças do comum dos mortais. Informaram Le Senne de que o projeto atolara nalgum sumidouro da burocracia francesa; não poderiam contratar o bom *abbé* antes de desencalhá-lo — isto é, se alguém conseguisse apurar em que insondável escaninho o papelório havia enguiçado. O primeiro impulso de Le Senne foi apelar a seus padroeiros: "Escreverei imediatamente a M. d'Alembert, já que não posso vê-lo antes de segunda-feira. Ele pode superar quaisquer obstáculos. A facção antifilosófica é poderosa, mas tem adversários que gozam de abundante crédito".[10] D'Alembert dispunha-se a ajudar. De fato, cogitou até de pedir a Frederico II para pressionar os altos funcionários franceses; depois desistiu, receando que Frederico encarasse o pedido como afronta a sua real dignidade.[11] Enquanto isso, os óbices ao novo jornal se encarregaram de mostrar que eram incontornáveis. Além de ideológicos, possuíam caráter econômico: apurou-se que o maior inimigo do projeto era Charles-Joseph Panckoucke, o magnata editorial que comprara o *Mercure* e diversos outros jornais e não queria competidores na área que começava a monopolizar.[12]

A despeito desse contratempo, Le Senne seguia à caça de um lugar na folha de pagamento de algum jornal, exatamente como o pobre-diabo de Voltaire:

Rimant une ode, et n'ayant point dîné,
Je m'accostai d'un homme à lourde mine,
Qui sur sa plume a fondé sa cuisine...
Je m'engageai, sous l'espoir d'un salaire,
A travailler à son hebdomadaire.

Precisando jantar, improvisei laudatória elegia
Ao abordar o homem de grave fisionomia
Cuja farta cozinha de sua pena dependia...
Mais que depressa aceitei, de olho no salário,
Trabalhar para o seu semanário.

Primeiro tentara persuadir a STN a adquirir a um de seus amigos subliteratos, *le chevalier* Paulet, o privilégio do *Journal de Littérature, des Sciences et des Arts*. Mas Paulet exigiu 3.000 *livres* e os suíços bateram em retirada.[13] A seguir, esboçara o projeto de uma revista filosófica, defendendo uma versão ampliada do *Journal Helvétique*, a ser por ele coordenada de seu retiro em Neuchâtel. A língua francesa era moda em toda a Europa, escrevia ele. Se a STN conseguisse apenas mil assinaturas de leitores de língua francesa fora da França, cobriria os custos e confiaria ao contrabando a grave tarefa de providenciar os lucros no rico mercado interno do reino.

Ostervald e Bosset não se sensibilizaram com tão calorosa argumentação, mas Le Senne já se apegara à visão de um chalé suíço e rendas estáveis; não desistiria por nada deste mundo. "Fundar um jornal", admitia, "é quase como comprar um bilhete de loteria." Mas as vantagens faziam com que o risco valesse a pena. O *Mercure*, que começara com apenas seiscentos assinantes, tinha agora cinco mil; a STN não devia descoroçoar de começar com uma pequena base de assinantes suíços. O *Journal Helvétique* não fora adequadamente promovido na França. Logo criaria raízes — especialmente se a STN entrasse no mercado antes do fim da guerra americana, que faria secar "a mais abundante fonte de notícias".[14] Mas os diretores da STN sabiam que nenhum periódico seria bem-sucedido na França se não chegasse regularmente às mãos dos leitores. A distribuição ininterrupta implicava contratar o sistema postal oficial, sujeitar-se à censura prévia, ou ao menos obter uma permissão formal do governo e, sobretudo, dispor de meios para aplacar os inimigos naturais da publicação, os jornalistas franceses detentores de privilégios e possuidores de influência suficiente em Versalhes para pulverizar concorrentes estrangeiros. No fim de maio, comunicaram a Le Senne que o projeto abortara.

Os planos mirabolantes de Le Senne eram impraticáveis desde o início; mas, na pior das hipóteses, haviam-no posto em contato com a STN. Ter um pé no escritório de rica editora suíça não era coisa insignificante para escritores desempregados. Homens de letras indigentes viviam se atirando sobre os diretores da STN quando estes vinham a Paris. Outra vez em Neuchâtel, Ostervald e Bosset admitiram um agente chamado Quandet de Lanchenal para cuidar de seus negócios parisienses, e este comunicou que "uma multidão de autores" o assediava. "Saibam os senhores que fui obrigado a só dar audiência com hora marcada. Regurgitam em meu apartamento. Acho que combinaram carregar-me com eles para o asilo de pobres."[15] Essas figuras da boemia literária sobreviviam à custa de expedientes. Eram *hommes à projets*, homens de ideias, capazes de rabiscar um folheto, ou sacar da algibeira um manuscrito, desde que farejassem a menor perspectiva de faturar uns trocados. Le Senne não era exceção nesse ambiente. Mal conheceu Ostervald e Bosset, passou a cobri-los de propostas tipográficas; depois que partiram de Paris, em junho de 1780, a torrente de oferecimentos continuou, agora por via postal-epistolar.

Le Senne fizera acompanhar sua primeira proposta para o jornal filosófico de uma oferta para levar cinco manuscritos para Neuchâtel, entre os quais um tratado em cinco volumes sobre "a administração física e moral da França".[16] Seis semanas mais tarde, anunciou ter sido privado da modesta pensão que era sua principal fonte de sustento, coisa que o forçara a vender dois de seus melhores manuscritos; estavam sendo impressos em Londres, presumivelmente por falta de ânimo para afrontar a censura na França. Mas ainda possuía um magnífico tratado; e o reservara à STN. Obra valiosíssima, preparada "por uma ordem tácita de Monsieur Necker".[17] Ao constatar que os calejados Ostervald e Bosset não mordiam a isca, Le Senne voltou à carga, agora sob a forma de memorando:

Manuscritos à venda

1. História dos povos da Europa desde a fundação de Roma. Anotada.
2. História da Alemanha, para servir de suplemento à história de M. Heiss.
3. Relato imparcial das causas e motivos das guerras religiosas nos diferentes Estados europeus.
4. Curso completo de Agronomia.
5. Nova edição da história crítica da filosofia, de Deslandes. Anotada.
6. Refutação analítica de *Annales littéraires et politiques*, (jornal) do sieur Linguet, com um estudo imparcial do talento daquele escritor.
7. Voltaire interrogado, acusado e exaltado no tribunal das letras.[18]

O memorando explicava que eram apenas projetos. Le Senne se encarregava de realizar os que a STN desejasse encomendar. Oferecia, igualmente, todo um repertório de manuscritos completos: uma nova edição das obras de Charron; traduções de duas obras italianas; novas edições, revistas, da história da Inglaterra de Hume, da história de Veneza de Langier e da história da Polônia de Solignac; e um romance, *Les aventures d'un fou devenu sage* (As aventuras de um tolo que virou sábio).

Le Senne queria vender todas as obras em conjunto — ou permutá-las pelo cargo de jornalista fixo da STN. Quando o projeto do jornal começou a naufragar, o incansável *abbé* contra-atacou com novos projetos de vendas. Insistia especialmente na ideia de "compilações interessantes" — antologias cuja criação não requeria mais que tesoura e cola, embora fossem incomparáveis fazedoras de dinheiro. Uma versão condensada e atualizada do *Abrégé* (Compêndio) *chronologique de l'histoire de France* de Hénault, em sua opinião, também teria boa vendagem; uma antologia de relatos de viagens venderia mais ainda. Tinha condições de reunir coletâneas de grande quantidade de obras, expurgando passagens aborrecidas e pouco filosóficas e prefaciando cada capítulo com um esboço dos países mais importantes, "seus costumes, governo, religião, revoluções e situação atual. Uma obra do gênero seria interessante e saborosa; e creio que, oferecida através de assinaturas, venderia rapidamente, em especial se lhe dermos um tom filosófico".[19]

Outro projeto que falhou. Le Senne, inabalável, tentou lançar o plano de publicação de versão condensada e filosófica de uma história jesuíta da Igreja galicana.* Essa obra venderia bem, prometia ele, mas a STN teria de produzi-la depressa, pois apurara que alguém a vinha oferecendo a várias editoras. Alguém que fazia pensar num *Doppelganger*, um "duplo" de Le Senne, "um certo *abbé* Lanvin, não muito conhecido no mundo das letras, mas bastante diligente". Se a STN preferisse, nosso abade forneceria uma antologia das melhores peças francesas; ou um florilégio dos melhores textos de Voltaire; ou uma seleta sobre fanatismo e guerras religiosas, reunida por um protestante seu amigo. O pobre se achava desesperadamente enfermo e acumulara variado estoque de manuscritos filosóficos, pois ganhava a vida traduzindo e compilando. "Se morrer, tudo cairá nas mãos de sua irmã, católica e intolerante, que não o suporta e jurou queimar todos os seus papéis. Tratarei de salvar alguns."[20]

Como essas propostas não despertassem o interesse da empedernida stn, Le Senne alambicava outras:

> *Análise do tratado sobre a sabedoria de Charron*, que formará um belo volume mais ou menos grande, *in duodecimo*, com 18 folhas impressas em tipo de corpo 12 (paica)   ... 300 *livres*
> *Cartas sobre o funcionamento da mente humana e o uso do conhecimento filosófico*; com base no tipo acima, a obra resultará em dois volumes grandes *in duodecimo*   ... 500 *livres*
> *Cartas de um filósofo russo sobre diferentes temas de literatura e de crítica*; daria um volume *in duodecimo*   ... 150 *livres*
> *Viagem imaginária*, um romance de crítica   ... 120 *livres*[21]

Le Senne não reivindicava para si a autoria de todas essas obras. Dificilmente teria produzido tanto sobre temas tão diversos. Exercia, talvez, a função de agente informal para outros autores, que o supriam de manuscritos à medida que os comerciava; tinha, evidentemente, um alentado time de colegas subliteratos, e todos saltitariam de regozijo se seus manuscritos conseguissem chegar às prensas miríficas de um próspero editor suíço. Mas as propostas podiam, igualmente, não passar de meros projetos de livros que Le Senne escreveria ou pediria a outros que o fizessem, em caso de interesse da stn. Apresentar a ideia de um livro como se fosse produto acabado era pecado venial numa indústria em que autores e editores constantemente trapaceavam entre si e, em conjunto, fraudavam o público. Outra proposta, apresentada posteriormente, sugeria que a stn imprimisse *Observations philosophiques sur le*

Japon sob o título ligeiramente retocado de *Les moeurs japonaises* (Os costumes japoneses) para que pudesse ser comercializada como obra nova.[22] Embora nenhum desses livros apareça nos catálogos padronizados das bibliotecas, e a STN jamais haja editado algum deles, a obra de Le Senne deve ter sido publicada com títulos diferentes, já que suas cartas mencionavam amiúde outros impressores interessados no material, e o *abbé* seguia compilando tão assiduamente quanto um personagem de "Le pauvre diable":

> Il entassait adage sur adage;
> Il compilait, compilait, compilait;
> On le voyat sans cesse écrire, écrire.

> Amontoava adágio em cima de adágio;
> E compilava, compilava, compilava;
> Viam-no a escrever sem cessar, sem cessar.

Em seu primeiro contato com Ostervald e Bosset, Le Senne estabelecera um preço alto para sua mercadoria; com o ar mais inocente deste mundo, comunicara sua avaliação do custo do material: 24 *livres* por folha impressa. E prorrompera em comprida arenga, erudita e hábil, sobre detalhes tipográficos. Tinha vasta familiaridade com a indústria editorial e se referia a transações realizadas com impressores de Londres, da Holanda, de Bouillon.[23] Mas a STN já lidara com dezenas de escritores obscuros como ele, todos assegurando que seus livros infalivelmente virariam campeões de vendas. Em vez de arriscar capital em obras de vendagem imprevisível, preferia imprimir sob encomenda, só adquirir manuscritos de autores consagrados ou piratear livros de comprovada procura no mercado. Eis porque as propostas de Le Senne eram invariavelmente recusadas. Após um longo rosário de negativas daqueles suíços de cabeça dura, o *abbé* começou a se desesperar. Em abril, implorava que a STN vendesse seus manuscritos a outros editores, já que não queria mesmo comprá-los. Quem os comprasse podia até publicá-los em seu próprio nome, pois Le Senne abdicava a todos os direitos. Só pedia que a venda fosse rápida, ainda que a preços drasticamente reduzidos. Ele, a cunhada viúva e o sobrinho dependiam de sua "minguada obra literária" para sobreviver e começavam a ficar sem dinheiro.[24] Em junho, realizou a façanha de reduzir ainda mais as exigências: cederia os manuscritos em troca de certa quantidade de exemplares ou de um lugar na tipografia da STN. "Vivendo da pena como tantos outros", explicava, "podia corrigir cópias, ler provas, traduzir, compilar ou escrever qualquer livro que a STN desejasse publicar, trabalhando em regime de empreitada: 24 *livres* por folha de prosa original, 18 *livres* por folha de texto alheio que requeresse notas adicionais ou tradução de passagens em latim."[25]

Quando ficou transparente que a STN só estava disposta a gastar seu dinheiro com prosa de D'Alembert, Le Senne passou a sublinhar suas habilidades para serviços avulsos. No curso de sua carreira literária, escreveu, aprendera muitos ofícios úteis; julgava poder ser-lhes de particular valia nas transações com os contrabandistas e mascates que distribuíam os livros pelo underground literário. Ele, é claro, habitava esse submundo. Em fins de maio de 1780, pouco antes de Bosset partir de Paris, apresentara ao codiretor da STN um típico personagem do meio: um *colporteur*, escroque de ínfima categoria, chamado Cugnet, ex-colaborador do *Journal Encyclopédique* que tivera a glória de cantar em pequenos papéis na ópera antes de se dedicar ao comércio clandestino de livros. Sujeito parrudo, de boa aparência, Cugnet deu a Bosset a impressão de "homem honesto, apesar de não possuir fortuna, e bastante empreendedor".[26] Depois de encetar curtas viagens e vender alguns livros ilegais para Bosset, Cugnet propôs que a STN o fizesse seu principal distribuidor em Paris. Ajudado por Le Senne, alugou um cubículo no Louvre, "sob o portal do Cul du sac du Coq, com entrada pela rue Saint-Honoré", e começou a armazenar livros. Se os editores de Neuchâtel tivessem a bondade de auxiliá-lo a aumentar o estoque, retribuiria colocando sua mercadoria na praça, sendo minucioso nas contas e prometendo pagar à medida que as vendas prosperassem. E, mais importante, ele tinha os meios de fazer com que os despachos passassem pela alfândega, pela polícia e pela corporação de livreiros de Paris. Certo *abbé* Bretin, "*aumônier* (esmoler) de Monsieur à Brunoy", prometia guardar os engradados na propriedade do conde de Provence em Brunoy e introduzi-los sorrateiramente nas carroças do conde, que trajetavam regularmente de Brunoy a Paris ao abrigo de inspeções.[27]

Le Senne, que teria algum tipo de interesse no projeto de Cugnet, recomendou-o entusiasticamente. "Ajudando-o a conseguir um lucro honesto, descobrirão que venderá quantidade prodigiosa de livros para V. Sas., bem debaixo do nariz dos livreiros parisienses, que são quase todos uns patifes." Le Senne supervisionaria pessoalmente a operação, de ponta a ponta, assegurando-se de que a STN não perdesse um *sou*. Podia até desenvolver uma segunda rota clandestina para Paris. Sua cunhada, a boa viúva Bauprais, morava pouco antes da Barrière de Montmartre, em casa onde poderiam armazenar os despachos da STN e mesmo costurá-los e encaderná-los (os livros eram remetidos em folhas descosturadas). Le Senne podia fazer com que os livros atravessassem as portas de Paris "de mil maneiras diferentes" e depois os estocaria no Collège des Bernardins, perto de Place Maubert, onde ocupava um apartamento. Outros comerciantes de livros usavam o local, mas Le Senne impediria que tomassem conhecimento dos carregamentos da STN: "Entra-se lá apenas com *lettre de cachet*". Ele e Cugnet podiam abrir um lucrativo mercado clandestino para a STN em Paris. "Numa palavra, M. Cugnet tudo fará para vender seus livros, especialmente os perseguidos pelo fanatismo — favor fornecer uma lista deles, em duas vias —, pois livros um tanto picantes, ou que combatam os preconceitos, vendem com espantosa velocidade, desde que não sejam muito caros. Se tiverem duzentos ou trezentos exemplares das obras de Helvétius, ou de J.-J. Rousseau, ou da *Histoire d'Asie, d'Afrique et d'Amerique* [i. é, a recém-condenada *Histoire philosophique* de Raynal], serão vendidos como pães quentes."[28]

Le Senne esperava vender uma boa quantidade dos livros da stn por conta própria. Escreveu que agiria como agente de compras do conde du Châtelet, que formava uma biblioteca; e enviou o pedido de um professor dos Bernardins chamado Giroux, um dentre os muitos clérigos anticlericais de suas relações, desejoso de adquirir *L'intolérance ecclésiastique* e *Essai philosophique sur le monialisme* (monacato). A 4 de junho, encomendou uma partida substancial de livros, cuja venda, dizia, fora tratada antecipadamente. A obra de melhor vendagem (vinte exemplares) era um ataque radical e obsceno à monarquia intitulado *Anecdotes sur Madame du Barry*. Uma semana mais tarde, anunciava que não se atrevia mais a estabelecer o *entrepôt* secreto nos Bernardins; tudo por culpa de um dirigente do colégio, que temia a má vontade dos livreiros parisienses. Mas um certo Monsieur Le Grand, que dirigia o Café de l'Opéra, na rue Saint-Nicaise, concordara em abrigar os carregamentos da stn em seu estabelecimento. E a stn sempre podia contar com Cugnet: "Se ajudarem o sieur Cugnet, estejam certos de que sempre terão escoadouro para a distribuição de seus livros em Paris. É pobre, muito pobre, mas decente, incapaz de abusar da confiança de quem lhe dá o pão."[29]

Essa recomendação não coincidia exatamente com a do *abbé* Bretin, que foi a Bosset no fim de junho para comunicar que saía da operação de contrabando e aconselhar a stn a não "confiar" demasiado em Cugnet.[30] Mas a stn já despachara um carregamento para Cugnet e outro para Le Senne. Enquanto os engradados percorriam as rotas clandestinas entre Neuchâtel e Paris, Bosset finalmente concluía a última rodada de negociações da STN em Paris e voltava à Suíça, deixando a distribuição dos livros da editora em mãos de Cugnet e do necessitado *abbé*.

Em julho, Le Senne comunicou que tivera de mudar-se do alojamento no Collège des Bernardins, estando hospedado com um amigo, Quiquincourt, antigo gendarme *de la garde du roi*, "à la gerbe d'or, rue Saint-Honoré", onde aguardaria notícias do carregamento.[31] Finalmente, em meados de setembro, os engradados de Le Senne chegaram com toda a segurança ao entreposto fora dos portões de Paris. O engradado de Cugnet escapara à alfândega — mas não teve igual sorte com a polícia e foi capturado. Cugnet tinha sido "vendido", relatou Le Senne. Longe, contudo, de constituir um desastre, a prisão de Cugnet, subsequente ao confisco da partida de livros, redundou num fabuloso golpe de sorte. Conseguiu, não se sabia como, persuadir Jean-Pierre Lenoir, o comissário-geral de polícia, a proteger suas operações. Lenoir estava em rixa aberta com a corporação de livreiros, em razão das tentativas oficiais de reformar o comércio de livros em 1777. O governo restringira o domínio, pelos livreiros, dos *privilèges* — o direito permanente e exclusivo de publicação de certos textos —, e os livreiros haviam revidado com protestos, manifestações públicas e pressões para que as reformas fossem repelidas em Versalhes e no *Parlement* de Paris. A agitação colocara-os em conflito com Lenoir, que, aparentemente, pretendia tomar sua vindita, favorecendo livreiros de fora da guilda, como Cugnet. Assegurou-se de que seu protegido se comprometia a não comercializar obras proibidas (livros contra a religião, sediciosos ou pornográficos); ato contínuo, permitiu-lhe despejar no mercado livros pirateados (contrafacções de livros cujos privilégios eram detidos por terceiros autorizados). "M. Lenoir só dará uma permissão implícita", Le Senne explicou. "Está em maus termos com a corporação, eis a verdade. Mas, neste assunto, devemos ser de uma circunspecção extrema e guardar o segredo como se nossas vidas dele dependessem."[32]

Cugnet confirmou a versão do incidente felizardo em carta relatando a liberação do carregamento apreendido. Podia, agora, introduzir em Paris qualquer livro pirata, anunciou, triunfante. A polícia deixaria até que vendesse as obras de Voltaire e Rousseau, mas não toleraria coisas que atacassem ostensivamente a religião, o Estado ou a moral. Era a ocasião perfeita para a stn fincar pé no cobiçado mercado parisiense. Se lhe mandassem um número limitado de engradados em intervalos regulares, seguia Cugnet, organizaria discretamente um grande estoque, sem despertar as suspeitas da guilda. "Mas o sigilo é essencial em tudo isso, porque não seria desejável a corporação descobrir que sou favorecido pelo comissário de polícia."[33] Em carta posterior, afirmou que tinha autorização até de encaminhar os livros à casa do próprio Lenoir, onde os apanharia e transferiria para armazém seguro numa "casa real", como o Louvre ou o Palais Royal.[34]

O sucesso de tão magnífico plano parecia garantido. Foi quando o teto desabou sobre a cabeça de Le Senne. "Tenho tal confiança em V. Sas. que lhes abrirei meu coração e falarei com absoluta franqueza", escreveu a 20 de setembro à stn. "Meu bispo está infernizando minha vida por causa de uma carta sobre o clero que insiste haver saído de minha pena. Descobriu adicionalmente, sei lá como, que organizei uma seleção de textos de Voltaire, coisa que apenas fiz por premente insistência de M. d'Alembert. Podem imaginar meu embaraço." Era obrigado a buscar refúgio nalgum "país livre". Não poderia Ostervald arranjar-lhe uma cabana com um bocadinho de terra nas redondezas de Neuchâtel? Fazia qualquer trabalho para a stn e logo devolveria o dinheiro que se via constrangido a pedir para as despesas de viagem. Tencionava viver frugalmente, como convinha a um autêntico filósofo: "Contanto que tenha o pão ganho com o suor de meu rosto, não sonharei com outras iguarias. Feliz daquele que, em filosófica independência, sabe viver com pouco e ficar satisfeito". Se a STN não o socorresse, teria de apelar para resoluções menos filosóficas e fugir para algum mosteiro fora da França. Embora tal ideia lhe repugnasse, lembrava ter ouvido a Ostervald o nome de uma abadia suíça que talvez o aceitasse. Estava apavorado e tinha de escafeder-se do país.[35]

Ostervald respondeu que o recomendaria a um mosteiro de Blancs Manteaux,* na cidade vizinha de Bellelay. O *abbé* mencionou a existência de complicações adicionais. Na condição de "cônego regular", era canonicamente obrigado a pedir permissão a seu bispo — justamente o homem que o perseguia. E achava quase impossível aturar o confinamento de um ano de noviciado, pois tinha de sustentar a viúva e o sobrinho, "que me abrigaram durante o infortúnio, ampararam-me no sofrimento, consolaram-me na aflição e hoje partilham as agruras da perseguição que me compele a fugir deste país ingrato". Le Senne não entrou em detalhes sobre suas passadas tribulações e tampouco se a cunhada o confortara em tais padecimentos. Seja como for, não suportava a ideia de separar-se dela e do sobrinho. Assim, pediu que Ostervald apurasse se podia levá-los para viver com ele e se havia possibilidade de mudar-se para o mosteiro como professor, em vez de monge, embora não deixasse de anunciar que de bom grado trocaria de ordem religiosa se em troca abiscoitasse algum "pequeno benefício". O principal era encontrar "um refúgio onde possa viver pacificamente e dedicar-me todo à filosofia".[36]

Nessas circunstâncias, Le Senne parecia a reencarnação do próprio *Pauvre diable* de Voltaire:

A tous les emplois on me ferme la porte.
Rebut du monde, errant, privé d'espoir,

Je me fais moine, ou gris, ou blanc, ou noir,
Rasé, barbu, chaussé, déchaux, n'importe.

Fecham-me na cara as portas do salário.
Refugo do mundo, errante e desesperançado,
Far-me-ei monge, descalço ou tamancado,
E tanto faz a cor do escapulário.

A 12 de outubro, comunicou à STN que não podia esperar para saber se o abade aceitaria suas condições; tinha de abandonar Paris imediatamente. "Que Deus abençoe meus inimigos e me ponha fora do alcance de seus dentes!... Vagarei pelas estradas até encontrar um refúgio." Indicava um endereço para a STN comunicar-se com ele, no caso do emprego dos Blancs Manteaux; e, trovejando contra o "fanatismo e a irracionalidade", disse que seguia para uma pequena cidade fronteiriça, onde tentaria arranjar trabalho numa nova tipografia. Por falta de tempo para acertar seus assuntos financeiros ou vender o carregamento recebido da STN, cedera os livros a Cugnet. Cugnet pagara com duas notas, no valor total de 462 *livres*, endossadas por Le Senne e anexadas à carta. Ainda ficava devendo 202 *livres* e 1 *sou* pelo carregamento, mas prometia pagar lealmente, tão logo tivesse em mãos algum dinheiro.[37]

Em resumo, Le Senne tentava transferir dois terços de sua dívida para Cugnet, sem fornecer qualquer garantia de que pagaria o saldo — embora aludisse vagamente a "um homem rico e confiável"[38] que o ajudaria a conseguir as 202 *livres* faltantes. A STN já vira muitos pobres-diabos afundando para iludir-se com tão canhestra manobra. Mas, após cinco semanas sem carta de Le Senne, começou a inquietar-se. Ele escrevia habitualmente, uma vez por semana, no mínimo. A 19 de novembro, Ostervald tentou descobrir o paradeiro do *abbé*, enviando uma carta para o endereço por ele indicado. A STN continuava desdobrando-se para "torná-lo companheiro de bebida de nossos monges", dizia o morigerado editor, embora informasse, pesaroso, não poder aceitar que Cugnet assumisse as dívidas de Le Senne; isso porque Cugnet também sumira. Os agentes da STN em Paris não conseguiram localizar nem ele, nem a loja.[39]

A resposta chegou duas semanas depois. Vinha de um *château*, "onde encontrei abrigo contra a inquisição eclesiástica", nalgum lugar perto de Luzarches, cerca de 26 quilômetros ao norte de Paris. Le Senne achava inconcebível que Cugnet e esposa — por acaso, a esposa era a verdadeira administradora do negócio — não trabalhassem abertamente na loja. A proteção de Lenoir fora assegurada; o capital necessário, integralizado; e o contrato de locação selado. O próprio *abbé* investira na empresa, apesar de não explicar onde arrumara dinheiro e evitar cuidadosamente o assunto das 462 *livres* assumidas por Cugnet. Faria exaustivas investigações — pelo correio, é claro, pois não ousava retornar a Paris. Fugira da capital, revelava agora, porque o suspeitavam autor de um opúsculo anticlerical chamado *Nouveau cadastre ecclésiastique*. A despeito da "mais áspera perseguição", conseguira escapulir e fora pedir emprego na tipografia anteriormente mencionada. Esta seria montada pelo presidente de um *parlement* provinciano (tudo indica que seria uma editora clandestina para a produção de propaganda parlamentar), mas o presidente morrera subitamente. Le Senne, de alguma forma, encontrara o *château* que lhe servia de santuário, mas precisava de emprego seguro, longe das garras do governo francês, que recebera "um horrível memorando" contra ele. A STN era sua última esperança — ou então o emprego de professor que podia conseguir para ele no mosteiro dos Blancs Manteaux.[40] Ostervald respondeu dizendo que ele e Bosset intercederiam a seu favor junto ao abade; Bosset, proprietário de alguns dentre os melhores vinhedos de Neuchâtel, era o fornecedor de vinho do mosteiro. Em troca, esperavam que Le Senne zelasse para que Cugnet pagasse as no-

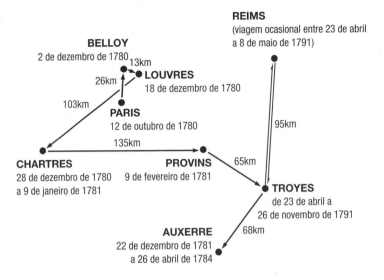

As peregrinações do abbé Le Senne *(em quilômetros)*

tas. Se Cugnet provasse ser honrado, a STN faria negócios com ele, e "podemos abastecê-lo de mercadorias que farão seu comércio virar ouro; deve, contudo, ser diligente, organizado e pontual em seus pagamentos".[41] A possibilidade de penetrar no mercado de Paris e a necessidade de arrancar 462 *livres* a Cugnet eram razões suficientes para a STN engabelar Le Senne entretendo-o com a esperança do emprego em vez de ameaçá-lo com medidas legais, como fazia quando um devedor se tornava suspeito do crime de negligência.

Na carta seguinte, enviada de Louvres, cidadezinha distante cerca de 13 quilômetros a sudeste de Belloy, sua última parada, e datada de 8 de dezembro, Le Senne não relutou em fornecer à STN mais um motivo de benevolência. Anunciou ter se correspondido com D'Alembert, que se comprometera mais ou menos a permitir que a STN publicasse suas obras completas, desde que o *abbé* fosse contratado para editá-las. D'Alembert parecia genuinamente desejoso dessa barganha com a STN, pois dali a duas semanas escreveu a Ostervald pedindo que a STN perseverasse em seu propósito de arranjar um lugar de professor para Le Senne e empregá-lo em sua tipografia: "Este infeliz homem de letras encontra-se em tamanhos apuros que um emprego lhe é, hoje, mais necessário que nunca. Gostaria, especialmente, de vê-lo estabelecido em Neuchâtel, para que, no caso de eu ter algum livro publicado por V. Sas. — o que talvez venha a acontecer em breve —, possa ser útil tanto aos senhores quanto a mim na correção das provas".[42] A preocupação de D'Alembert por seu *protégé* parece realmente sincera. Apoiara e instruíra Le Senne nas negociações com a STN, na primavera, para o malogrado *Journal Helvétique*, e tentara até mesmo, em julho, conseguir que Frederico II ajudasse "esse pobre-diabo de padre".[43]

Le Senne precisava de todo socorro que pudesse amealhar. Sua situação era crítica, assegurou em dezembro. "Longe de esmorecer, a perseguição recomeça, ou melhor, prossegue mais furiosa que nunca. Dizem que há uma *lettre de cachet* contra mim; embora isso não seja garantido, posso ver claramente que terei de lutar contra inimigos em número excessivo para ter esperanças de vitória. M. d'Alembert é o primeiro a aconselhar-me a fugir e a aceitar o asilo proposto pelos senhores." Le Senne erguia mais uma ponta do véu que encobria os motivos da campanha de que era vítima. Tivera de fugir às pressas de seus alojamentos no Collège des Bernardins porque a polícia os invadira e confiscara todos os manuscritos lá encontrados; inclusive umas preciosas *Observations patriotiques*, panfleto político que afirmava ter o apoio de Lamoignon de Malesherbes, o antigo Directeur de la Librairie e Secrétaire de la Maison du Roi. Além disso, apurara que Mme. Cugnet fora intimada pela polícia a esclarecer suas relações com o *abbé*; as autoridades julgavam os Cugnet e Le Senne certamente responsáveis pela produção e distribuição de um panfleto intitulado *Lettre contre le premier ordre du clergé em faveur du second*. Mme. Cugnet jurara nada mais ter a ver com

Le Senne; até fechara temporariamente a loja — por isso se mostrara tão arisca às pesquisas do agente da STN. Mas um amigo de Le Senne seguira-lhe a pista e ouvira notícias tranquilizadoras. Garantia expressamente que continuaria o negócio, desejava permanecer em bons termos com a STN e tencionava honrar as notas de 462 *livres*.

Contornando o tema da própria insolvência, Le Senne procurou tentar a STN com mais uma proposta certeira e rendosa para um livro. Descobrira a existência de tremenda querela entre os *curés* da França pela nova edição de seu "código" — obra polêmica que reunia todas as queixas do baixo clero contra seus superiores, especialmente "os bispos e os monges coletores de dízimos". Le Senne sabia que o livro venderia espetacularmente: ele e seus colaboradores já haviam recebido 1720 cartas de clérigos desprivilegiados, muitos dos quais tinham fornecido material para o livro. "A nova edição será devorada, graças às questões sobre a missão divina [do alto clero], sua competência, uso e destino dos dízimos", assanhava-se o *abbé*. "A especulação será lucrativa." Se a STN se interessasse, devia escrever-lhe aos cuidados de *père* Du Fossé, tesoureiro do mosteiro dominicano de Chartres, que tivera a caridade de acoitá-lo até receber notícias do emprego na Suíça.[44]

A proposta era mesmo atraente, respondeu Ostervald; mas que obra Le Senne tinha em mente? O *Traité du gouvernment de l'Eglise telle que J. C. l'a ordonné, ouvrage très utile à MM. les curés pour la défense de leurs droits*, três volumes *in duodecimo*? Ostervald estava mais interessado em publicar as obras de D'Alembert e pedia a Le Senne que enviasse ao *philosophe* um lembrete a respeito "do desejo por ele manifestado, em minha presença, de alguma vez ver sua obra publicada num país livre". Quanto ao lugar de professor, o abade do mosteiro de Bellelay ainda não respondera à carta da STN recomendando Le Senne.[45] Esse emprego era sua tábua de salvação, retrucou Le Senne a 28 de dezembro, logo que chegou a Chartres, mas não podia esperar por mais tempo, pois se afogava nas ondas tempestuosas da perseguição. "Minha saída da França é mais necessária que nunca. Os labregos ladram em meus calcanhares, a tormenta está prestes a desencadear-se... Um dia os senhores saberão a história completa. O próprio M. d'Alembert, que lhes escreverá, está indignado. Não posso continuar sendo um fardo para os amigos, inútil para mim mesmo, exposto todos os dias ao perigo de ser vitimado por uma cabala implacável em seu ódio, atroz em sua vingança e, infelizmente, poderosa e influente." Já não pedia pela viúva e pelo sobrinho; deixara-os para trás, em Paris. Queria apenas um emprego para si, qualquer coisa que o mantivesse vivo. Viajaria para Neuchâtel a pé se o abade suíço não quisesse enviar dinheiro para a carruagem. Mas não podia demorar-se com os dominicanos de Chartres. "Nem todos são de confiança nesta casa", escreveu, suspicaz, acrescentando que o correio era vigiado (acrescentou que a STN devia escrever-lhe em nome de Du Fossé e pagar a postagem, já que não tinha pecúnia sequer para pagar as cartas ao recebê-las, como era costume). Sua proposta de ataque contra o alto clero tornava a situação ainda mais precária, mas para a STN significava um best-seller, pois o assunto era incendiário. "Injuriada com a desigual distribuição da dízima eclesiástica (*décime*), a inutilidade de seus protestos na última assembleia [a Assembleia Geral do Clero Francês, reunida em maio e junho de 1780] e o despotismo dos bispos, a ordem segunda do clero desejava finalmente expor às claras os direitos dos *curés*, a partilha da dízima... Não há um *curé* no país que não compre a obra, tão logo seja lançada, nem um bispo que não a proscreva. Foi por tê-la ideado que me expus ao ódio do alto clero." Le Senne explicou que pensava numa revisão radical de certa obra escrita anteriormente sob o título de *Code des curés*. Poderia elaborar um folheto de propaganda em três dias e escrever o texto no prazo de um ano. O livro teria de ser impresso fora da França e por uma editora como a STN, capaz de enviar agentes para recolher assinaturas secretamente dentro do reino. Desafogar o descontentamento do baixo clero podia dar muito dinheiro.[46]

Uma semana depois, Ostervald enviava más notícias. O abade informara que os Blancs Manteaux não tinham vaga para professores, embora prometessem considerar Le Senne, tão bem recomendado, para a primeira que surgisse.[47] A resposta de Le Senne, imediata, foi pedir socorro. Por fim revelou as razões de sua urgente necessidade de evadir-se. "A primeira ordem do clero conseguiu que as autoridades confiscassem *Mémoire des curés*, que atacava os impostos episcopais, o abuso das dízimas e a distribuição dos benefícios. Na batida, depararam com quatro de minhas cartas entre as do impressor e de meu colaborador. Desde então, têm-nos perseguido ativamente. Os que me são sinceramente afeiçoados, M. d'Alembert acima de todos, aconselham-me a sumir nalgum país estrangeiro até que a tempestade acalme."[48]

Agora se conhecia a história oculta por trás da fuga de Le Senne. Fora flagrado fazendo propaganda contra a riqueza e os privilégios do alto clero no período particularmente nevrálgico das reuniões da Assembleia Geral. Tais encontros provocavam frequentes controvérsias a respeito da administração e das finanças da Igreja galicana e desembocaram em polêmica notavelmente acirrada na primavera de 1780. As *Mémoires secrets* traziam vários artigos acerca das atividades panfletárias contra o despotismo e a decadência entre os prelados, que se queixaram de ser difamados como indivíduos e como classe; terminaram por conseguir que o governo confiscasse grande quantidade dos panfletos — inclusive dois mil exemplares de *Mémoire des curés* de Le Senne.[49] Havia oferecido a obra à STN em carta de 24 de maio: "Já que a Assembleia do Clero será aberta na próxima segunda-feira, dia 29, gostaria que imprimissem, enquanto estivese em sessão, um pequeno panfleto, que poderia ser distribuído em Paris antes do recesso dos bispos". Os suíços não deram mais atenção a esse projeto que aos outros, e Le Senne tivera de imprimi-lo clandestinamente na França. Alguém o denunciara às autoridades, que confiscaram quase todos os exemplares de *Mémoire des curés*, juntamente com os manuscritos e documentos do autor; e agora, brandindo uma *lettre de cachet*, tentavam agarrá-lo.

Em janeiro de 1781, Le Senne julgava já sentir o hálito dos perseguidores no cangote. "Apesar de meu disfarce, sou forçado a abandonar Chartres... Como vê, Monsieur, não posso mais passar sem um asilo, sou um peso para os amigos e vivo em constante sobressalto." Contava seguir para Provins, mas não podia prever nem quando nem como lá chegaria: a rota estava repleta de perigos e teria de cobri-la a pé. *Père* Du Fossé lhe encaminharia as cartas da STN, e Le Senne esperava fervorosamente que trouxessem oferta de emprego em Neuchâtel, ainda que só por meio período. Escreveria artigos para o *Journal Helvétique*, reproduziria de memória o *Nouveau code des curés*. E podia outra vez reunir seus *Pensées choisies de M. Voltaire rangées par ordre alphabétique*, antologia preparada por sugestão de D'Alembert que a polícia confiscara. "M. d'Alembert delineou-a para mim e anotou os temas que era importante enfatizar... Comprometeu-se formalmente a providenciar sua venda. Com um tal guia, a coletânea está bem encaminhada." Apregoando ao máximo sua única "proteção", enfatizava que D'Alembert era seu "mentor" e prometera a ele, Le Senne, a organização da edição definitiva de suas obras. Se resistisse, contudo, a tão poderosa sedução, talvez Ostervald o empregasse por filantropia: "Digne-se, por um momento, a ser um pai para mim, e deixe o coração falar. Bem sei que não tenho o talento de Rousseau nem o gênio de Voltaire... Mas agrada-me pensar que nenhum deles me sobrepujou em ardor pela causa".[50]

Um mês depois, chegava a Provins, 135 quilômetros a leste de Chartres, e também ao fundo do poço. Não podia produzir artigos para o *Journal Helvétique*, pois não podia comprar livros para criticar. Não podia colocar manuscritos à venda, pois a polícia confiscara todos. Não podia sequer enviar um prospecto para o *Code des curés*, por falta de dinheiro para postagem. Adoecera de desespero, desgrenhava-se, imaginava a *lettre de cachet* em seu encalço enquanto se arrastava por entre os lamaçais e o frio de fevereiro para o mosteiro dominicano de Provins. "Cheguei morto de cansaço e coberto de lodo, sem contar os sustos do caminho", escreveu. O prior, um amigo chamado *père* Fardel, podia escondê-lo por uns tempos, mas Le Senne não aguentaria muito mais a espera. "Porque é hora de encerrar esta vida errante. Desejo apenas estabelecer-me e trabalhar... De V. Sas. dependem o fim de minhas misérias e as únicas coisas que desejo — trabalho e subsistência."[51] Como o *pauvre diable*, escorregara para o mais rasteiro dos estágios do ciclo descrito por Voltaire:

Las! oú courir dans mon destin maudit!
N'ayant ni pain, ni gite, ni crédit,
Je résolus de finir ma carrière.

Ufa! Como fugir a um destino encarniçado?
Eis-me sem pão nem amigos, falido e desacreditado.
Melhor seria se tivesse me enforcado.

A resposta de Ostervald tirou as últimas esperanças a que Le Senne se pendurara. O abade de Bellelay escrevera dizendo não haver nenhuma perspectiva de futuramente colocá-lo no mosteiro dos Blancs Manteaux. A STN, por sua vez, nada podia oferecer, pois os negócios haviam decaído, talvez efeito indireto da guerra americana. Preocupavam-na, além disso, as notas de Cugnet, que ainda não abrira a loja no Louvre, segundo os relatórios de Quandet de Lachenal, o agente que a STN contratara em Paris por recomendação de Le Senne.[52] Pouco depois, contudo, Quandet encontraria Cugnet e esposa na famosa loja, recém-aberta com apoio total, porém secreto, da polícia. Pareciam mais otimistas que nunca em relação ao futuro. Alardeavam intenções de negociar bastante com a STN, graças à proteção de Lenoir. Honrariam todas as três notas, no total de 662 *livres*, entregues a Le Senne pelos livros da STN. Quandet, um veterano do comércio clandestino, deu-lhes um expressivo atestado de saúde financeira e confiabilidade — mas não poupou acusações a Le Senne: "Costumo dar nome aos bois, e esse ex-monge, confinado por dez anos em St. Yon em Rouen, pelo que ouvi, é um patife... Sua fama, por aqui, é a de um salafrário de princípios sórdidos".[53]

A STN dispensaria tais observações. A referência de Quandet às três notas promissórias era uma revelação em si mesma. Le Senne só endossara duas notas de Cugnet para a editora: uma de 262 *livres*, com vencimento em junho de 1781, e uma de 200 *livres*, vencível em agosto de 1781. Guardara uma terceira, no valor de 202 *livres* e 1 *sou*, justo a de vencimento mais próximo: abril de 1781. Na véspera de sua fuga de Paris, doido por fazer dinheiro, vendera todos os livros suíços a Cugnet, e não apenas dois terços, como escrevera a Ostervald. Endossara a nota de 202 *livres* e 1 *sou* para a viúva Bauprais, instruindo-a a sacá-la na data aprazada e usar o dinheiro durante sua ausência. À STN dissera que enviaria a soma assim que a recolhesse dos clientes. Desse modo, a "participação" que afirmava possuir no negócio dos Cugnet nada mais era que um crédito de 202 *livres* e 1 *sou* que, de direito, pertencia à STN, embora pretendesse embolsá-lo ilegalmente por intermédio de Mme. Bauprais. Ostervald orientou Quandet a frustrar o "santo homem", fazendo com que Cugnet se recusasse a pagar a nota de abril.[54]

Quandet fez melhor ainda. Esgueirou-se furtivamente para perto da viúva no dia em que esta foi à loja de Cugnet. E, quando ela apresentou a nota, arrebatou-lha das mãos, passou uma feroz descompostura na pobre mulher e rumou para a casa de um oficial de polícia chamado Chesnon, exigindo que a nota fosse confiscada como indício de fraude. Na verdade, como explicou em carta para a STN, não tinha autoridade nenhuma para proceder assim. E Chesnon só cooperara por ser seu contato na polícia. Em termos estritamente legais, a nota obrigava Cugnet a pagar 202 *livres* e 1 *sou* à viúva Bauprais. Como beneficiária do endosso, podia insistir no pagamento, deixando à STN as preocupações com o acerto final do débito. Os suíços não podiam agir judicialmente contra Le Senne; astutamente, ele transferira a dívida para Cugnet sem sequer enviar notas suas para Neuchâtel. É claro que restava a alternativa de processá-lo por fraude, mas primeiro seria preciso desentocá-lo dos esconderijos, que mudavam a cada semana; e, mesmo que conseguissem pilhá-lo, certamente cumpriria pena como panfletista sedicioso, sem qualquer solução para a liquidação da dívida. Os suíços tiveram de agir cautelosamente, e em duas frentes. Primeiro, persuadir Le Senne a ordenar à viúva Bauprais que sacrificasse seu direito legal às 202 *livres* e 1 *sou*. Depois, extorquir esse dinheiro a Cugnet — mesmo que a obrigação formal de Cugnet fosse para com o inatingível Le Senne, e não para com eles. Os dois pobres-diabos tinham vivido muito tempo no submundo para que alguma pressão moral os afetasse, mas a STN podia contar com a necessidade de emprego de Le Senne e o desejo de Cugnet por livros piratas para enredá-los.[55]

Pouco depois da emboscada de Quandet contra a viúva, a STN escreveu a Le Senne, exigindo que Mme. Bauprais desistisse de sua pretensão ao dinheiro. Apanhado com a boca na botija, Le Senne concordou em restituir a nota, tentando atribuir toda a culpa a Quandet e aos Cugnet: uma cambada de trapaceiros. A

STN teria sorte se conseguisse livrar-se deles com a fortuna ilesa. Naturalmente, se fora ele a apresentá-los à STN, cumpria fazer um belo ato de contrição: admitiu que, a princípio, fora incapaz de perceber-lhes a recôndita iniquidade. "Mas quem não é enganado todos os dias?", exclamou, olvidando que não se fala de corda em casa de enforcado. Os reflexos do *abbé*, contudo, eram rápidos. Tratou de despejar uma comprida, confusa e inconvincente explicação de sua participação no imbróglio; a seguir abordou tema mais agradável, demonstrando como poderia ser um útil auxiliar da STN. Acabara de receber carta de D'Alembert, que ainda planejava publicar suas obras pela STN. E descobrira um trabalho ainda mais promissor em pleno território inimigo: uma ordem religiosa, em que tinha bons contatos, andava precisada de novas edições de diversas obras devocionais; inclusive um breviário que requeria tiragem de dez mil exemplares. Se a STN estivesse interessada, que lhe escrevesse em Troyes. Tinha acabado de chegar, havendo coberto, sabe Deus como, os 65 quilômetros que a separavam de seu leito de enfermo em Provins; parecia ter planos de se demorar por lá, embora estivesse prestes a fazer uma rápida excursão a Reims.[56]

Pouco depois, Quandet relatou que a viúva Bauprais concordara em desistir de seus direitos à nota, deixando Cugnet como único contendor da STN. As perspectivas da loja pareciam boas, pois Cugnet informara à STN, a 2 de abril, de que o negócio fora inaugurado com sucesso. Lenoir continuava a protegê-lo, tendo apurado que "minhas relações com o *abbé* Le Senne eram tão inocentes que eu não desconfiava, nem partilhava, dos vícios a ele atribuídos. Desconheço-os e não quero saber quais sejam". Cugnet ainda dispunha de todos os livros da STN em estoque e admitia voluntariamente sua dívida para com ela. Pedia apenas que a STN autorizasse o adiamento do pagamento da nota de 202 *livres* e 1 *sou*. Era pedido razoável, levando em conta as dificuldades com Le Senne e a demora na abertura da loja.[57] A stn concedeu a prorrogação. Ficava, pois, liquidado o elemento financeiro de suas relações com Le Senne. Os suíços disseram a Cugnet que desejavam pôr definitivamente de lado o *abbé* ambulante: "Estamos agora completamente curados de nosso desejo de encontrar serviço para ele em nossa região".[58]

Mas o *abbé* não concordaria em ser posto de lado. O acordo entre a stn e Cugnet eliminara o fator de tensão da correspondência; e a suave referência de Le Senne à impressão de breviários manteve aceso o interesse da stn por ele. Tratou de avivá-lo com seu inesgotável repertório de projetos e propostas. A 8 de maio de 1781, já retornara a Troyes, anunciando que aprendera sua lição: "traficantes de letras como Quandet e Cugnet merecem apenas o opróbrio e o soberano desdém dos pensadores". Estava negociando a impressão dos breviários com o abade de Cîteaux e julgava poder conseguir que desse preferência à stn em detrimento de dois impressores franceses também de olho guloso no serviço. Lástima que, num acesso de despotismo esclarecido, José ii tivesse proibido a importação de breviários para os mosteiros do Império. Tal medida eliminava mais de cem abadias cistercienses do mercado para a nova edição. O abade, inquieto, hesitava em fazer a encomenda. Le Senne, nesse ínterim, sugeria uns manuscritos excelentes: um "Estado da França para o ano de 1780" e a antologia de Voltaire, que sem dúvida seria lucrativa, pois D'Alembert prometera manobrar para que fossem vendidos no mínimo quinhentos exemplares na França. Le Senne ainda ansiava por "um benefício e, por conseguinte, algum pão"; e concluía com um apelo por um lugar nalgum mosteiro suíço ou um cargo de professor em Berna ou Soleure, se não fosse possível arrumá-lo em Perrentruy ou Friburgo.

Quando a stn respondeu que estava atraída pela impressão dos breviários, mas receosa de ter que adiantar algum dinheiro,

Le Senne reafirmou que a ordem cisterciense cobriria todos os custos e que o mercado era enorme; 1500 mosteiros adotavam o rito cisterciense, sem contar os cem mosteiros sujeitos ao interdito do imperador na Alemanha. Exortou a STN a formular uma oferta e a explicar suas condições para o serviço, tudo por carta; encarregava-se de entregá-la ao superior da ordem em Cîteaux, aproveitando a visita para pressioná-lo mais um pouco. Os suíços seguiram o conselho, oferecendo-se para comprar uma nova fonte de tipos se o abade subsidiasse a impressão de oito mil exemplares. O projeto deu em nada. Le Senne, pelo visto, exagerara sua influência em Cîteaux. Conhecia, parece, um monge que rascunhara umas poucas páginas a título de esboço para um novo breviário; esperava, o sonhador, persuadir o abade a autorizar a composição da nova obra, e o açodado Le Senne tentara conseguir sua impressão.[59] O empreendimento fracassou de ponta a ponta, mas o projeto é digno de nota: revela, em toda a sua crueza, a caça ao lucro na indústria editorial de fins do século XVIII. Os prelos de Neuchâtel haviam impresso propaganda protestante bem violenta por todo o século XVI. No século XVII, um dos ancestrais de Ostervald produzira uma edição anotada da Bíblia, condenada e confiscada em toda a França. Ostervald conhecia uma porção de *philosophes* e partilhava seus pontos de vista. Ainda assim, se lhe pagassem adequadamente, esse esclarecido editor protestante imprimiria com alegria um breviário para os cistercienses por sugestão de um *abbé* anticlerical.

Le Senne estava em veia de fertilidade sugestiva. Tentava ainda empurrar seu plano para o "Estado da França", que consistiria de "um sumário sistemático de tudo o que foi escrito nos últimos vinte anos acerca dos aspectos morais e físicos da administração pública... M. Malesherbes viu o trabalho e achou bom".[60] Seria uma compilação de textos fisiocráticos — mais de quinhentos volumes submetidos a sucessivas destilações que os reduziriam, por fim, a dois, sob a orientação do próprio Malesherbes, escreveu Le Senne em tom triunfal, acrescentando que tinha algumas ideias para o prefácio de um "Relato histórico, crítico e filosófico da Europa moderna, de Carlos V a José II" desde que a STN, naturalmente, estivesse interessada. E, por último, ainda poderia ser útil no setor de contrabando da editora, pois descobrira um método infalível de fazer com que os livros entrassem em Paris com a colaboração de merceeiro de Saint-Denis.[61] Os suíços nem se deram ao trabalho de responder a essas propostas, mas o impávido Le Senne enviou, pelo sim, pelo não, o "Estado da França". Julgava que, se conseguisse obrigá-los a ler o manuscrito, sem dúvida o imprimiriam. Apesar de não ter dinheiro nem para a postagem (enviara a obra através de um amigo que viajava para a Suíça), apostava que o livro venderia o bastante para financiar a impressão de uma obra sobre educação que estava preparando. Mas a chegada do outono lhe trazia calafrios. Para evitar mais um inverno de doença e vagabundagem, tinha de encontrar rapidamente "meios, precários que sejam, de subsistir, ainda que em perpétuo estado de ansiedade". Talvez a STN permitisse que traficasse alguns de seus livros em Troyes; ou, alternativamente, lhe arranjasse um serviço na Prússia. Sabia que a editora tinha contatos por lá, e bem poderia haver algum posto de segundo ou terceiro bibliotecário do "rei-filósofo".[62]

A STN fez-se surda a esse apelo; e também ao seguinte. Em fins de novembro, Le Senne voltou à carga, tentando descobrir o destino de seu manuscrito. Pediu que a STN lhe escrevesse como "M. l'abbé Hubert chez M. Richard, maître de pension, vis-à-vis la collégiale de St. Étienne à Troyes".[63] Aparentemente adotara o nome de "Hubert" e encontrara emprego temporário como professor. Ostervald afinal respondeu: a STN imprimiria o livro — desde que Le Senne pagasse, adiantado, com fundos de qualquer cidadão de Troyes que pudesse persuadir a apoiá-lo.[64] Se Le Senne encontrara mesmo fiadores em Troyes, como vinha afirmando, já os perdera a 22 de dezembro, data em que escreveu de Auxerre, a 68 quilômetros de Troyes, implorando que a editora imprimisse a obra com recursos próprios, ou comprasse um manuscrito, o "tratado da moralidade para uso da mocidade"; em último caso, que o ajudasse a abrir uma escolinha em Neuchâtel. Pelo visto, fora outra vez colhido pelo pavor; parecia óbvio que se metera em encrencas em Troyes. Como estivesse em Auxerre apenas en passant, pedia à STN que escrevesse para ele "simplesmente... como M. Bauprais chez M. Charton, rue de Poncelot, Auxerre, sem fazer aparecer meu verdadeiro nome".[65]

Dez semanas mais tarde, ainda estava em Auxerre. Vivia na pele de "Bauprais, instrutor de moços", e as coisas melhoravam. "Bauprais é o nome materno", explicou. "Achei necessário usá-lo para conservar à distância os invejosos e perseguidores. Encontrei um magro meio de subsistência nesta cidade, ensinando matemática e literatura. É verdade que geralmente me sinto mais morto que vivo, mas estou trabalhando e sendo útil... Não conto os favores da fortuna; ao contrário. Mas, já que os implacáveis decretos do Eterno são imperscrutáveis, cumpre flutuar entre a esperança e o desespero. Creio que este é um bom artigo filosófico."[66] Filosofia de impotência e resignação. Filosofia de *pauvre diable*.

> Quel parti prendre? où suis-je et qui dois-je être?
> Né dépourvu, dans la foule jeté,
> Germe naissant par le vent emporté,
> Sur quel terrain puis-je espérer de craître?

> Que será de mim? Que partido escolher?
> Pobre nasci; desconhecido hei-de morrer?
> Gérmen que o vento carrega, a escarnecer;
> Acaso insinua não haver terreno em que florescer?

Le Senne ainda acompanhava os acontecimentos de Paris, graças ao fiel Quiquincourt, que o mantinha informado de qualquer possibilidade de especulação no mercado literário. A melhor de todas, na primavera de 1782, ainda parecia a de temas anticlericais; Le Senne retomou as propostas de ataques à riqueza, aos maus costumes e ao despotismo do alto clero. Os suíços já se abstinham prudentemente de perder tempo com ele; mal respondiam a umas poucas cartas, por mais que fossem acusados de "terrivelmente indiferentes quanto à sorte dos escritores", incapazes de avaliar o potencial de venda de panfletos sobre assuntos momentosos: "Obras desse tipo vendem mais que os melhores livros", decretava o *abbé*.[67] Não obstante, continuava oferecendo manuscritos. Tinha agora, entre outros, um de história eclesiástica e um "programa de estudos" com um "catecismo de moral" adaptado das obras de D'Alembert e com as bênçãos do próprio.[68] A STN concordou que tão grande nome emprestaria brilho e fortuna a qualquer livro; mas desistiu do projeto depois que Quandet de Lachenal pesquisou o mercado. Sondara escritores e livreiros de Paris e apurara que a estrela de D'Alembert estava se apagando. "A despeito do halo de celebridade que circunda M. d'Alembert, Messieurs, atrevo-me a aconselhar que contraproponham metade do preço que ele pedir. Pondo de lado seus ensaios (*mélanges*, miscelânea), que no entanto não se comprariam nem para papel de rascunho, soube, por outros testemunhos, que seus escritos sobre geometria, supostamente os melhores que já produziu, longe estão de exibir a profundidade de gênio que distingue Kepler, Newton, etc."[69] Arrefecido o entusiasmo de publicar os escritos de D'Alembert, a STN não se sentiria arrebatada pela ideia de Le Senne filtrá-los através de sua prosa.

O inexaurível *abbé* revidou com outro projeto. Deslumbrara um jovem *littérateur* local com admiráveis descrições dos prazeres e proventos do comércio livreiro. O rapaz mostrava-se sequioso de estabelecer uma livraria com capital fornecido por um parente rico, velho e sem filhos, que tinha um fraco por ele e pretendia deixar-lhe a fortuna. Le Senne seria o anjo da guarda do negócio e cuidaria para torná-lo um escoadouro dos livros da STN, se os suíços estivessem dispostos a fornecer o estoque da loja. "Este não é um negócio do tipo Cugnet", escreveu ele, aliciante.[70] Mas a STN finalmente aprendera a lidar com *hommes à projets*. Ignorou a proposta e fez louváveis esforços para desencorajar outras, recusando-se terminantemente a responder a Le Senne.

A estratégia teve sucesso. Cortou o interminável fluxo de oferecimentos do *abbé* — ou, na pior das hipóteses, desviou-os para os outros contatos de Le Senne (editores da Suíça, de Avignon, dos Países Baixos e da Inglaterra). Em abril de 1784, ele empreende nova investida para despertar o faro especulativo da STN. Estava ainda em Auxerre e se insinuara nas graças de um livreiro chamado Fournier et fils, "rico, ativo e culto". Fournier havia instalado um *cabinet littéraire*, um gabinete de leitura idêntico aos que então brotavam por toda a França; podia armazenar e distribuir os livros da STN em larga escala. Le Senne aproveitava para indagar se os suíços, acaso, não haviam sido tentados por algum dos manuscritos enviados a Neuchâtel dois anos antes. Desistiria de quaisquer direitos em troca de livros. Mas não mostrava a sofreguidão monetária do passado. Ainda tinha o serviço de professor e, de alguma forma, metera os dentes numa pensão eclesiástica de 1.000 *livres* anuais. A pensão talvez mereça a responsabilidade pela unção que se detecta, a partir de então, em suas cartas; parecia quase devoto ao referir-se a D'Alembert, que morrera a 29 de outubro de 1783 e fora enterrado como descrente em sepultura desprovida de lápide. Seis semanas antes de sua morte, o *philosophe* escrevera acerca do projeto de publicar suas obras pela STN, dizia Le Senne; embora estivesse demasiado doente para rever os manuscritos, pretendia levar a ideia avante e desejava que Le

Senne viajasse para Neuchâtel. Antes de poder atendê-lo, o *abbé* soubera da morte de seu protetor — "que entristeceu os verdadeiros crentes, pois, segundo se diz, não demonstrou nenhum sinal de arrependimento ou de que abjurara [sua filosofia não cristã]. Só Deus pode julgá-lo. Mas M. d'Alembert não teria sido menos ilustre se houvesse mostrado menor veneração pelo infame Voltaire".[71] Arquivara definitivamente a ideia de produzir uma antologia de Voltaire sob a direção de D'Alembert, sonho que acalentava desde os primeiros tempos de underground, ao que parece.

Levou cinco meses para retomar o estilo voltairiano. Quando voltou a fazê-lo, estava na estrada — e outra vez em fuga. Escrevendo da aldeia de Monetau, perto de Auxerre, informou que o capítulo de sua ordem em Auxerre fora suprimido e que sua pensão e seu posto de professor haviam sido extintos. Tornava a implorar à STN que encontrasse trabalho para ele em Friburgo e propunha a impressão de um velho opúsculo sob novo título: "'Rendimentos do clero francês'... O discurso introdutório pretende dar ao público uma ideia correta da riqueza do clero".[72] Pedia que mandassem resposta para um novo endereço. Nunca responderam. E nunca mais tiveram notícias do *abbé*.

Le Senne foi a personificação da moral atribuída por Voltaire a *"Le pauvre diable"*: "Estamos informados de que o autor divertiu-se compondo esta obra em 1758 para dissuadir um jovem, que tomava sua paixão de rabiscar versos por talento, de seguir a perigosa carreira das letras. A quantidade de gente que se arruína por essa infeliz paixão é prodigiosa... Vivem de rimas e esperanças e morrem na miséria".[73] O *abbé* poderia, igualmente, ter sido um dos companheiros do sobrinho de Rameau: "um monte de mendigos desonrados, parasitas melancólicos, tímida matilha que tenho a honra de comandar com bravura. Parecemos alegres;

mas, no fundo, somos todos rancorosos e especialmente ávidos. Lobos não são mais famintos; tigres, não tão cruéis".[74] Le Senne encarnou o pobre-diabo com tamanha perfeição que sua carreira pode lançar uma nova luz sobre o tema. Da mesma forma como se pode compreender melhor a sátira de Pope e Swift contextuando-a em Grub Street, Londres,[75] talvez a obra de Voltaire e Diderot ganhe em perspectiva se explorarmos os ambientes que lhe fazem pano de fundo. Cobrem o subliterato de ridículo, fazem-no um bufão intelectual; e, depois de criado o tipo, nele encaixam seus inimigos. Vários dos escrevinhadores, no entanto, que viveram a experiência prática do personagem, amaram Voltaire e Diderot. A república das letras estava cheia de pobres-diabos, homens reais, de carne e osso, que brigavam para conservar suas miseráveis vidinhas executando qualquer serviço com que topassem — compilar antologias, escrever para jornais, mascatear manuscritos, contrabandear livros proibidos, espionar para a polícia. Ser pobre-diabo era um modo de vida, mas é difícil reconstituí-lo. A maioria dos subliteratos viveu numa obscuridade que, com o passar dos tempos, foi se tornando progressivamente impenetrável. Eis a importância de Le Senne, um exemplar representativo dessa espécie extinta. Apesar de haver escrito enorme quantidade de artigos, panfletos e livros, teria desaparecido irremediavelmente no passado se seu dossiê não sobrevivesse entre os documentos da STN. Folheá-lo é sentir o movimento do fundo da vida tentando atravessar a poeira dos tempos. *La basse littérature*, como Voltaire pejorativamente a chamava, tenta alcançar-nos.

Como indica o incessante aluvião de propostas para a STN, Le Senne era um mercador de ideias, um *homme à projets*. Engenhava projetos de todas as formas e tamanhos — romances, histórias, tratados, livros de viagem, panfletos, qualquer coisa que julgasse vendável. Mas suas conversas sobre vendas sublinhavam que os livros mais lucrativos eram "aqueles que combatem preconceitos";[76] a maioria de suas propostas expressava algum tema do Iluminismo. Popularizava a obra dos *philosophes*. Implicitamente, em sua sugestão para uma história filosófica das guerras religiosas. Explicitamente, em seus projetos para compilar escritos fisiocráticos, uma antologia de Voltaire, uma obra sobre administração pública com as bênçãos de Malesherbes e um opúsculo sobre educação e moral inspirado por D'Alembert.

Em seu repertório de projetos filosóficos, o tema que mais despontava era a dessacralização da Igreja. Le Senne foi um clérigo anticlerical, um dos tantos *abbés* partidários do Iluminismo, e concentrava seu fogo no "despotismo episcopal" e na riqueza do alto clero. Sua produção de panfletos sobre o assunto, durante a Assembleia Geral do Clero Francês em 1780, valeu-lhe uma *lettre de cachet* e o obrigou a fugir pelo interior, como animal caçado, pelos dois anos seguintes. Encontrou asilo junto a sacerdotes solidários como *père* Du Fossé de Chartres ou *père* Fardel de Provins e parece ter mantido contato com *curés* e *abbés* desencantados de toda a França: daí sua observação sobre as centenas de cartas de clérigos que recebia enquanto preparava seu antiepiscopal *Code des curés*, obra que, segundo ele, seria devorada por todos os *curés* e perseguida por todos os bispos da França. Referia-se com frequência a clérigos, obscuros como ele, que mascateavam ou adquiriam panfletos anticlericais: o *abbé* Bretin, que armazenara carregamentos para Cugnet, o *abbé* de Chez-le-Roi, que também tivera alguma conexão com a loja de Cugnet, o *abbé* Lanvin, que secretamente vendia propaganda contra os bispos, e o Giroux, dos Bernardins, que adquiria obras como *L'intolérance ecclésiastique* e *Essai philosophique sur le monialisme*. Esses homens ilustram a existência de um "underground eclesiástico",[77] cuja importância pode ter sido maior do que geralmente se pensa. Le Senne e seus colaboradores não se limitavam a expressar as frustrações da base da hierarquia eclesiástica. Representavam uma ideologia que passara do richerismo* para o voltairianismo e falavam por uma intelligentsia de pobres-diabos marginalizada no interior da Igreja. Apesar de suas declarações sobre uma rede de 1720 *curés* serem provavelmente hiperbólicas, Le Senne contribuía para uma onda de propaganda que ajudaria a romper o Primeiro Estado em 1789.

Para a STN, Le Senne era, antes de tudo, um *philosophe* menor, um satélite de D'Alembert, e não um clérigo dissidente. É possível que tenha exagerado sua intimidade com D'Alembert, mas certamente recebeu patrocínio e proteção do *philosophe*, executando, em troca, todo tipo de tarefas. A reciprocidade nessa relação merece ser salientada: os *philosophes* precisavam de infantaria em sua guerra contra *l'infame*. Os manuscritos filosóficos que Le Senne insistia em oferecer à STN podem não ter nascido na oficina ideológica de D'Alembert, embora Le Senne, vez por outra, aludisse a algum manuscrito que teria sido corrigido por D'Alembert ou que representaria seus pontos de vista. Mas D'Alembert, com certeza, não desgostava que penas anônimas popularizassem suas ideias. Sua correspondência com Voltaire mostra que os dois *philosophes* trabalhavam duro para colocar *protégés* em posições estratégicas para desacreditar inimigos ideológicos e disseminar a propaganda filosófica.[78] Ajudando D'Alembert em seu empreendimento, Le Senne conquistou-lhe o patrocínio; e sem dúvida explorou-o o quanto pôde.

D'Alembert, porém, não teria razões para sentir-se explorado. Se houvesse persuadido a STN a empregar seu *abbé*, teria colocado um propagandista de sua causa em poderosa editora. Se conseguisse fazer com que os suíços transformassem o *Journal Helvétique* em órgão partidário dos *philosophes*, com Le Senne como editor, teria lançado sua contraofensiva sobre a imprensa antifilosófica, cujo enorme apelo popular era devido, em boa parte, ao gênio jornalístico de Linguet, inimigo ostensivo de Voltaire e D'Alembert. Não foi por acaso que os primeiros projetos de Le

Senne incluíam um sumário da filosofia, dos antigos a D'Alembert; uma defesa de Voltaire; e um ataque contra Linguet. Nem que o jornalismo fosse tão importante em suas negociações com a STN. Os *philosophes* queriam arrebatar o comando da opinião pública. Queriam guerrear — transformar mentes, reformar instituições, vingar ultrajes — e não, simplesmente, filosofar em paz. Para eles, o Iluminismo era a luta para difundir as Luzes. Precisavam, portanto, de agentes literários, popularizadores, polemistas, jornalistas e "carregadores" de ideologia como Le Senne.

A carreira de Le Senne também demonstra que difundir *Lumières* entre o público francês era coisa difícil. Os diretores da STN não comprariam um manuscrito antes de avaliar o custo de impressão, verificar seu valor de mercado junto a livreiros e agentes literários; não antes, numa palavra, de barganhar ao máximo. Estavam tão ansiosos por imprimir o breviário cisterciense quanto as obras de D'Alembert. Mais tarde concluíram que D'Alembert superestimava — ao menos em termos de mercado — seus escritos e não chegaram a um acordo com ele. Repeliriam, horrorizados, a hipótese de comprar manuscritos a um escritor obscuro como Le Senne e tampouco o imprimiriam sob encomenda, a menos que recebessem sólidas garantias para cobrir os custos, ou providenciando vendas antecipadas ou encontrando especuladores que o apoiassem. Le Senne teria sido profícuo para editores menos cautelosos e respeitáveis, mas estes não lhe dariam, decerto, muitos proventos. Era um dos dilemas do subliterato: não conseguia que suas obras fossem aceitas por editores que pagassem preços decentes, nem conseguia preços decentes dos editores que as aceitassem. A STN tinha seus próprios problemas. Não podia atingir o mercado francês sem abrir caminho penosamente através da burocracia que protegia seus inimigos naturais, os editores franceses. É provável que contratasse Le Senne para produzir a edição francesa do *Journal Helvétique* se houvesse tido êxito em apaziguar censores, subornar funcionários e aplacar financeiramente os proprietários rivais. Mas não conseguiu vencer a oposição dos interesses burocráticos e particulares. Esse fracasso indica quão seriamente fora afetada a expansão do jornalismo sob o Ancien Régime e fornece algumas perspectivas de estudo para a explosão jornalística de 1789.

A polícia dos livros, os censores e todo o aparato da Direction de la Librairie tinham por finalidade suprimir obras contra a religião, sediciosas e imorais; e frequentemente alcançavam seu escopo. Mas sua ação asfixiava a literatura inovadora e submetia a indústria editorial a um monopólio empalmado pelos membros da corporação de livreiros de Paris. A STN esbarrou na oposição da guilda sempre que tentou vender seus livros em Paris e por isso se valeu de homens como Le Senne e Cugnet, que operavam à margem da lei. A estratégia parecia promissora, pois Cugnet tinha o apoio da polícia; e a polícia o apoiava — contanto que só lidasse com livros piratas, abstendo-se dos proibidos — por ter colidido com a corporação ao implementar as reformas do governo no comércio de livros. Não atribuamos grande importância à loja dos Cugnet. A tolerância de Lenoir não quer dizer que a polícia mantivesse ampla aliança com o underground literário. Simplesmente é um exemplo das contradições e limitações das tentativas reformistas do governo. Buscando restringir os privilégios dos livreiros estabelecidos, as autoridades ocasionalmente faziam pactos com os pobres-diabos, mas não permitiam contrabando em larga escala e tampouco consentiam que os comerciantes ilegais vendessem livros proibidos.

E estes, segundo Le Senne, eram os que mais vendiam; pedira à STN material ateu e sedicioso como D'Holbach e as *Anecdotes secrètes sur Madame du Barry*. Ele e seus amigos não podiam ser parte aderente de nenhum contrato implícito ou acordo ad hoc com a polícia, pois ganhavam a vida exercendo atividades ilegais no underground. O comércio ilegal de livros se desenvolvera; graças às restrições da lei, tornara-se indústria de grande vulto. Esse comércio precisava de mãos para produzir e carregar a mercadoria, e recrutava escrevinhadores entre a faminta população da boemia literária de Paris. Pedir a um pobre-diabo que se mantivesse longe do fruto proibido seria o mesmo que pedir a um chacal para renunciar à carne putrefata. Le Senne agadanhava qualquer meio de subsistência que lhe caísse ao alcance dos dedos sôfregos. Não foi apenas um autor de literatura ilegal; também manobrou como agente de outros escritores. Manuscritos clandestinos pareciam ter larga circulação no mundo dos subliteratos. As cartas de Le Senne indicam que colegas do ofício de rabiscar textos filosóficos o abasteciam com boa parte do material que mascateava com editores fora da França. Uma vez publicadas essas obras, ajudava a distribuí-las estabelecendo rotas de contrabando, entrepostos secretos e pontos clandestinos de venda. A operação Cugnet foi um episódio a mais entre os que protagonizou no trabalho de abrir canais secretos. Eis outros personagens: um merceeiro que contrabandeia livros a partir de Saint-Denis. Um gerente de café que os armazena em seu estabelecimento na rue Saint-Nicaise. O próprio Le Senne importava livros; e provavelmente perambulava por Paris vendendo-os clandestinamente. Vivia de sua esperteza e executava qualquer atividade que pudesse redundar nalguns *sous*. Panfletista, jornalista, agente literário, contrabandista, escroque, personificou as múltiplas facetas do underground.

Essa experiência cobrava seu tributo à alma. No início da barganha por um emprego com a STN, Le Senne apresentou-se de cabeça erguida: 24 *livres* por folha de prosa original, garantia de emprego por cinco anos, despesas de viagens e ajuda para encontrar um chalé para si e seus dependentes. Mas depressa foi obrigado a descartar a parolagem caridosa sobre a viúva Bauprais e pôs-se a rastejar, implorando qualquer trabalho que os suíços se dignassem dar-lhe. Ofereceu-se para ir a Neuchâtel a pé, para corrigir material e ler provas a troco de qualquer salário. Quando a STN disse não, choramingou que precisava mesmo de emprego, sem se importar com o lugar: Bellelay, Soleure, Friburgo ou Berna. Escritor, professor, monge — qualquer coisa, em qualquer lugar, que pudesse mantê-lo vivo e longe da cadeia. Enquanto pleiteou um cargo num mosteiro e um benefício eclesiástico, ignorou os passados ataques à vida monacal e à injusta distribuição da riqueza da Igreja. Enquanto gozou de breve trégua e de uma pensão eclesiástica em Auxerre como o respeitável abade Bauprais, denunciou as impiedades de Voltaire como se nunca houvesse pensado em reuni-las numa antologia. E, quando sua posição em Auxerre ruiu, tornou ao panfletarismo contra o alto clero. Pobres-diabos não podiam dar-se ao luxo da coerência. Mercadejavam-se por um emprego e escreveriam qualquer coisa por qualquer preço, isso se fossem afortunados o bastante para encontrar quem quisesse comprá-los. Produziam propaganda para lados opostos de um mesmo conflito; e, como a duvidosa estirpe dos que correm na esteira dos exércitos, pertenciam a quem os alimentasse.

Mas não parecem ter se dividido equitativamente. Voltaire e Diderot davam a seus pobres-diabos as feições dos guerreiros subliteratos que infestavam as hostes de seus inimigos Fréron, Palissot e outros *antiphilosophes*. Mas Le Senne pertencia a um amigo de Voltaire e Diderot: D'Alembert. E a trajetória de Le Senne indica que seus camaradas mais tendiam a rebeldes, *frondeurs*, que a partidários do Ancien Régime. Pode ser, é claro, que ele não tipificasse o ambiente. A maior parte dos homens em sua situação foi por demais obscura para ter deixado vestígio. Dificilmente saberemos como pensavam e agiam esses indivíduos. Os nomes que sobrevivem aparecem, contudo, com maior frequência em relatórios policiais e nos arquivos da Bastilha, que relacionam formidáveis quantidades de mascates de livros e panfletistas. As *lettres de cachet* eram uma espécie de ossos do ofício, mas certamente não estimulavam os subliteratos e livreiros clandestinos a encarar com simpatia o governo. Este os via com suspeição: e, agindo em consequência, contratava espiões e inspetores de polícia para vigiar-lhes os movimentos. E esses movimentos escorregavam para a ilegalidade, quando não para a sedição; a especialidade dos pobres-diabos era produzir e distribuir literatura fora da lei. Escreveriam a favor do governo, se lhes dessem oportunidade — Le Senne provavelmente fez propaganda para Necker, conforme insinuou —, mas as maiores probabilidades acenavam do outro lado da lei. O underground atraía-os hipnoticamente para os atos literários ilegais e os convertia em inimigos naturais do Estado.

O underground também congregava marginais e mesmo criminosos. Os homens do ambiente de Le Senne souberam apresentar-se como dignos cidadãos da república das letras em seu primeiro contato com Neuchâtel. Deram-se recíprocos testemunhos de virtude em cartas de recomendação para a STN e mantiveram uma frente unida de integridade — ao menos quando trabalharam em conjunto para tungar os suíços. Mas logo se desentenderam quanto aos despojos e, em suas cartas posteriores para a editora, traçaram relatos bem diferentes da moral de cada um. Quandet revelou que os Cugnet alugavam a filha no mesmo estilo em que o sobrinho de Rameau tentava arranjar homens para sua esposa. Os Cugnet e Quandet escreveram dizendo que Le Senne era um depravado que passara anos na prisão. Este, por sua vez, descreveu-os como patifes e ladrões. É fato que sobrepujaram Le Senne na defraudação dos suíços, mas essa já é outra história. Basta dizer que Quandet acabou por roubar a STN em 10.145 *livres* e fugir de Paris, deixando a esperá-lo uma *lettre de cachet*. Cugnet apropriou-se de 830 *livres* antes de eclipsar-se na província.

O desfalque de Le Senne foi, em comparação, uma ninharia. Mas demonstrou a contradição entre a elevação de seus ideais e a mesquinhez de seus atos. Depois de cada derrota e humilhação, voltava e rogava mais. Tendo fracassado em se tornar respeitável, foi compelido a viver de trabalhos sujos e a ser um ladrão de galinhas. Lidar com o lixo literário deixou-o enfermo — queixava-se com frequência de sua má saúde e de manquejar esporadicamente —, e também feriu seu senso de identidade. É claro que só podemos ler suas cartas, não sua alma. Mas elas demonstram o que era chegar ao fundo e lá ficar doente, faminto e assustado. Devemos descontar o apelo calculado e estilizado, que empregava para sensibilizar os insensíveis suíços; ainda assim, suas cartas contêm uma inconfundível nota de angústia. Exibem um *philosophe* desalentado, arruinado em Paris, habitué das estradas provincianas, esporeado pela fome e pelo pavor, a saltar de um lugar para outro. Com mais talento e dinheiro, e sorte, Le Senne teria se tornado um respeitado *abbé-philosophe* como Condillac, Morellet ou Raynal. Mas sua vida parecia confirmar a amarga reflexão do sobrinho de Rameau: "Somos conduzidos pelas circunstâncias de u'a maldição, e com muita crueldade".[79] Degenerou em fora da lei e marginal, vagando aos trambolhões pelos campos na agonia do inverno, vivendo de caridade, ocultando-se sob nomes falsos, fugindo de uma *lettre de cachet* e sustentado apenas pela visão de um chalé suíço mais remoto que um castelo no ar. O que lhe aconteceu depois que desapareceu na estrada? Desempenhou algum papel na Revolução? Não se sabe: esfumou-se em 1784 sem deixar traços. Não seria difícil imaginá-lo entre os seguidores de Jacques Roux.* Sua experiência mostra de onde vinha a fúria dos *Enragés*: era um ódio profundo, entranhado, por um regime cuja corrupção se espalhava até o íntimo do ser.

Para penetrar no mundo interior dos pobres-diabos, contudo, devemos dar as costas a Voltaire, que não sentia, por eles, senão desdém. Voltemo-nos para Diderot, que anos a fio viveu como subliterato: compreendia a degradação causada pela pobreza e podia escrever com compaixão sobre ambições frustradas, *déclassement* e personagens marginais. *Le neveu de Rameau*, O sobrinho de Rameau, é um diálogo entre um *philosophe* decente e bem-sucedido e um gênio marginal do submundo. Foi a resposta de Diderot a "Le pauvre diable", também escrita na forma de diálogo entre um *Moi* e um *Lui* implícitos. Contudo, enquanto Voltaire se limitou a usar seu pateta como ponto de partida para espetar inimigos, Diderot tocou uma realidade psicológica mais profunda. *Le neveu de Rameau* pode, de fato, ser lido como glosa das cartas de Le Senne e vice-versa. A vida de Le Senne e a literatura de Diderot refletem-se mutuamente, e de maneiras reciprocamente reveladoras.

O sobrinho de Rameau não era um boêmio feliz, mas um homem atormentado, que padecia dos males psicológicos do *raté** e das pontadas agudas da fome. A fome degradou-o à condição de parasita profissional, e a degradação impeliu-o para além das fronteiras da sociedade refinada, mergulhando-o em perigoso estado de marginalidade: "Mas, se é natural ter apetite — pois teimarei no tópico do apetite, sensação sempre presente em mim —, julgo que é uma pobre ordem das coisas não se ter o suficiente para comer. Miserável economia, esta — de um lado, homens empanturrados de todas as coisas; de outro, homens portadores de estômagos cuja fome é tão viva e exigente quanto a deles, mas que nada encontram em que afundar os dentes". O pensamento adquire clave revolucionária sob a lépida pena de Diderot. Mas a Revolução era impensável sob Luís xv, e o pensamento, em consequência, retorna a si mesmo: "O pior é a postura constrangedora a que a necessidade nos obriga. O homem necessitado não caminha como os outros. Salta, abaixa-se, contorce-se, engatinha. Passa a vida em posições espaventosas".[80] O sobrinho, *Lui*, confessa que tamanhos servilismo e humilhação ofendem sua dignidade:

(Eu): Tua dignidade faz-me rir.

(Ele): Cada qual tem a sua. Declaro-me inteiramente disposto a esquecer a minha, mas por uma questão de discernimento, e não por ordem alheia. Será necessário que alguém tenha o poder de dizer-me "abaixa-te" para que eu deva abaixar-me? É a postura de um verme; será a minha. Ambos a adotaremos quando estivermos sozinhos. Mas trataremos de erguer-nos se alguém pisar nossas caudas.[81]

Uma rebelião dos vermes seria absurda. Mas, se aos vermes não foi dado derrubar, cumpre-lhes solapar. O sobrinho de Rameau explicava que eles tomavam sua desforra por meio de uma "pantomima de mendigos" que parodiava tudo o que houvesse de decente e respeitável na sociedade refinada (*le monde*). Ridicularizando seus patrocinadores, resgatavam parte do orgulho e escapuliam com um assassinato metafórico, pois aperfeiçoaram um papel em que a má conduta era aceita como parte do jogo. Ele, *le neveu*, fizera de si o palhaço supremo de *le monde*. Como o bobo da corte, o bufão de salão podia infligir ferimentos e alegar inocência por motivo de insanidade. Mas ferimentos desse gênero ricocheteiam. A excentricidade que impunha a si mesmo colocava-o fora dos limites do refinamento, fora da sociedade, em estado natural hobbesiano, regido despoticamente pelo apetite. O sobrinho de Rameau e sua corte habitavam o território da selvageria moral — e, por conseguinte, portavam-se como animais quando se reuniam à mesa do protetor: "Quando alguém nos toma sob sua proteção, não nos conhece pelo que somos — corruptos, vis e pérfidos? Se nos conhece, tudo está perfeito. Há um tácito acordo de que ele nos fará o bem e que, cedo ou tarde, retribuiremos com o mal. Não é o mesmo pacto entre um homem e seu macaco ou periquito? O que pensarias de nós se, com nossas moralidades depravadas, pretendêssemos conquistar a estima do público? Que ensandecemos. Será razoável esperar comportamento honrado de gente ruim de nascença, de personagens baixos e torpes? Tudo tem seu preço neste mundo. Há dois promotores presidindo a acusação: um na soleira das casas, a punir os crimes contra a sociedade; o outro é a natureza. Ela está bem familiarizada com os vícios que escapam à lei".[82] Percebendo sua degeneração com tão impiedosa clarividência, e a aceitando, o sobrinho de Rameau renunciava à sua humanidade. Sacrificava a alma pelo estômago. E o sacrifício doía, pois o sacrificador não ignorava ter amputado sua parte mais essencial. Talvez essa ferida autoinfligida fosse a que mais atormentasse Le Senne nos momentos em que repelia a vagabundagem, bancando "Bauprais, instrutor de moços", ou quando, alternativamente, mascateava ou denunciava as impiedades de seu falecido protetor D'Alembert.

Le neveu de Rameau pertence a uma corrente subterrânea da literatura francesa que se estende de Villon* a Genet. Mas também expressa coisas peculiares ao mundo de Le Senne. Propondo sua ética antissocial, o sobrinho de Rameau articula o código não escrito do mundo dos subliteratos. Colocando-se para além das margens da respeitabilidade, define a situação do subliterato. E, ao expor a hipocrisia de *le monde*, dá vazão ao ódio do underground pelo sistema que o corrompe. Extravagante como era, o sobrinho de Rameau reproduzia um momento importante da vida literária do século XVIII, em que as distinções entre literatura e vida começavam a desvanecer-se. Para criá-lo, Diderot teve de destilar a essência de muitas vidas, inclusive a sua. Mas a matéria-prima não aparece no texto. Ver um pobre-diabo de verdade, piruetando entre os percalços de uma carreira de verdade, basta para verificar porque a condição de pobre-diabo se tornou tema tão importante na literatura. Ele representa a condição humana tal como a experimentaram muitas pessoas. Inversamente, pode-se ler o texto de Diderot para imaginar a vida íntima de um homem como Le Senne. Impossível saber se o *abbé* pensava e sentia como o sobrinho de Rameau. Pode-se apenas afirmar que, de forma fabulativa e intensificada, *Le neveu de Rameau* expressa a mentalidade do pobre-diabo. Mas rejeitar a ficção de Diderot, por irrelevante, para tentar compreender uma personalidade histórica verídica, seria privar a história de rica fonte de revelações. Se abdicássemos provisoriamente à descrença, a literatura e a história deveriam auxiliar uma à outra. *Le neveu de Rameau* sugere a dimensão psicológica da vida de Le Senne; a vida de Le Senne revela o contexto social de *Le neveu de Rameau*. Juntos, ajudam a entender as tensões que sacudiam a república das letras às vésperas da Revolução Francesa.

4. Um livreiro clandestino da província

O comércio clandestino de livros sob o Ancien Régime já magnetizou a curiosidade de alguns estudiosos. Mas ninguém conseguiu descobrir grande coisa acerca dos livros que verdadeiramente circulavam de forma sub-reptícia — e tampouco acerca dos sombrios personagens que os manipulavam. O underground literário só foi examinado da perspectiva do Estado; e o enfoque era inevitável, pois quase toda a documentação provém da burocracia estatal incumbida de suprimir livros ilegais. Mas, dos documentos da Société Typographique de Neuchâtel, os livreiros clandestinos emergem como personalidades inteiriças, renhindo com problemas por demais humanos — doenças, dívidas, solidão, fracasso e, sobretudo, as frustrações de um negócio ingrato. Explorando o mundo de um deles, veremos como se operava nos subterrâneos e que material era servido a leitores comuns de uma cidade comum.

A STN foi uma entre muitas editoras que brotaram em torno das fronteiras da França para suprir os franceses de livros que não podiam ser produzidos legalmente, ou em segurança, nos limites do reino. Algumas dessas editoras especializaram-se em *livres philosophiques*, denominação sob a qual se abrigavam, no ramo, as obras obscenas, contra a religião ou sediciosas. Outras imprimiam edições pirateadas — a preço, pois, mais acessível — de livros que os editores franceses comercializavam com *privilège*, uma espécie de copyright que os encarecia. A STN fazia um pouco de tudo, e era comum receber manuscritos de autores obscuros que queriam ter livros impressos de forma econômica e sem riscos, contrabandeados para suas mãos através de canais clandestinos. Uma carta vinda de Tonnerre, datada de 14 de abril de 1781, trazia proposta desse tipo. Era assinada por "De Mauvelain, écuyer" (escudeiro). Mauvelain desejava imprimir "uma pequena brochura sobre os monges".[1] A STN lhe fora recomendada por um amigo, Jacques-Pierre Brissot de Warville, o futuro líder dos girondinos, que, na ocasião, lutava para se estabelecer como homem de letras e a contratara para imprimir suas primeiras obras filosóficas. A STN concordou e Mauvelain voltou a escrever, declarando-se encantado por encetar relações com a editora. Aumentaria o panfleto com uma "carta sobre as casas de detenção em França",[2] e isso era apenas o começo. Ao longo de um fluxo constante de cartas, não cessou de disparar propostas e projetos, apresentando-se como um diligente erudito-*philosophe*. Tão diligente, de fato, que arruinara a saúde debruçando-se sobre velhos manuscritos e ponderando as verdades eternas. As doenças eram tema constante na correspondência: "Ficar sentado por longo tempo estagna os humores; os corredores do corpo obstruem-se, causando dores de cabeça e trazendo desordens ao organismo".[3]

Mauvelain não era, contudo, um eremita. Escrevia como homem do mundo. Em 1782, anunciou que se mudara para Troyes, onde frequentava a melhor sociedade. Desistia dos primeiros projetos e escrevia para recomendar um advogado local, chamado Millon, que desejava imprimir um tratado filosófico. "Disseram-me que não tem grande gênio nem modos, e tampouco a percepção de como portar-se em sociedade, o que não me surpreende, pois é filho de estalajadeiro... Mas possui dinheiro e não há perigo em fazer negócios com ele."[4] Eis que Mauvelain era um esnobe: suas cartas deixavam bem claro que provinha de superior extração. Mas cartas assim eram rotina para os editores do século XVIII; examinar detidamente uma carta era um meio de se precaver contra vigaristas. O comércio clandestino de livros sofria menos com a polícia que com devedores e trapaceiros de suas próprias fileiras. O termo *confiance* é um monótono leitmotiv na correspondência dos negociantes de livros. Aumentavam ou restringiam *confiance* como faziam com o crédito: com conta-gotas, segundo a evolução da confiabilidade do freguês.

Mauvelain volta a fazer apresentações na carta seguinte. Agora recomenda um certo Bouvet, por ele descrito como livreiro importante na região. Estava alugando parte da casa de Bouvet, explicava, e o livreiro, desejoso de ampliar seu estoque, pedira para ser introduzido junto à STN. "Faço-o prazerosamente", escreveu Mauvelain, "pois é um sujeito decente e bom pagador, muito bom *mesmo*. Disso prometo encarregar-me."[5] Os termos de Mauvelain sugerem o quadro: o gentil homem escritor fazia um favor a um amigo plebeu, em quem, segundo garantia, os suíços não depositariam em vão sua confiança. Vigiaria o senhorio como um falcão e reteria o dinheiro do aluguel se Bouvet deixasse de pagar no prazo combinado. Tão ardente era seu desejo de ser útil que zelaria por todos os negócios da STN com Bouvet: transmitiria pessoalmente as encomendas (mais tarde se apurou que o pobre Bouvet mal sabia escrever), providenciaria o pagamento, até receberia os carregamentos de livros, pois engradados endereçados a um respeitável cavalheiro não atrairiam as suspeitas da polícia.

Como um favor para certos amigos, o próprio Mauvelain fazia aquisições ocasionais. Um dia pediu remessa imediata de 38 livros variados — literatura, história, história natural; sem contar meia dúzia de obras proibidas, como *Les fastes de Louis XV* e *L'espion dévalisé*, casualmente introduzidas na encomenda, quase como se Mauvelain testasse a disposição e a capacidade da STN para atendê-lo. A encomenda de Bouvet, discriminada na carta anexa, continha proporção maior de literatura ilegal: *Anecdotes sur Madame du Barry*, *Vénus dans le cloître*, *La fille de joie*, *Les trois imposteurs* e bem mais. Bouvet precisava dos livros para a feira que começaria em Troyes a 15 de março; Mauvelain anunciava que, se o primeiro carregamento conseguisse passar pelas autoridades, "faremos belos negócios proximamente".[6]

Tudo correu de forma admirável. O engradado partiu de Neuchâtel a 6 de fevereiro e chegou a Troyes a 12 de março. Pouco tempo, na verdade, para uma expedição clandestina de 340 quilômetros, ainda mais que boa parte do percurso se fazia por terreno montanhoso. A primeira experiência encorajou Mauvelain: desfechou uma bateria de encomendas, gradualmente aumentando a proporção de obras proibidas, mas negligenciando, coisa inexplicável, o envio da letra de câmbio para pagamento. A 9 de abril, ao remeter sua quarta encomenda, não pôde elidir o tópico desagradável. A maneira mais conveniente de pagar, explicava, era acumular os débitos e liquidá-los posteriormente com uma só letra, sacada contra a praça de Paris. "Queiram ficar despreocupados; tudo dará certo... e, *por favor*, consigam-me os livros proibidos."[7]

"De Mauvelain, écuyer", tratava os assuntos financeiros com aristocrática superioridade. Em vez de mandar a prometida letra de câmbio, obsequiou a STN com uma imponente cabeça de javali, "ainda quente" da caçada, a 3 de maio; acompanhavam-

-na elaboradas instruções sobre a melhor maneira de preparar e degustar o delicado acepipe. A preciosidade gastronômica viajou de diligência (Mauvelain explicava que se conservava comestível, sem prejuízo ao paladar, por três meses no inverno e seis semanas no verão) e aguentou a viagem com o mesmo êxito dos livros. Tendo-a recebido "em bom estado", os cidadãos de Neuchâtel saborearam-na "em boa companhia".[8] Ótimo; então servira aos propósitos de Mauvelain, que eram, conforme ronronava em tom cada vez mais íntimo, cimentar sua amizade com os editores.

É uma correspondência pitoresca, plena de mexericos e anedotas inesperadas. Mauvelain reportou, certa vez, um boato de que o lago de Genebra estava a ferver em consequência de um terremoto na Borgonha; seus caros amigos suíços sabiam algo a respeito do fenômeno? Doutra feita, comunicara, confidencialmente, que Louis Sébastien Mercien morrera nos braços do *abbé* Raynal. São cartas que fornecem um retrato em escorço do bon vivant do século XVIII. Apresentam-no como homem gordo, enorme, que encarava de modo pantagruélico os prazeres de cama e mesa. Libertam uma torrente deliciosa de comentários sobre cabeças de javali, línguas de animais diversos, pés de porco, mulheres e padres. Jamais, contudo, ultrapassavam os limites do bom gosto. Mauvelain permitia-se uma ou outra irreverência voltairiana, mas queria ser visto como a simbiose de um gentil-homem com um erudito. Não é surpreendente, assim, que tivesse distraído, encantado e cativado a STN... exatamente o que pretendia.

Sua correspondência era uma conscienciosa campanha para adquirir a confiança da editora. Em meio a hábeis chistes e frases de espírito, lá estavam, quase por acaso, os pedidos de livros. De forma gradual, imperceptível, Mauvelain empilhava suas encomendas, aumentando o volume das compras e laboriosamente evitando qualquer menção a pagamento. Ao receber um carregamento, em maio de 1784, não lembrou de enviar a letra de câmbio, como exigia o uso e ele prometera; ao contrário, ofereceu outra cabeça de javali, agora guarnecida com algumas línguas, em tom de cariciosa familiaridade: "Rogo, senhor, sejamos amigos". Declarava-se disposto a seguir para Neuchâtel apenas "para abraçá-los. É um desejo violento, que me atormenta".[9] Levaria salsichas e toucinho (*charcuterie*) — e dinheiro, é claro. Associava o pagamento de suas faturas à excursão a Neuchâtel, que, lamentavelmente, era forçado a adiar nas cartas subsequentes.

O golpe deu certo. No verão de 1784, Mauvelain seduzira os suíços com tamanha competência que os editores, rendidos, se dispunham a supri-lo regularmente de livros proibidos, e em larga escala. Foi então que Mauvelain sacou a máscara de homem de letras e começou a parecer, e a agir, como um livreiro clandestino experimentado. A transformação transparecia de três formas.

Em primeiro lugar, os manuscritos, enviados para impressão por ele custeada, deixaram de ser sisudos tratados filosóficos ou históricos, convertendo-se em subliteratura que um fidalgo se recusaria, estremecendo, a pôr à venda. Uma delas era obra polêmica sobre finanças francesas, destinada a explorar a controvérsia provocada pela atuação ministerial de Necker: "Será picante e venderá bem".[10] Em seguida, "uma noveleta e uma farsa [anticlerical] escrita em nome de um frade capuchinho".[11] Depois, um manuscrito contra a religião desovado por um de seus contatos na boemia literária: "Um belo livro, na verdade, obra excelente; solapa tudo o que a Bíblia, no livro do Gênesis, ensina a respeito da Criação. Venderá bem, prometo".[12] Por fim, uma antologia de poemas eróticos preparada por outro amigo subliterato: "Possui umas coisinhas graciosas; venderá bem... sim, venderá bem, creiam. Livros desse tipo são infalíveis".[13]

Em segundo lugar, Mauvelain barrara qualquer acesso dos livreiros de Troyes à STN. Renegando suas primeiras cartas, escrevia agora que Bouvet era um marginal, oscilando à beira da bancarrota, não pagava as contas e fugiria da cidade a qualquer momento. Mauvelain ofereceu-se para ser cobrador da STN, persuadindo os suíços a dar-lhe procuração para negociar um acordo ou então processar Bouvet. Simultaneamente, tornou-se agente da STN nos negócios com os dois outros livreiros da cidade, André e Sainton, que também deviam pequenas quantias à editora. Denegriu-os em suas cartas. Eram malandros, *coquins*, e gatunos, *fripons*: "Os Bouvet, André e Sainton da vida são uns marotos com quem nada pode ser feito sem antes levá-los à Justiça".[14] A STN aceitou integralmente sua exegese da "raça desvirtuada e pervertida dos livreiros de Troyes",[15] conferindo-lhe plenos poderes para cobrar as contas.

Em terceiro lugar, Mauvelain se pôs a argumentar sobre o transporte dos livros como homem do ramo. Esse pormenor traz à baila o tema do contrabando; e o contrabando justifica uma digressão, pois as transações de Mauvelain com a STN fornecem oportunidade especialíssima de apurar como os contrabandistas de livros operavam.

No século XVIII, os contrabandistas consideravam-se autênticos empresários (*assureurs*), só se referindo a seu honrado trabalho como *assurance*, ou seguro. A 16 de agosto de 1783, um desses negociantes de seguros, um homem de Pontarlier chamado Faivre, assinou um contrato com a STN. Comprometia-se a passar os engradados da editora pela fronteira ao preço de 15 *livres* por quintal, a ser pago pelos fregueses da STN por ocasião do recebimento da mercadoria. Se os engradados fossem interceptados pelos agentes da alfândega francesa, Faivre obrigava-se a reembolsar os compradores pelo preço de atacado dos livros. Montava equipes de "carregadores", comandadas por "capitães", para executar o serviço. Depois de anoitecer e de uma bebida grátis na taverna de Les Verrières, no lado suíço da fronteira, iam buscar os livros no depósito secreto e alçavam-nos às costas, em pacotes de mais de vinte quilos.

Serpeavam na escuridão, por tortuosas trilhas montanhesas, até o *entrepôt* secreto de Pontarlier, na França, a troco de uns *sous*. Se capturados, podiam ser condenados às galés para o resto da vida.

O sistema de Faivre, idêntico às operações de seguro mantidas por qualquer outro agente de fronteira, funcionou perfeitamente até agosto de 1784. Aí os franceses confiscaram cinco engradados do opúsculo pornográfico de Mirabeau, *Le libertin de qualité*, que outro segurador contrabandeava a mando de outro editor de Neuchâtel. O "acidente" produziu consternação ao longo de toda a rota de Pontarlier, um dos circuitos mais importantes para a entrada de livros proibidos na França. Embora seus carregadores não estivessem implicados, Faivre escreveu, pesaroso, que os homens, desde então, se recusavam a correr o menor risco, e com razão: "Os funcionários da alfândega estão alertas dia e noite".[16] "E há espiões e patifes em Les Verrières que *vendem* [isto é, que denunciavam seus homens à polícia francesa]."[17] Ordenara a Michaud, gerente de seu armazém em Les Verrières, que escondesse sete engradados, destinados a Mauvelain, no topo da montanha mais próxima e, a partir de então, lentamente reconstruiu sua rota; era mera questão de tempo. Depois que a poeira assentou, subornou alguns funcionários da alfândega (deu-lhes também livros pornográficos), aumentou o salário dos carregadores e encontrou novas trilhas para as expedições noturnas de suas tropas. Podemos acompanhar os sete engradados de Mauvelain passo a passo, semana a semana, de Neuchâtel a Troyes. As informações são tão ricas que se pode arriscar uma análise econômica da operação (v. mapa).

Salta aos olhos, antes de mais nada, que o contrabando não era aventura romântica, mas negócio complicado. Exigia considerável astúcia para coordenar uma organização complexa e evitar encrencas. Requeria, adicionalmente, do segurador particular perspicácia para dosar margem de lucro e riscos. Os sete engradados de Mau-

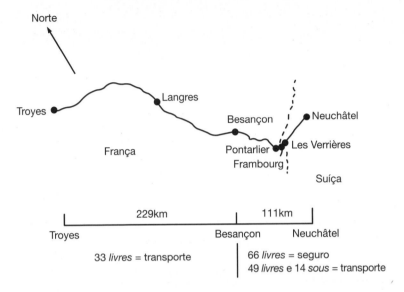

A evolução de uma encomenda

1. *março-junho de 1784*. Mauvelain envia os pedidos (sequência de quatro cartas).
2. *26 de julho* (*aproximadamente*). A STN embarca sete engradados, numerados como BM 107 a 110, BT 120 e BM 121 e 122.
3. *4 de outubro*. Faivre informa que os engradados foram estocados no armazém de Michaut em Les Verrières, devido às novas e críticas condições na fronteira.
4. *14 de outubro*. Faivre comunica que reconstruiu o sistema de contrabando: os agentes de alfândega em Frambourg foram subornados e os carregadores estão prestes a retomar o trabalho.
5. *11 de novembro*. Os cinco primeiros engradados de Mauvelain cruzam a fronteira.
6. *18 de novembro*. Os outros dois engradados chegam em segurança a Pontarlier, de onde serão despachados por Faivre a Péchey, em Besançon, no dia seguinte.
7. *Começo de dezembro*. O carroceiro de Péchey, Claude Carteret, coloca os sete engradados em sua carroça, em Besançon, e parte para Troyes.
8. *31 de dezembro*. Mauvelain acusa o recebimento dos sete engradados; devem ter chegado pouco antes de 13 de dezembro.

velain valiam, no atacado, 1.019 *livres* e 11 *sous*. Pesavam 440 libras (*poids de marc*), ou cerca de 200 quilos. Custo total do transporte: 148 *livres* e 14 *sous*, ou 14,7% do preço no atacado. Os custos incluem 66 *livres* para o seguro — apenas 6,5% do valor. Barato, considerando os riscos que Faivre (ou melhor, seus carregadores) corria.

Mas Mauvelain foi de opinião de que os custos globais eram excessivos; protestou amargamente que os intermediários o logravam. Estimou que os custos de transporte e manuseio encareciam em cerca de 6 *sous* o preço de cada volume: "Eis um exemplo. Os senhores cobram 25 *sous* por *Barjac* (*Le vicomte de Barjac*, libelo erótico de Luchet); mais 6 *sous* de despesas de manuseio, e temos 31 *sous*; 3 *sous* para a costura: 34 *sous*; no mínimo mais 1 ou 2 por outras despesas e postagem, e eis-nos chegados a 36. Ora, este é o preço de venda por aqui".[18]Acrescentava, ainda, que esperava lucrar 33% em cada unidade; isso faria o *Barjac* custar 44 *sous*, 8 a mais que o preço de outros negociantes da região — e quase o dobro do preço de tão polêmica e interessante obra no atacado.

Os números de Mauvelain estavam levemente manipulados. Seu objetivo era extrair um desconto da STN. E discutir custos era um bom meio de evitar discussões mais aziagas, por exemplo sobre o pagamento — típico engodo de livreiros clandestinos. A aventura dos sete engradados, contudo, demonstra que o sistema de distribuição de livros clandestinos podia ser tão dispendioso quanto a fabricação dos próprios livros. Entre deixar o produtor e alcançar o comprador, os livros dobravam de preço. Por quê?

As despesas de seguro não eram realmente excessivas; Mauvelain fez uma tácita admissão ao continuar recorrendo aos serviços de Faivre. Se assim é, a culpa não cabia ao contrabandista, mas a outros intermediários. Uma análise das despesas a partir da nota de carregamento mostra que Mauvelain teve de pagar, em custos de transporte no trecho Neuchâtel-Besançon, quase o mesmo que pagara no trecho Besançon-Troyes — embora a última parte da viagem fosse duas vezes mais longa (é certo que por área menos acidentada). Mauvelain fora trapaceado ou por Péchey, o despachante de Besançon, ou por Carteret, o carroceiro que trabalhava com Péchey; essa era a explicação da STN. Havia maneiras de se precaver contra despesas excessivas, e a STN sugeriu algumas a Mauvelain. Mas os intermediários eram pródigos em táticas para ludibriar a freguesia. A experiência de Mauvelain era comum a todos os varejistas clandestinos e ilustra uma das maiores fraquezas do comércio subterrâneo de livros: todo o sistema operava com base no pouco funcional princípio da honra entre os ladrões.

A STN aprenderia essa lição ao lidar com Mauvelain. Enquanto o tosquiavam carroceiros e gerentes de *entrepôts*, Mauvelain tungava os suíços. No início de 1785, suas relações com a editora duravam dois anos; recebera sucessivos carregamentos — mas nada enviara em troca, exceto cinco dúzias de cartas e uma cabeça de javali. Seu palavrório entorpecera os diretores da STN, enredando-os num tolo compromisso de *confiance*. Mas eles recobraram os sentidos na primavera de 1785; e perceberam, aturdidos, que Mauvelain lhes devia a escandalosa cifra de 2.405 *livres* (equivalente a três anos de salário de um trabalhador qualificado; por exemplo, um tipógrafo da STN). Escreveram-lhe um bilhete severo, exigindo pagamento. A resposta foi uma fremente declaração de inocência ultrajada. Mauvelain escrevia, porejando indignação, que só não pagara de pronto por estar doente. Fora submetido a diversas cirurgias, caríssimas e melindrosas, na região genital, que o obrigavam a se confinar ao leito por cinco meses. Tentar extorquir-lhe dinheiro, naquelas circunstâncias, era o cúmulo da desumanidade. "Não se aponta uma pistola para a cabeça de um homem... Começo a temer que os senhores sejam avarentos e egoístas, e que a todos tratem com vilania... Bem se vê que não estão habituados a lidar com pessoas bem-nascidas. Seu procedimento deixou-me picado. Picado, digo eu. Eis minha última palavra."[19]

A arrojada tentativa de bancar o ofendido não funcionou. Isso porque os suíços acabavam de deslindar duas tramas secundárias de suas transações com Mauvelain. Primeiro descobriram que ele recebera as 194 *livres* do antigo débito de Bouvet, embolsando secretamente o dinheiro. Depois souberam que se apropriara das 168 *livres* de um servicinho de impressão encomendado à editora para um nobre do lugar. Mandaram-lhe uma seca notificação, informando que um advogado de Troyes fora instruído a receber tudo o que Mauvelain lhes devia — ou então processá-lo. Mauvelain não dispunha de muitos argumentos para contestá-los: a engenhosa fraude, bravamente sustentada ao longo de dois anos, tinha chegado ao fim.

Despiu o disfarce. Enviou à STN uma espantosa carta, narrando a crônica de sua aventurosa vida. Era borgonhês, pertencente a distinta família da nobreza togada.* Seus estudos de direito foram bruscamente interrompidos por um duelo com membro da nobreza de espada. Um tribunal parcial o condenara; tivera de fugir; e agora vivia de magra pensão fornecida pela família. Estava sem tostão, mortalmente doente e cansado de viver. Mas, dramática que fosse, sua situação não era tão sem esperanças: tinha um sogro e um irmão solteiro ainda mais doentes que ele. Se lhes sobrevivesse, herdaria 300.000 *livres*. A STN agiria com sabedoria deixando-o em paz até que pudesse recolher suas heranças. Se o levasse a juízo, ganharia a causa; mas não havia posses do devedor que pudessem confiscar, e o escândalo levaria a família a deserdá-lo. "Fui homem das leis; se me processarem, farei com que o caso se arraste até o dia glorioso da ressurreição da carne... Finalmente, Messieurs, permitam-me lembrar o provérbio: 'não se penteia um diabo que não tem cabelo'. É, no presente, o meu caso."[20]

O advogado de Troyes confirmou tudo: a indigência de Mauvelain, sua doença, a inutilidade de se recorrer à Justiça. Poucas medidas havia ao alcance da STN, exceto arreganhar os dentes e autorizar Mauvelain a esperar que algum dinheiro caísse do céu. Fez-se um arranjo, e ele assinou uma promissória, sem data, no valor de 2.405 *livres*; ato contínuo, rumou para Paris. Depois disso, desapareceu. A STN pôs diversos agentes e amigos em suas pegadas; todos voltaram de mãos abanando. O máximo que conseguiram apurar foi "a natureza vergonhosa de sua doença e a depravação de seus costumes".[21] Mauvelain permaneceu nos livros contábeis da editora até 1792, na rubrica das "dívidas incontáveis"; por essa época, provavelmente já morrera de sífilis.

É uma história extraordinária. Mas não difere, em seus pontos essenciais, de outras histórias de mobilidade descendente e marginalidade na república das letras. A vida de Mauvelain tem paralelo, em matéria de obscuridade, com as dos incontáveis subliteratos cujas obras propagandeou. Havia uma afinidade entre autores e distribuidores de livros no fundo do submundo literário: juntos, minaram o Ancien Régime, embora sua luta fosse uma luta banal pela sobrevivência. Existiram em quantidade muito maior do que possamos imaginar, apesar de terem desaparecido nos escaninhos inescrutáveis da história; deixaram, atrás de si, apenas uma assinatura num relatório policial, uma passagem pelos registros da Bastilha; muitos não deixaram rigorosamente nada. O que torna fascinante o caso de Mauvelain é a vantagem de conhecê-lo em detalhes. Abrir seu dossiê é deparar com um corte pitoresco e transversal de uma humanidade desaparecida. Os olhos se aproximam, em zoom abrupto, de um mundo em que o principal negócio de certos homens era a invisibilidade.

É o bastante para uma história que culmina com a queda de um homem no underground indevassável da literatura. Mais importante é a história dos livros comerciados por Mauvelain.

A cada encomenda de Mauvelain, um escriturário da STN anotava o título da obra pedida, e a quantidade de exemplares, num registro chamado *Livre de Comissions*. Fazendo o levantamento sistemático de suas encomendas através desse registro, toma-se conhecimento da procura por livros proibidos em Troyes, semana a semana, num período de dois anos. Dois anos. Uma cidade. Mil livros. Seria absurdo pretender que o padrão do negócio de Mauvelain fosse representativo de toda a França. Mas é preciso começar por algum lugar. As tentativas anteriores de desvendar os hábitos de leitura dos franceses do século XVIII falharam porque partiram de fontes oficiais, como os pedidos de *privilèges*; isso excluía toda a literatura não ortodoxa. A especialidade de Mauvelain eram livros proibidos. Logo, o estudo de seu comércio revelaria o elemento ausente da pesquisa tradicional (que data, aliás, do começo deste século). É claro que faremos um estudo de caso preliminar, a análise microscópica de um pequeno segmento do comércio ilegal; esperancemo-nos, ao menos, de ter escolhido um espécimen razoavelmente representativo. Mas os *Livres de Comissions* possuem, como documentos, valor incomum: mostram a demanda de literatura proibida — a atração exercida pelo tabu — numa pequena cidade da província.

Infelizmente, não revelam quem comprava os livros de Mauvelain. Mesmo que o fizessem, não seria possível saber o que passava pela mente dos leitores. Mauvelain não mencionava seus clientes nas cartas; há esparsas referências a oficiais do exército estacionados em Troyes, cuja preferência se inclinava fortemente para obras obscenas e contrárias à religião. Troyes era um grande centro de venda itinerante de livros; é provável que Mauvelain tivesse, entre seus fregueses, alguns mascates, que formavam estoques nas feiras das cidades e a seguir distribuíam a mercadoria por toda a França central. Mas as cartas indicam que Mauvelain se concentrava no mercado local. Todo o seu estoque, aparentemente, não ascendia senão a alguns milhares de volumes, conservados num sótão e apanhados quando os clientes o procuravam ou ele saía para suas rondas.

Os preços colocavam os livros fora do alcance das classes trabalhadoras, mas não da burguesia de Troyes. *Erotika Biblion*, de Mirabeau, volume *in octavo*, é exemplo típico. Custou a Mauvelain 1 *livre* e 10 *sous*. Pagou mais 10 *sous* para cobrir transporte, seguro e outros custos — e acrescentou então um terço, ou 13 *sous*, de margem de lucro, estabelecendo o preço de venda em 2 *livres* e 13 *sous* (ou, mais provavelmente, 2 *livres* e 15 *sous*). Tal cifra equivalia ao consumo de meia semana de pão, o principal componente alimentar, por uma família operária com três crianças — ou ao salário de um dia de um carpinteiro qualificado. Mas os advogados e magistrados dos tribunais de primeira instância do bailiado de Troyes, que ganhavam 2.000 ou 3.000 *livres* por ano, podiam facilmente gastar 2 ou 3 *livres* com um livro.

Os tribunais faziam de Troyes um centro forense provinciano. Sede de bispado, uma dúzia de mosteiros, era também um centro eclesiástico. Sobretudo, era centro comercial e industrial de produtos têxteis. Sua população de 22 mil habitantes contava 360 mestres tecelões na década de 1780, além de uma boa quantidade de artesãos que faziam alfinetes, papel e artefatos de couro. A vida cultural parece ter sido menos ativa que a de Châlons e Reims, suas duas rivais na Champagne. Mas Troyes possuía um teatro, uma biblioteca importante, uma loja maçônica; e, entre suas instituições educacionais, quatro escolas primárias, um seminário e um colégio oratoriano com trezentos ou quatrocentos estudantes. O índice de alfabetização parece ter sido relativamente baixo para o padrão da França setentrional, já que apenas 40 a 49% dos adultos da região podiam assinar seus nomes em certificados de casamento. Os historiadores locais rebuscaram, em vão, por sinais de efervescência intelectual em Troyes no século xviii. Encontraram um único *philosophe*, e dos bem menores, P.-J. Grosley; era conhecido como *le Voltaire champenois*. Ainda assim, o *cahier** do Terceiro Estado de Troyes foi bastante atuante em 1789. No geral, a cidade provavelmente estereotipava o que os parisienses queriam dizer com "provinciano": culturalmente, era estagnada.

Se a coisa foi mesmo assim, o negócio de livros de Mauvelain assume significação particular; não seria de esperar grande procura por literatura radical num canto pequeno e sonolento da província. Mas a análise quantitativa de suas encomendas demonstra que a procura existiu.

Os gráficos da página seguinte mostram o padrão principal das encomendas de Mauvelain, separadas por assunto. À medida que as encomendas se acumulam, semana após semana, nos registros da stn, vai se tornando claro que a demanda por certos livros permanecia elevada. Os fregueses continuavam a aparecer, pedindo mais exemplares dessas obras; e Mauvelain transmitia pedidos a Neuchâtel de acordo com o volume de suas vendas, que eram geralmente antecipadas. O gráfico inferior mede esse volume, representando a quantidade de encomendas feitas para cada categoria de livros. O gráfico superior mostra o volume das encomendas de Mauvelain, indicando a quantidade de exemplares de cada categoria solicitados. O padrão é semelhante nos dois gráficos, mas necessariamente abstrato. A fim de explicitar a importância de cada livro no padrão geral, listei todos os títulos sob as categorias apropriadas, fornecendo a quantidade total de exemplares encomendados e a quantidade de encomendas.

A procura por livros proibidos

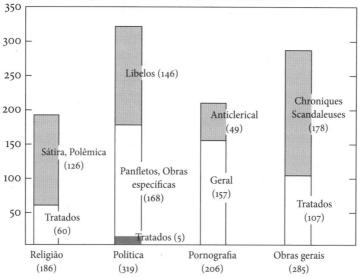

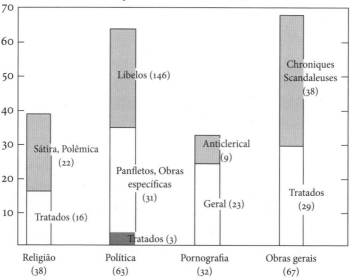

Os livros mais vendidos (divididos por categorias)

I. Religião

    A. Sátira e polêmica

L'intolérance ecclésiastique	10/4
La papesse Jeanne (Joana, a papisa)	44/6
Le gazetier monastique	18/3
La mule du pape (A mula do papa)	18/3
Histoire des voyages des papes	18/3
Requête pour la suppression des moines (Petição para a supressão dos monges)	18/3
Total	126/22

    B. Tratados

Le christianisme dévoilé	3/3
Histoire critique de Jésus Christ	19/6
Le ciel ouvert à tous les hommes (O céu ao alcance de todos os homens)	11/3
Théologie portative (Teologia de bolso)	27/4
Total	60/16
Total	186/38

II. Política

    A. Libelos

Les fastes de Louis XV	84/11
L'espion dévalisé (A mala roubada do espião)	37/10
Vie privée de Louis xv (Vida íntima de Luís xv)	7/5
Vie privée... de Mgr. le duc de Chartres	18/3
Total	146/29

150

B. Panfletos e obras específicas*

Mémoires sur la Bastille, de Linguet	30/7
Des lettres de cachet, de Mirabeau	21/5
Lettres sur la liberté politique	18/3
Dialogue des morts	31/4
Remarques historiques sur la Bastille	18/3
Anecdotes du marquis de Pombal	18/3
Mémoire sur les maisons de force (Memórias dos presídios)	18/3
L'horoscope de la Pologne	14/3
Total	168/31

C. Tratados

Système social	5/3	
Total		319/63

III. Pornografia

A. Anticlerical

Aventures de la marquise de ... et S. François	13/3	
Le chien après les moines (Um cão atrás dos monges)	18/3	
Les moines après les chiens (Os monges atrás dos cães)	18/3	
Total		49/9

B. Geral

Muses du foyer de l'Opéra (Musas do salão de espera do [teatro da] Ópera)	46/5
Erotika Biblion	18/3
Le vicomte de Barjac	24/4

* Obras "instantâneas", isto é, versando assuntos do momento. (N. E.)

Le portefeuille de madame Gourdan
(A bolsinha de madame Gourdan) 31/4
L'art de rendre les femmes fidèles
(A arte de tornar as mulheres fiéis) 24/4
Le désoeuvré (O mandrião) 14/3
Total 157/23
Total 206/32

IV. Obras gerais
A. *Chroniques scandaleuses*
Suite de L'espion anglois
(Continuação de O espião inglês) 16/5
Vie privée des françois
(Vida íntima dos franceses) 9/3
Mémoires secrets, de Bachaumont 16/9
La chronique scandaleuse 45/5
Correspondance politique, civile et littéraire 18/3
Essais historiques, critiques, littéraires 20/4
Le journal des gens du monde 14/3
L'observateur anglois 22/3
Anecdotes du dix-huitième siècle 18/3
Total 178/38

B. Tratados
Histoire philosophique, de Raynal 18/9
L'an 2440 25/5
Tableau de Paris (Retrato de Paris) 27/5
Lettres iroquoises (Cartas iroquesas) 18/3
Oeuvres de La Mettrie 16/4
Oeuvres d'Helvétius 3/3
Total 107/29
Total 275/67

Qual é o papel do Iluminismo nesses livros? Como demonstra a minguada subcategoria "tratados", os clientes de Mauvelain não queriam obras abstratas nem teóricas. Não encomendaram, em dois anos, uma única obra dos quatro grandes *philosophes*: Montesquieu, Voltaire, Diderot e Rousseau. Ao contrário, deram preferência a popularizadores e vulgarizadores do Iluminismo: Raynal, Mercier, Mirabeau fils. Alguns *philosophes* menores aparecem nas encomendas de Mauvelain: Borde, Cuppé, Maubert de Gouvest. Mas a maioria era mesmo composta por opúsculos anônimos de subliteratos obscuros: Imbert, Manuel, Luchet, Buffonidor, Mayeur de Saint-Paul, Baudouin de Guémadeuc, Mouffle d'Angerville, Pidansat de Mairobert, Théveneau de Morande. Eis os homens que aparentemente produziram os best-sellers clandestinos da década de 1780 — e, no entanto, eles e seus livros desapareceram da história da literatura. Encontramos alguns nomes familiares entre os autores de Mauvelain: La Mettrie, Helvétius e, em especial, D'Holbach. A demanda de livros ilegais em Troyes ultrapassava, evidentemente, a impiedade voltairiana, chegando ao ateísmo descarado que horrorizava o próprio Voltaire. Naturalmente, não se pode concluir que os leitores de livros ateus fossem ateus. O que interessa é que o comércio de livros proibidos favorecia a versão mais extrema, à D'Holbach, do pensamento iluminista, e que esse tipo de Iluminismo ocupava posição secundária, mas ainda assim significativa, no padrão das encomendas de Mauvelain.

O fervor comprador de Mauvelain por livros imorais era moderado; assim como por livros contrários à religião. As duas categorias, juntas, formavam apenas dois quintos das encomendas. No gráfico de colunas (ver p. 138), que indica os padrões de leitura do século XVIII, obras desse gênero parecem menos procuradas que as de caráter político e genérico. Pelos padrões modernos, era uma pornografia contida e, como as pinturas da época, velada e voyeurista. Os fregueses de Mauvelain preferiam livros que oferecessem vislumbres das prostitutas em ação. Numa passagem típica de *Le portefeuille de Madame Gourdan*, o bispo de M... emite um protesto junto a Madame, que mantém um bordel de alto luxo: "Devia trancafiar-te no Hôpital [prisão para prostitutas]. Recebi em teu estabelecimento um vigoroso *coup de pied de Vénus* ("pontapé de Vênus", doença venérea), que me constrangeu a abandonar a capital para restaurar a saúde em minha diocese. É bem verdade o que se diz: não há mais honradez neste mundo e já não se sabe em quem confiar".[22] A queixa do pobre bispo, por mais fundada que fosse, não era lá lisonjeira para o alto clero. Os temas das obras pornográficas e anticlericais de Mauvelain frequentemente se sobrepunham — resultado, sem dúvida, de uma tradição literária que remontava à Idade Média. Talvez esse anticlericalismo gaulês antiquado reforçasse o ateísmo austero e moderno dos livros da subcategoria "tratados" das obras contrárias à religião no estoque de Mauvelain. Eram livros que, com certeza, vergastavam energicamente a Igreja.

Nas encomendas de Mauvelain, os livros sem tema específico, embora contendo matéria capaz de ofender meio mundo entre as autoridades da França, foram rotulados de "obras gerais". Cerca de um terço eram tratados como a *Histoire philosophique*, de Raynal, exprimindo o pensamento iluminista sobre um largo espectro de assuntos. O restante cabe na categoria das *chroniques scandaleuses* — relatos jornalísticos de casos amorosos, crimes momentosos e eventos sensacionais. Consistiam, na maioria, de narrativas curtas escritas em tom confidencial de mexerico, como se o autor tivesse descoberto algum segredo espetacular e o comunicasse em primeira mão. Não tinham natureza particularmente política, mas veiculavam anedotas sobre o péssimo comportamento de *les grands* — grandes cortesãos, análogos ao beautiful people da imprensa popular de hoje — e, portanto, serviam um retrato desfavorável da aristocracia. Neste espírito, eis uma vinheta típica, do gênero "duas palavras", da publicação que epitomiza tais narrativas, *La chronique scandaleuse*, de Imbert: "Certo dia, o duque de... surpreendeu sua casta consorte nos braços do filho de seu tutor. A digna dama declarou, com ducal despudor: 'Por que não estáveis neste leito, Monsieur? Se não encontro meu cavaleiro, aceito o braço do lacaio'".[23]

As *chroniques scandaleuses* parecem escritas segundo o princípio de que os *nomes fazem a notícia*, embora "notícias", tais como as conhecemos, não existissem sob o Ancien Régime. Os franceses da época não tinham propriamente noticiosos, apenas jornais que circulavam ao abrigo de privilégios reais e que os censores restringiam a assuntos apolíticos. Por conseguinte, não teriam a audácia de qualquer coisa que pudesse provocar frissons de desagrado em Versalhes. Os franceses recolhiam suas notícias (ou *nouvelles*), não censuradas, dos rumores. Especialistas conhecidos por *nouvellistes* reuniam-se em certos logradouros parisienses — sob a "árvore de Cracóvia", por exemplo, nos jardins do Palais Royal — para comunicar *nouvelles*. A forma escrita desses mexericos eram as *nouvelles à la main*. Se essas gazetas manuscritas fossem impressas, tornavam-se *chroniques scandaleuses* — gênero que se situa no meio do caminho do processo de difusão de boatos que desembocou no moderno jornalismo popular. Sendo absolutamente ilegais, essas notícias não sofriam sequer autorrepressão ao relatar os eventos do dia. Assim, *Mémoires secrets*, de Bachaumont, e *L'espion anglois*, de Mairobert, contêm observações bem mordazes sobre assuntos de Estado. Informavam, essencialmente, um público sequioso de fofocas acerca do que sucedia no mundo de *les grands*. Como a maior parte dos provincianos, os clientes de Mauvelain sentiam-se isolados dos centros de mexericos, sediados em Paris. Talvez, por isso, pedissem mais *chroniques scandaleuses* que outro tipo de literatura. A predominância de tais crônicas nas encomendas de Mauvelain sugere que essa variedade de jornalismo clandestino, hoje esquecida, teve seu momento de esplendor.

A categoria geral mais importante, contudo, era a política. "Política" é um termo arriscado de aplicar a uma sociedade pré-moderna; o público não participava do processo político. A política do Ancien Régime era palaciana. A literatura política, sob um regime fechado na corte, não poderia ser senão ilegal; qualquer outra modalidade seria classificada como bajulatória. Os três gêneros básicos eram estes: teoria política, panfletos específicos sobre assuntos do momento ou libelos.

Pesarosamente, comunicamos que os clientes de Mauvelain não se interessavam por teorias: apenas cinco exemplares do *Système social* de D'Holbach foram encomendados. Mas eram ávidos de opúsculos e panfletos polêmicos como *Mémoires sur la Bastille* de Linguet (30 exemplares) e *Des Lettres de Cachet et des prisons d'État* de Mirabeau (21 exemplares). Esses escritores relataram, com estridente sensacionalismo, o próprio encarceramento, guindando-o à altissonante condição de parábola sobre o despotismo francês. Prometendo revelar os segredos mais sombrios e ocultos do Estado, guiavam os leitores a uma incursão pelos calabouços onde o rei conservava seus prisioneiros políticos. Contavam *tudo*: como os prisioneiros eram revistados, atirados em fétidos cubículos, privados de contato com o mundo exterior; era-lhes negado não só o direito ao julgamento, mas também o de saber de que os acusavam. Sua inocência (isto é, a dos autores) demonstrava a falta de proteção de qualquer francês que as maquinações de Versalhes resolvessem, por desfastio, vitimar; eis o cerne da argumentação de Linguet e Mirabeau. E conseguiam atingir o leitor, especialmente quando se detinham na descrição de lúgubres detalhes: os colchões carcomidos pelos vermes, as paredes viscosas e grossas, os carcereiros perversos, a comida repulsiva. Essas informações confidenciais entremeavam-se a erupções retóricas contra o poder ilimitado "deles", os homens invisíveis na cúpula do governo: podiam devassar a vida de qualquer cidadão, por mais inocente que fosse, e sepultá-lo pela eternidade num *cachot*, numa enxovia impenetrável. Na região de Mauvelain, segundo suas cartas, esses panfletos poderosos eram grandes sucessos. Ajudavam a criar a mitologia política que fazia com que muitos franceses se sentissem escravos — mesmo que a Bastilha, como provaram os historiadores, estivesse quase vazia em 1789.

Mas nenhuma obra vendia, no repertório de Mauvelain, como os *libelles*. Eram virulentos ataques aos indivíduos que ocupavam as posições de prestígio e poder: ministros, cortesãos, membros da família real. Sua ênfase desabrida lembrava as *chroniques scandaleuses*, mas não eram desprovidos de mordacidade política. Abordavam aquela área nevrálgica em que a decadência privada virava tema público e, difamando torpemente os indivíduos, dessacralizavam todo o regime.

Um protótipo do gênero é o campeão supremo de vendas entre os livros de Mauvelain: *Les fastes de Louis xv*. Foi objeto de onze encomendas à STN, num total de 84 exemplares. Embora se apresentasse como história objetiva do reinado de Luís xv, obsequiava o leitor com escabroso relato da vida sexual do rei. De acordo com o livro, os fiéis agentes do rei percorriam os cantos mais remotos do reino à cata de mocinhas para o "harém" real. O exigente paladar de S. Majestade requeria ao menos duas por semana. Quando não mais conseguiam despertar seu real e cansado apetite, despachava-as com uma pensão por bons serviços prestados à Coroa. Essa voracidade, segundo os cálculos do libelista, resultava em mil garotas em dez anos, a um custo de um bilhão de *livres*. Assim, a libidinagem de Luís xv fora "uma das principais fontes de depredação das finanças do Estado".[24] A grande vilã do livro, a verdadeira sátrapa da França, era Madame du Barry, que desempenhava idêntico papel em outros best-sellers como *Anec-*

dotes secrètes sur Madame du Barry, Correspondance de Madame du Barry e *Vie privée de Louis XV*, todos generosamente plagiados em *Les Pastes*. A amante real era sempre exibida nalguma atitude extravagante. Acariciava Zamore, um negrinho que lhe servia de criado. Flagelava uma dama de companhia. Zombava da impotência do Delfim (ou seja, o futuro Luís XVI). Fazia o rei de tolo pelas costas, seduzindo os ministros. E, naturalmente, naquela que parece ter sido sua ocupação favorita e mais constante: ordenhar o tesouro. Mamou 18 milhões, de acordo com a melhor estimativa do libelista. Sua mensagem política era perfeitamente explícita: "Luís XV permaneceu sempre o mesmo, enterrado até o pescoço em corrupção e luxúria. Apesar do desespero do povo faminto e das calamidades públicas, sua amante foi tão desenfreada em prodigalidade e pilhagem que, em poucos anos, teria arrasado o reino, se a morte do déspota não houvesse posto um termo à sua extravagância".[25] Como teria morrido Luís XV? O libelista revelava o horrível segredo: já incapaz de satisfazer a concupiscência do real amante, Madame du Barry se fizera rufiã e varria as ruas à cata de meninas capazes de excitar o triste Luís. Um dia, deparou com certa camponesa, de formas exuberantes; pena que esta padecesse de varíola recolhida. O pai da moça ameaçou protestar; uma conveniente *lettre de cachet* removeu o roceiro recalcitrante. A bela campônia submeteu-se, então, ao lúbrico e majestoso senhor — inoculando-lhe sua doença oculta e mandando-o para o túmulo, com isso arrancando um suspiro de alívio a toda a nação.

Talvez a conclusão mais interessante — e inesperada — a extrair das encomendas de Mauvelain não seja a quantidade razoável de obras contrárias à religião e obscenas, mas o grande volume de material político. Nada de tratados iluministas. Jornalismo clandestino e panfletos políticos contundentes. No gráfico da p. 138, a coluna reservada às obras políticas ergue-se acima das outras, e sua proeminência é reforçada pelo fato de que os panfletos, libelos e *chroniques scandaleuses* executavam as mesmíssimas funções: comunicar notícias. Tais notícias não tinham nenhum compromisso com pruridos mais modernos como a neutralidade ou a imparcialidade. Queriam que o regime parecesse podre — e nisso se mostraram competentes. Faziam uma propaganda radical, mesmo nas *chroniques*, onde os assuntos políticos eram sobrepujados pelo crime e pelo sexo. Naturalmente, "radical" não quer dizer revolucionário. As brochuras políticas variavam interminavelmente sobre o mesmo tema: a monarquia degenerara em despotismo. Não clamavam pela revolução nem antecipavam 1789; sequer discutiam os temas sócio-políticos mais profundos, capazes de acelerar a destruição da monarquia. Inadvertidamente, porém, prepararam esse evento, dessacralizando os símbolos e esvaziando os mitos que legitimavam a monarquia aos olhos dos súditos.

Exatamente como "De Mauvelain, écuyer", desapareceu da história da França, os livros que ele vendia, em sua maior parte, desapareceram da literatura francesa. Não conseguiam elevar-se nem mesmo à condição de clássicos menores. Ninguém os lê, ninguém os lembra. Um processo de evolução cultural extinguiu-os. Não sobreviveram no rol de leituras que constitui a cultura literária de nosso tempo. É uma pena, mas não se pode percorrer o caminho evolucionário em sentido inverso e recuperar — ou ao menos provar — a cultura concretamente experimentada no passado. Muita coisa caiu à beira da estrada, e seria cômodo pressupor que os franceses, no século XVIII, lessem o que hoje se considera literatura francesa do século XVIII. O estudo dos negócios de um livreiro clandestino da década de 1780 ofereceu um vislumbre dessa literatura como ela existiu realmente: explosiva e momentânea. E em seu contexto real. Os livros de Mauvelain, e a vida de Mauvelain, fornecem a tímida cintilação de um mundo perdido de experiência literária que pacientemente esperou pela exploração que o resgatasse. Aqui foi feito um primeiro esforço.

5. Uma tipografia do outro lado da fronteira

Pode ser que os livros proibidos semeassem sedição em suas viagens clandestinas pela França do século XVIII. Como prêmio, talvez, pela tarefa exaustiva, repousam, desde então, em salas de livros raros. Lá permanecem, majestosos, abrigados por tetos abobadados e emoldurados por paredes alcatifadas. Viraram antiguidade. Apresentavam, decerto, bem diverso aspecto quando saltavam dos prelos, a pique de conhecer mundo; mas é difícil visualizá-los no nascedouro, pois a oficina tipográfica do século XVIII é tão conhecida quanto o sistema de publicação daquele tempo. Para formar uma ideia do mundo em que esses livros ingressavam, cumpre voltar aos documentos da Société Typographique de Neuchâtel. Neles podemos observar os tipógrafos em ação e escutar quando os patrões falarem deles.

A STN aliciava mão de obra em centros impressores da França, da Suíça e da Renânia. Por isso, seus diretores desenvolveram elaborada rede de agentes recrutadores que despachavam artesãos para Neuchâtel e discutiam o mercado de trabalho numa torrente de cartas. Lendo-as, apuramos alguns pressupostos básicos sobre o trabalho e os trabalhadores sob o Ancien Régime. A troca de cartas mais reveladora deu-se em 1777, ano em que a STN dobrou a capacidade de sua oficina para imprimir a edição *in quarto* da *Encyclopédie* e em que o frenesi da *Encyclopédie* levou a indústria tipográfica a trabalhar no extremo limite. Os operários tiraram proveito da carência temporária de mão de obra e saltaram de emprego para emprego, em busca de pagamento mais substancial ou melhores condições de trabalho. Daí o tema da "jornada", monocordiamente repetido ao longo de toda a correspondência. É provável que o maior atrativo da STN fosse *le voyage*, uma quantia que correspondia, mais ou menos, à que um trabalhador conseguiria amealhar, em serviço, no tempo gasto para caminhar até seu novo emprego. Os artesãos preferiam passar dez ou doze horas na estrada, de raro em raro se detendo em estalagens rurais, a passar a mesma quantidade de tempo ofegando numa barra de prelo ou curvados sobre caixas de tipos. As *jornadas* tornaram-se, assim, uma espécie de férias pagas, e *jornadear*, um modo de vida, ao menos durante os primeiros anos de atividade do oficial-tipógrafo.

Pode-se, por vezes, seguir os trabalhadores através das datas das cartas. Levavam geralmente dois dias para chegar a Neuchâtel quando vinham de Lausanne, a setenta quilômetros dali. Três, quando vinham de Basileia, a 120 km. Uma semana se partissem de Lyon, distante 300 km. E duas semanas quando vinham de Paris (500 km). A 16 de junho de 1777, no auge do boom enciclopédico, um recrutador parisiense enviou seis trabalhadores para Neuchâtel, prometendo-lhes 24 *livres* por *le voyage*, pagos quando do chegassem a seu destino. Apresentaram-se à STN exatamente duas semanas depois, tendo coberto, em média, 36 quilômetros por dia. Como ganhavam por volta de 10 a 15 *livres* por semana, o dinheiro da viagem equivalia praticamente a duas semanas de salário — bela compensação para uma excursão pelo país no início do verão. Mas a STN se recusava a pagar *le voyage* se os homens não trabalhassem, no mínimo, um mês para ela. O recrutador, por um inexplicável lapso, esquecera de cientificá-los desse detalhe; mas, prevendo uma possível recusa, conservara argutamente seus pertences (*hardes*), espécie de depósito de garantia que posteriormente era despachado para Neuchâtel. Os trabalhadores, rilhando os dentes, viram-se privados de escolha e puseram mãos à obra, compondo e imprimindo a *Encyclopédie* e fazendo sua parte na tarefa de difundir *Lumières*. Seus nomes apareceram regularmente, durante oito semanas, no livro de salários do capataz. Tempo suficiente para que recebessem *le voyage* e os pertences; ato contínuo, caíram no mundo, vociferando contra os recrutadores inescrupulosos. Alguns foram vistos, semanas depois, em gráficas de Genebra que também imprimiam a *Encyclopédie*. Pelo menos um deles foi para Yverdon, onde a tipografia de Barthélemy de Félice produzia uma versão rival, "protestante", da *Encyclopédie*. Outros talvez trabalharam em Berna e Lausanne, na edição *in octavo* da *Encyclopédie*; um caixeiro viajante da STN relatou haver reconhecido diversos "desertores" noutras impressoras suíças. E ao menos um impressor, Gaillard, fez-se vivo em Paris um ano depois, pedindo para ser recontratado. Declarava-se arrependido de "todas as faltas cometidas", segundo a carta que um mercador de couros parisiense escreveu em seu nome, e pronto a rumar para a Suíça outra vez — a terceira vez.[1]

Quais teriam sido as "faltas" do contrito Gaillard? A carta não diz; mas a correspondência da STN revela que os trabalhadores frequentemente "desertavam" depois de se meterem em apuros. Às vezes fugiam de dívidas contraídas; ou embolsavam o *salé*, pequeno adiantamento sobre o estipêndio das semanas seguintes, e escapuliam. Raramente faziam economias e não era incomum que sucumbissem à tentação de deixar uma cidade para receber *le voyage* em outra. Sem falar nos aliciadores ambulantes, que coincidentemente frequentavam as mesmas tavernas que eles. Quando não sumiam com *le voyage* ou *le salé*, faltavam ao serviço por motivo de bebedeira; ou, ainda pior, podiam ser espiões, quer da polícia francesa — coisa lastimável —, quer de editoras rivais — coisa indecorosa. As cartas de recomendação dos recrutadores aludiam mais ou menos ao caráter-padrão do trabalhador. Devia possuir três qualidades: comparecer religiosamente ao trabalho, não se embriagar e ser razoavelmente habilidoso. Eis um compositor perfeito, segundo um recrutador de Genebra: "Bom operário, capaz de executar o que lhe ordenarem. Não é, de maneira alguma, dissoluto; e é assíduo ao trabalho".[2]

Comentários semelhantes sugerem certas premissas não enunciadas sobre o que motivava os trabalhadores. Numa típica — e casual — observação a um recrutador de Paris, disse a STN: "Pode continuar a mandar os que sentem curiosidade pela vida nesta região, mas nada de adiantar dinheiro".[3] Isso sem esclarecer que tipo de "curiosidade" podia impelir um homem a marchar a pé para um novo emprego, em país estrangeiro, a quinhentos quilômetros de distância. Ocasionalmente, as cartas mencionam outros tópicos, que parecerão igualmente levianos ao leitor moderno. Por exemplo: a STN instrui um agente que está despachando trabalhadores de Lyon. "Prometemos pagar, após sua chegada, 12 *livres* por *le voyage*, contanto que permaneçam conosco pelo menos três meses... e pode assegurar que ficarão satisfeitos conosco e com nosso país, onde se produz bom vinho".[4] Os pressupostos eram os de que o trabalho se misturava perfeitamente ao vinho — e o emprego seria breve.

Das observações sobre vinho e *Wanderlust*, o desejo insopitável de errar pelas estradas, não se deve inferir que o dinheiro não fosse um motivador bem persuasivo no século XVIII. Os recrutadores aludem com frequência à preocupação dos trabalhadores com salários, quantidade de trabalho disponível e cláusulas específicas, tais como os formatos preferidos na composição e o pagamento por tempo (*conscience*) ou por tarefa. "É precisamente na questão dos salários que insistem", explicou um recrutador, "pois não desejariam abandonar um lugar, onde estão em boa situação, a menos que possam estar melhor noutra parte."[5] A STN chegou mesmo a infiltrar agentes secretos nalgumas tipografias genebrinas que também imprimiam a *Encyclopédie*, a fim de aliciar os trabalhadores com promessas de salários mais altos. Estes tiveram a brilhante ideia de responder com uma tramoia, *cabale*, para forçar a alta dos salários em Genebra. Os mestres genebrinos farejaram a manobra e acabaram por estabelecer uma trégua, conspirando entre si para rebaixar os salários e mantê-los uniformes.

No curso das contratações e demissões, os patrões pareciam considerar os trabalhadores como objetos. Encomendavam-nos em lotes, como fariam com papel e tinta. Conforme a STN doutrinou um agente em Lyon, "devem vir sortidos, ou seja, tantos compositores, tantos impressores".[6] Por vezes a editora rejeitava os "sortimentos", se a mercadoria fosse de qualidade inferior; exatamente como agiria com uma partida de papel. Os diretores da STN revelaram a um colega editor seu descontentamento com um recrutador de Lyon: "Mandou uma dupla em tão mau estado que tivemos de embarcá-la de volta".[7] E passaram um pito no recrutador por não ter inspecionado os homens antes de despachá-los: "Os dois chegaram bem, mas tão doentes que poderiam contaminar o resto. Por isso, não pudemos contratá-los. Ninguém na cidade quis abrigá-los. Foram embora e tomaram a rota de Besançon, a fim de se internarem no *hôpital*".[8] Já que o *hôpital* geralmente significava morte para os pobres devorados pela doença, a STN estaria ciente de que enviava aqueles homens para a última etapa de seu último *tour de France* — e o caminho de Neuchâtel a Bensançon, passando pelos montes Jura, não era nada fácil.

A STN, contudo, praticava um pouco de caridade à antiga. O livro de pagamentos do capataz contém vários assentamentos do tipo "esmola para um trabalhador alemão, 7 *batz* (1 *livre tournois*)".[9] As cartas demonstravam, ocasionalmente, certa compaixão pelos trabalhadores. Um mestre-impressor de Berna recomendou um velho compositor nos seguintes termos: "Ele é um bom operário, que trabalhou algum tempo em Neuchâtel anos atrás, mas devo dizer-lhes que sua vista e sua audição começam a fraquejar, e a idade avançada significa que já não possui a velocidade de um rapagão. Mesmo assim, como o pagamento será por tarefa, peço que o conservem pelo tempo que puderem; a indigência o reduziu a um estado lamentável".[10] Fica o registro de que o editor de Berna dispensara o velho e o de Neuchâtel recusou-se a admiti-lo. Na verdade, a STN dispensou dois terços dos trabalhadores ao concluir a impressão da *Encyclopédie*, a despeito dos protestos da filha de um dos diretores, que escreveu ao pai, que viajava a negócios (ela cuidava, nessas ocasiões, da tipografia): "Não se pode jogar na rua, de uma hora para outra, gente que tem mulher e filhos".[11] Tal objeção, aparentemente, não ocorrera ao diretor, mas se apressou a refutá-la com uma comprida conferência sobre lucratividade. Seria um erro, assim, pensar que a vida no *tour de France* fosse um período feliz e jovial de aprendizado nômade, *Wanderjahre*, ou então imaginar que operários e patrões sentissem mútua e pronunciada afeição.

Como os trabalhadores entendiam sua condição? Apesar das pesquisas de especialistas como E. P. Thompson, Maurice Garden e Rudolph Braun, foi impossível, até agora, responder a essa pergunta, pois é difícil aos historiadores fazer contato direto com artesãos do século XVIII. Mas os tipógrafos formavam um grupo notavelmente alfabetizado. Alguns até se correspondiam, e algumas de suas cartas eram interceptadas pelos mestres. Ao fazê-lo, esses zelosos indivíduos velavam pela tipografia e se precaviam de aliciadores, espiões e *cabales*; não imaginariam, decerto, que estavam oferecendo, a indivíduos tão suspeitos, a oportunidade única, ainda que fugaz, de dialogar com a posteridade. Há algumas dessas cartas entre os papéis da STN. Uma delas, pura comunicação de trabalhador para trabalhador foi escrita por um compositor de Avignon, chamado Offray, para um savoiano de nome Ducret, na época trabalhando na *casse* (equipe de composição) da STN. Offray, que trocara recentemente a STN pela oficina de Barthélemy de Félice, em Yverdon, garantia que as condições, por lá, eram muito melhores. É verdade que trabalhar com Félice tinha suas desvantagens: o "professor", como os homens o chamavam, jamais emprestara um tostão na vida aos empregados; e os trabalhadores alemães não se davam bem com os franceses. Mas a vida era mais barata e a oficina melhor governada que a de Neuchâtel. E, acima de tudo, havia bastante trabalho: "O serviço aqui é suficiente... Não precisas preocupar-te com trabalho".[12]

Os operários tinham motivos de preocupação: os mestres os contratavam por tarefa. Quando terminavam de imprimir um livro, costumavam dispensar os operários que nele haviam trabalhado, admitindo outros quando estivessem prestes a iniciar nova impressão. Por isso Offray sublinhava a disponibilidade de trabalho nas oficinas da região. Heubach, de Lausanne, estava atrás de um compositor, e talvez até de um capataz; também havia vagas para no mínimo dois impressores em Yverdon e para três compositores, pois três companheiros de Offray projetavam abandonar Félice secretamente no domingo. "Não que haja falta de trabalho: mas os trabalhadores — e eu em primeiro lugar — são caprichosos e gostam de mudar de emprego o tempo todo." Por último, Offray fornecia notícias de amigos empregados noutras oficinas e enviava suas saudações aos antigos colegas de Neuchâtel: "Escrevi para M. Gorin e quando receber resposta, conforme espero, avisarei. Por favor, transmita meus cumprimentos a M. Cloches,

M. Borrel, M. Poncillon, M. Patin, M. Ango e não esqueça meu velho camarada Gaillé... Minha esposa também saúda a todos esses Messieurs. Havia esquecido M. Lancy, a quem igualmente me recomendo, assim como Mme. pot-au-lait (a senhora leiteira)".[13] Os apelidos, a alusão a trocas de cartas, o sentimento de uma rede comum de amigos, tudo sugere que os operários haviam desenvolvido seu próprio sistema de informações e trocavam cartas de recomendação sobre os patrões — ou *bourgeois*, como os chamavam — exatamente como os patrões e recrutadores trocavam cartas a respeito deles.

A maioria dessas informações circulava oralmente; sempre que tipógrafos se cruzassem pela estrada ou brindassem nas tavernas. As tendências e o conteúdo são difíceis de determinar. As minguadas referências parecem indicar que os operários discutiam seu trabalho com realismo e sensatez. Queriam saber onde havia bom pagamento, trabalho abundante, companheiros solidários, vinho barato e capataz de fino trato.[14] As mensagens que percorriam os canais informativos dos patrões exibiam preocupações bem diversas. A mão de obra tinha de ser obtida, a exemplo do papel e dos tipos, da maneira mais barata e eficaz possível. Devia ser maleabilizada através de bônus, multas e demissões. E, quando não fosse mais necessária ao processo de produção, podia ser descartada.

Trabalhadores e *bourgeois* não ronronavam, aconchegados, na plácida domesticidade imaginada por alguns historiadores da Europa pré-industrial. Odiavam-se com a mesma intensidade dos séculos XIX e XX. Mas compartilhavam os mesmos pressupostos acerca de suas recíprocas relações — isto é, acerca do caráter fundamental do trabalho. Esperava-se que fosse errático e irregular, possivelmente tumultuado e provavelmente de curta duração. Mas nada que lembrasse, nem de longe, os modernos fenômenos da semana de quarenta horas, jornada das nove às cinco, adicionais por horas extras, cartão de ponto, prêmios por produtividade, planejamento de produção, contratos, sindicatos, automação, inflação, salários "reais", aposentadoria, "lazer", monotonia das linhas de montagem; e aplicados sociólogos tentando entender tudo isso.

Vimos como tipógrafos e patrões, no século XVIII, encaravam as relações de trabalho. Mas o que era o *trabalho*? Sua realidade subjetiva pode sempre escapar ao historiador, mas é possível medir-lhe a produtividade analisando o livro de pagamentos mantido por Bathélemy Spineux, capataz da oficina da STN. Todos os sábados, à noite, Spineux anotava qual o trabalho feito pelos homens durante a semana e quanto lhes pagara. Calculava a produção dos compositores de acordo com as assinaturas no rodapé das folhas por eles compostas; a dos impressores era avaliada por milheiro impresso. Contando os meios-quadratins no texto impresso, pode-se usar o registro de Spineux para calcular o número de movimentos de cada compositor a cada semana, à medida que transferia tipos do estojo para o componedor. Também dá para calcular a quantidade de vezes que cada impressor empurrava a barra de sua prensa. Lastimavelmente, são cálculos que envolvem exercícios extenuantes de bibliografia analítica, disciplina um tanto hermética que aos franceses pareceu suficientemente abstrusa para merecer o adjetivo "anglo-saxônica". Em nome do supremo interesse historiográfico, não farei caso das objeções francesas — mas me dou pressa em acrescentar que pouparei o leitor de diagramas e gráficos. Pois a análise bibliográfica do livro de pagamentos de Spineux é o primeiro registro preciso de produção e renda entre trabalhadores pré-industriais.

Passemos, assim, diretamente às principais conclusões que consegui extrair de meus sacrifícios estatísticos.[15] Torna-se claro, em primeiro lugar, que o quadro de funcionários se alterava em ritmo vertiginoso. Quase metade da força de trabalho era substituída ao longo de um semestre, e a oficina, como um todo, raramente era a mesma de uma semana para outra: os homens iam e vinham a esmo, ao sabor da disponibilidade irregular de empregos ou de seu "capricho", como diria Offray. Por vezes, podiam ser vitimados pelo "capricho" do patrão, pois ninguém lhe negaria tal direito, já que os trabalhadores o possuíam. Seria enganoso extrair médias de um padrão tão lotérico, mas parece que os operários podiam enquadrar-se em dois grupos principais: os transitórios, que geralmente ficavam menos de seis meses com a STN, e os regulares, que permaneciam por um ano ou mais. Os "regulares" tendiam a ser mais velhos e casados, embora houvesse alguns jovens no grupo. Se fossem compositores, identificavam-se com tarefas específicas: por exemplo, Bertho, um veterano, comandou a maior parte da composição tipográfica da *Encyclopédie* por 88 semanas — e deixou a STN tão logo foi impresso o último volume. Desse modo, os dados estatísticos confirmam a ênfase em tarefas — *ouvrage* ou *labeur*, no jargão dos impressores — que ressaltam, tão vigorosamente, as cartas dos operários.

Em segundo lugar, investigando o trabalho global de composição e impressão num período de cinco meses em 1778, pôde-se perceber como o capataz lidava com o suprimento irregular de mão de obra. Os impressores, no fluxo do trabalho, dependiam do serviço dos compositores. Assim, se diversos compositores deixassem abruptamente a STN, um número proporcional de impressores teria de ser demitido. Na semana que terminou a 10 de outubro, três compositores abandonaram a editora, reduzindo o tamanho da *casse* de treze para dez trabalhadores; o capataz fez um corte, na *presse* (equipe de impressão), de vinte para doze operários. A produção total declinou pela metade. Uma nova encomenda, e uma nova infusão de compositores, revertiam o processo — como aconteceu de 5 a 19 de setembro, quando a *casse* cresceu de nove para doze trabalhadores e a *presse*, de treze para dezoito. A produção dobrou. O gráfico de mão de obra e produtividade é extraordinariamente acidentado; salta e mergulha dramaticamente de semana para semana, sugerindo que administrar mão de obra era ofício de malabarista, desempenhado a alto custo humano e econômico.

Em terceiro lugar, é possível determinar a produção e a renda individuais de cada trabalhador. Também aqui o padrão exibe enorme variedade, de trabalhador para trabalhador e no comportamento desses mesmos trabalhadores de semana para semana. Os tipógrafos pertenciam à assim chamada, talvez um tanto temerariamente, "aristocracia do trabalho": eram artesãos qualificados, ganhando duas vezes mais que operários comuns. Quando tinham serviço, podiam levar para casa 100 *batz* de Neuchâtel ou 15 *livres tournois* por semana — o suficiente para sustentar uma família; e bem mais que o salário de operários têxteis, pedreiros e carpinteiros na França. Frequentemente, contudo, ganhavam menos do que podiam ganhar, e não por escassez de trabalho; escolhiam deliberadamente fazer menos.

Na semana de 3 de outubro, por exemplo, a produção de um compositor, Tef, caiu pela metade (de 92 para 46 *batz*). A de outro, Maley, aumentou um terço (de 70 para 105 *batz*). Cada qual tinha bastante material para compor, mas preferiam fazê-lo em seu próprio ritmo, com ímpetos irregulares. Tais irregularidades eram mais pronunciadas entre o pessoal das impressoras. Chambrault e seu parceiro ganharam 258 *batz* e fizeram 18 mil impressões na semana de 13 de junho; mas nas duas semanas subsequentes sua produção afundou — primeiro para 12 mil e depois para 7 mil impressões. Sua renda combinada escorregou de 172 para 101 *batz*. Durante outro período de três semanas, a produção de Yonicle e seu companheiro subiu de 12 525 para 18 mil e depois para 24 mil impressões; seus rendimentos, de 258 para 344 *batz*. No auge da produtividade, fizeram quase o dobro do que faziam nas semanas ruins, e bem mais que o triplo das turmas mais vagarosas. A maioria das turmas trabalhava, a maior parte do tempo, abaixo de sua capacidade. Só raramente as quedas de produtividade podiam ser atribuídas a feriados ou a algum declínio no fornecimento de trabalho. Os homens reduziam o ritmo, ou o interrompiam completamente, para se divertir na *débauche*, velha tradição no ofício tipográfico. Ao menos é o que sugere a seguinte nota dos registros da Tipografia Plantiniana* de Antuérpia, datada de 11 de junho de 1564: "O dito Michel foi para o bordel e lá permaneceu domingo, segunda, terça e quarta-feira; depois, na manhã de quinta, voltou para dormir num baú no quarto que normalmente habitava".[16]

Embora não forneçam detalhes tão generosos sobre os métodos empregados por seus trabalhadores para gastar o tempo livre, os documentos da STN mostram que havia, sem dúvida, dinheiro e tempo para gastar. Os operários *en conscience*, que recebiam por hora trabalhada, eram considerados mais confiáveis na oficina, como indica o próprio nome que lhes davam. Mas os registros de frequência provam que mesmo eles tinham certa dificuldade em cumprir uma semana inteira de seis dias. M. Pataud trabalhou *en conscience*, por cinco semanas, no verão de 1778. Na primeira semana compareceu cinco dias; na segunda, cinco; na terceira, seis; na quarta, seis; e na quinta, três. Os exemplos multiplicam-se indefinidamente; mas, não importa como utilizemos os dados do livro de pagamentos, sempre se encontrarão padrões irregulares — duração, ritmo, organização, produtividade e remuneração.

Se compararmos os dados estatísticos às atitudes expressas nas cartas, o padrão principia a se tornar significativo. As duas evidências, embora de tipos diferentes, mutuamente se completam, insinuando o caráter básico do trabalho — tal e qual o vivenciavam e compreendiam os próprios trabalhadores. Antes, contudo, de pular para as conclusões, gostaria de levar em conta uma terceira variedade de evidência, que poderia ser chamada "cultural", na acepção antropológica do termo: refiro-me a informações relativas a tradições, costumes e folclore do ofício gráfico. Delas dispomos em boa quantidade, espalhadas por manuais e memórias de impressores — especialmente as de Benjamin Franklin e Nicolas Restif de la Bretonne. A fonte mais rica, porém, é *Anecdotes typographiques*, de Nicholas Contat, um compositor parisiense que relatou sua gloriosa ascensão de aprendiz a capataz numa oficina da rue Saint-Séverin nas décadas de 1730 e 1740. A descrição de Contat dos métodos de contratação, administração e pagamento de operários em muitos aspectos combina com o retrato que emerge dos papéis da STN. Mas acrescenta uma nova dimensão ao retrato, pois é plena de informações acerca da cultura da oficina de impressão e, em particular, de três temas reveladores: rituais, jargão e piadas.

Atribuindo suas experiências a um fictício rapazinho chamado Jérôme, Contat descreve grande quantidade de cerimônias, principalmente festas religiosas como as de são Martinho e de são João Evangelista, mas põe especial ênfase nos rituais que marcavam o progresso de um aprendiz na oficina. Quando Jérôme uniu-se à equipe de trabalho, foi submetido a um rito chamado *la prise de tablier*, ou recebimento do avental. Teve de pagar 6 *livres* (cerca de três dias de salário de um bom oficial) à *chapelle*, ou organização da oficina. Os oficiais também contribuíram com pequenas quantias (*la reconnaissance*, assim eram chamadas) e dispararam rumo a *Le panier fleury*, um dos *bistrots* frequentados por impressores na rue de la Huchette. Lá, os colegas, canecas desbordando de vinho, reúnem-se em torno de Jérôme e do capataz, no centro do salão. O subcapataz aproxima-se carregando o avental de impressor, seguido por dois *anciens*, um para cada "estado" da oficina — a *casse* e a *presse*. O capataz profere bela e mimosa alocução e coloca o avental sobre o rapaz, atando os cordões por trás. Então o auditório prorrompe em aplausos, bebe à saúde do novato, e este, recebendo sua caneca, junta-se à bebedeira.

Para completar a cerimônia, atiram-se a um banquete pantagruélico, que já os espera a um canto do salão. Nos intervalos em que as mandíbulas não estão ocupadas em triturar porções formidáveis de carne e pão, tagarelam ruidosamente... e as *Anecdotes* servem fatias da saborosa parolagem: "'Não é verdade', diz um, 'que os impressores sabem como engolir? Tenho certeza de que se alguém nos apresentasse a um carneiro assado, grande quanto quiserdes, não deixaríamos para trás senão os ossos...'. Não debatem filosofia nem teologia; muito menos política. Cada um garganteia de seu trabalho: um fala da *casse*, outro da *presse*, este do tímpano, aquele, dos entintadores. Berram todos ao mesmo tempo e não se importam se os ouvem ou não". Só se separam ao amanhecer — bêbados, mas cerimoniosos até o fim: "*Bonsoir, M. notre prote; bonsoir Messieurs les compositeurs; bonsoir Messieurs les imprimeurs; bonsoir Jérôme*". O texto então explica que Jérôme será chamado pelo primeiro nome até ser aceito como um autêntico oficial.[17]

Esse momento chega quatro anos mais tarde, após vários trotes e duas cerimônias intermediárias: *Admission à l'ouvrage* e *Admission à la Banque*. A forma das cerimônias é a mesma — celebração com comida e bebida, com o pagamento correndo por conta, em grande parte, do iniciado. Desta vez as *Anecdotes* fornecem um resumo do discurso dirigido a Jérôme: "O neófito é doutrinado. Dizem-lhe para nunca trair os colegas nem colaborar para a diminuição dos salários. Se um operário recusar um preço [por uma tarefa] e deixar a oficina, ninguém, no estabelecimento, deve executar o serviço por preço menor. Eis as leis entre os trabalhadores. Recomendam-lhe fidelidade e probidade. O trabalhador que delatar outros que imprimam coisa proibida, chamada *marron*, deve ser expulso, com ignomínia, da oficina.

Os trabalhadores o [colocam na lista negra] e enviam circulares a todas as oficinas de Paris e das províncias... Fora isso, tudo é permitido: a bebedeira é considerada uma virtude, a galanteria e a devassidão loucuras da mocidade, o endividamento sinal de esperteza, a irreligiosidade prova de sinceridade; o território é livre e republicano, pleno de liberalidade; vive como quiseres, mas sê um *honnête homme*, nada de hipocrisia". Em suma, Jérôme incorpora um éthos claramente articulado; parece a anos-luz do ascetismo leigo de Max Weber e da disciplina de trabalho da fábrica moderna. E então recebe um novo nome: deixa de lado o Jérôme e se torna "Monsieur" — ou seja, ocupa um novo *état* ou estado social. Atravessara um rito de passagem, na mais estrita acepção antropológica do termo.[18]

Naturalmente, nesse ínterim aprendera um ofício. Muitas das *Anecdotes* abordam os meios por que o aprendiz adquire perícia na composição tipográfica e na imposição de fôrmas. O relato contém até um glossário para socorrer o leitor atarantado com detalhes técnicos. Vista de perto, contudo, a linguagem do ofício é mais um jargão que uma terminologia, e sugere a atmosfera em que o trabalho era executado e as maneiras de fazê-lo. O jargão concentra-se, basicamente, em seis temas.

1) *Cerimônias*. Além das de *bienvenue, banque* e *reconnaissance*, os trabalhadores celebravam *la conduite* (festa de despedida para um companheiro a caminho do *tour de France*) e *le chevet* (pagamento que um oficial fazia à companhia, *chapelle*, quando se casava).

2) *Gracejos pesados*. O trabalho era frequentemente interrompido por uma *copie* (imitação burlesca de algum incidente na vida da oficina), *joberie* (piada, zombaria), *pio* (lorota) ou *une bonne huée* (arruaça).

3) *Comes & Bebes*. Termos como *fripper* (comer), *prendre la barbe* (embebedar-se), *une manche* (embriaguez parcial) e *faire*

la déroute (improvisar palhaçadas na estalagem) sugerem trânsito intenso entre a oficina e a taverna.

4) *Violência.* A julgar por expressões especializadas, como *prendre la chèvre* (perder as estribeiras), *chèvre capitale* (acesso de fúria incontrolável) e *se donner la gratte* (engalfinhar-se), não era incomum a oficina irromper em pancadaria.

5) *Apuros.* Um trabalhador podia *promener sa chape* (perder o emprego), *emporter son Saint-Jean* (ir embora com as ferramentas, que recebiam o nome do santo padroeiro do ofício), *faire des loups* (acumular dívidas) ou *prendre à symbole* (comprar fiado); mas parecia sempre em apuros pecuniários. Se fosse a *la petite porte* (o ouvido do patrão), era ou puxa-saco ou traidor, e dessa vez seus apuros seriam prazerosamente providenciados pelos próprios companheiros.

6) *Natureza do trabalho.* Naturalmente, havia copiosas expressões para designar estragos e erros: *pâté* (empastelamento), *coquille* (erro grosseiro), *moine* (deixar de imprimir alguma coisa), *bourdon* (repetir um erro). Reconheciam as principais divisões da oficina, fazendo distinção entre *singes* (macacos, ou compositores) e *ours* (ursos, ou impressores; um aprendiz de impressor era *le oursin*). Referiam-se a *la casse* e a *la presse* como estados separados. E usavam *labeur* e *ouvrage* para transmitir a noção fundamental dos serviços por tarefa que executavam, em contraste com a acepção moderna desses termos (ser contratado, em caráter mais ou menos permanente, por uma empresa).[19]

Desenvolveram, também, um repertório particular de gestos e piadas. As mais elaboradas assumiam a forma de *copies*, paródias burlescas destinadas a botar a casa abaixo com explosões de gargalhadas e música rude (*bais* e *huées*). A melhor *copie* presenciada por Jérôme na oficina foi realizada por um companheiro aprendiz, Léveillé, dotado de talento sobrenatural para a imitação. Esses rapazes tinham de madrugar diariamente, e no entanto o patrão os escorchava até tarde da noite, só então os autorizando a se recolherem ao cubículo miserável que ocupavam no sótão. Concluíram que eram tratados como animais — pensando bem, ainda pior; e espiaram invejosamente a mascote da casa, uma gata roliça e preguiçosa chamada *la grise*. Parece que a moda dos gatos se alastrara entre os chefes de gráficas parisienses; um deles possuía 25. Mandara fazer seus retratos e alimentava-os com galinha assada. Jérôme e Léveillé não comiam senão as sobras da mesa do patrão; mas *la grise* recebia os melhores petiscos do prato da patroa. Certa madrugada, Léveillé decidiu que se fartara de tão clamorosa injustiça. Esgueirou-se pelo telhado até a janela do quarto do patrão, sob a qual se pôs a arremedar gemidos e miados tão enérgicos que acabou por acordar o *bourgeois* e a *bourgeoise*. Com uma semana desse tratamento, o chefe concluiu que um bando de gatos vagabundos fizera pacto com o diabo para atazaná-lo. Isto posto, incumbia solenemente os rapazes de caçá-los sem tréguas. Os aprendizes aceitaram de bom grado; "se os patrões adoram gatos, nós, em consequência, devemos odiá-los".

Puseram-se alegremente a empreender um massacre de gatos. Empunhando ferramentas da oficina, distribuíram cacetadas em quantos felinos encontraram — a começar por *la grise*. Enfiaram os bichos agonizantes em sacos e empilharam-nos no pátio, onde encenaram um ruidoso julgamento. Designaram guardas, nomearam um confessor e pronunciaram a sentença; e afastaram-se, rindo a bandeiras despregadas, enquanto um carrasco caricato despachava os condenados num patíbulo improvisado. A patroa foi apurar as causas de tamanho alarido; julgou reconhecer a pobre *la grise* numa gata lamurienta e estrebuchante e expediu um berro lancinante. O patrão disparou em seu socorro. Lamentavelmente, contudo, a ordem da hecatombe dele partira; nada podendo fazer para confortar a soluçante esposa, desforrou-se repreendendo vigorosamente os sanguinários e ordenando que voltassem

176

já e já ao trabalho. A cena se conclui com a heroica retirada do *bourgeois*, amparando a dama inconsolável, tudo sob nova trovoada de gargalhadas. O episódio incorporou-se às tradições da oficina. Meses depois, Léveillé ainda o reencenava numa espécie de rotina de vaudeville, a *copie* de uma *copie*; era um alívio cômico para a oficina, sempre que o trabalho se tornava aborrecido.

Encerrada a exibição, os trabalhadores expressavam sua satisfação esfregando os componedores pelos estojos de tipos, batendo os martelos contra as ramas e balindo como cabras. Tinham feito o patrão "amarrar o bode", haviam-no feito *prendre la chèvre*. Além de apreciar barulho e piadas, os operários detestavam patrões: "Os trabalhadores estão coligados contra os patrões; basta criticá-los para ganhar a estima de toda a assembleia dos tipógrafos".[20]

É evidente que piadas não são inocentes. Esta parece um caso particularmente significativo. A *copie* de Léveillé demonstra a intensidade com que os trabalhadores embirravam contra o *bourgeois* e seu modo de vida, inteiramente estranho para eles — não era apenas uma questão de riqueza e poder, mas de sensibilidades incompatíveis. O prazer de afagar mascotes era tão incompreensível para os artesãos quanto a crueldade com animais era chocante para os patrões. O elemento ritual da crueldade requer atenção; os rituais eram abundantes na cultura popular do Ancien Régime, especialmente em períodos festivos como o Mardi Gras (terça-feira gorda), quando as classes inferiores subvertiam a ordem habitual com cerimônias burlescas que geralmente incluíam, como ponto culminante, alguma paródia de execução pública. Condenando os gatos ao carnífice, os impressores simbolicamente julgaram os patrões, desafogando ressentimentos em sintomática mistura de teatro de rua, carnaval e estridente caça às bruxas.

As conclusões a serem tiradas do material examinado poderiam parecer um tanto impressionistas; mas sublinham, em primeiro lugar, o específico e o concreto — as ferramentas de trabalho, as conversas sobre serviços virtualmente disponíveis, um interesse generalizado pelo aqui e agora e pelo mundo cotidiano dos objetos familiares e das relações mais imediatas. Os trabalhadores alfaiavam esse mundo com cerimônias, animavam-no com piadas; o trabalho, em decorrência, era envolto por rituais coletivos, ritos de passagem e divertimentos. Não havia linhas demarcadas entre ofício e prazer, ou entre o trabalho e o que hoje se considera "lazer", fenômeno inexistente no século XVIII, quando os homens mesclavam profissão e diversão indiscriminadamente ao longo de uma jornada que se estendia por doze, quatorze ou dezesseis horas.

Ao mesmo tempo, as piadas e o jargão enfatizavam a instabilidade e a irregularidade desse tipo de trabalho — violência, embriaguez, empobrecimento, abandono ou perda de emprego. Trabalho era *labeur*. Era basicamente exercido por tarefa e de modo intermitente; dificilmente um operário contaria com emprego regular numa única tipografia. As tradições do ofício confirmam o padrão de alta rotatividade que se pode ver nos livros de pagamento, e a ênfase a *les voyages* que emerge da correspondência dos patrões. Perambulando de um serviço para outro, os homens não se identificavam com alguma classe, comunidade ou firma — mas com o próprio ofício. Consideravam-se oficiais impressores, não simples operários. Falavam sua própria linguagem, veneravam seu próprio santo (ao menos em países católicos), frequentavam suas próprias tavernas e empreendiam seu próprio *tour de France*. Essa fraternidade de companheiros não se interrompia sequer aos domingos: iam flanar pelas estalagens campestres, por vezes divididos conforme seus estados. A *casse* formava um grupo, a *presse*, outro. Eventuais encontros com grupos rivais de sapateiros e pedreiros costumavam ser belicosos. Os impressores definiam-se em oposição a outros ofícios — e também em oposição aos patrões. Se as tradições e o éthos da profissão, altamente desenvolvidos, impediam-nos de solidarizar-se com o conjunto dos trabalhadores, nem por isso deixavam de exprimir, contudo, forte hostilidade pelo *bourgeois*. A tipografia não funcionava em clima de família unida e calorosa. Era um pequeno mundo intenso e explosivo. Para reconstruir esse mundo, fiz algumas tentativas. Medi o trabalho em termos estatísticos. Busquei descobrir as atitudes de patrões e operários em relação a esse trabalho. Quis verificar como isso tomava corpo numa cultura de ofício. Os três elementos ajustam-se, revelando o significado do trabalho para um grupo particular de trabalhadores: os oficiais impressores da França e da Suíça no século XVIII. Outros homens, noutros ofícios, e a grande massa de trabalhadores sem especialização, talvez compreendessem seu trabalho de maneira diferente: essas experiências devem ter variado enormemente. Mas se o material aqui exibido, embora particularíssimo, admite alguma generalização, sugere que o trabalho pré-industrial tendia a ser irregular e instável; específico por ofício; executado por tarefa; coletivo em sua organização; individual em seu ritmo. Todas essas características distinguem-no, como fenômeno geral, do trabalho na era industrial. Observando as operações de uma oficina tipográfica, vemos o quanto mudou um elemento fundamental da condição humana. Essas mudanças, para o bem e para o mal, separam-nos dos esquecidos colaboradores da literatura do século XVIII, os homens que materializavam os livros.

6. Leitura, escrita e atividade editorial

A história da literatura tende, inevitavelmente, ao anacronismo. Cada época reconstrói a experiência literária em seus próprios termos. Cada historiador reordena o catálogo dos clássicos. A literatura, enquanto isso, rejeita as tentativas de imobilizá-la no interior de esquemas interpretativos. Tal como a biblioteca de Walter Benjamin,[1] prefere ser um estado de espírito, sempre passível de rearranjos e reorganizações. Mesmo assim, esse conceito de história literária, como fluxo e refluxo infindável das grandes obras, parece um tanto insatisfatório. Se alguém fizesse sortimento de grande quantidade de livros, ao longo de um bom espaço de tempo, acaso poderia extrair padrões gerais da experiência do contato com a palavra escrita? A questão pertence aos domínios da sociologia, ou da história social da literatura. Daniel Mornet tentou enfrentá-la, setenta anos atrás, limitando-se a perguntar: o que os franceses liam no século XVIII?

Pensou encontrar a resposta inventariando os títulos de quinhentos catálogos de bibliotecas particulares; a maioria fora impressa para venda em leilões, na região de Paris, entre 1750 e

1780. Só descobriu *um* exemplar do *Contrat social*, de Rousseau. Apurou também que as bibliotecas do século xviii continham percentagem surpreendentemente baixa de outros clássicos do Iluminismo. Ao contrário, suas prateleiras curvavam-se ao peso de obras escritas por homens e mulheres que a história esqueceu: Thémiseul de Saint-Yacinthe, Mme. de Graffigny e Mme. Riccoboni. Os bibliófilos do século xviii dividiam a literatura em "antes" e "depois" de Clément Marot. Quando liam os *philosophes*, era o Voltaire de *La henriade* e o Rousseau de *La nouvelle Héloise*.[2]

Coincidindo ironicamente com a abordagem feita pelos "grandes livros" ao estudo da civilização, a pesquisa de Mornet nocauteou alguns pilares do Iluminismo. No mínimo abriu um rombo na sólida e tradicional opinião de que o *Contrat social* aplainara o caminho para Robespierre; os continuadores de Mornet, desde então, tentaram alargar a brecha.[3] Mas os especialistas em Rousseau não ficaram de braços cruzados; trataram de reparar parte do dano, impugnando as evidências apresentadas pelo iconoclasta. Por que bibliotecas particulares, indagaram, importantes a ponto de ter catálogos impressos, deviam ser tomadas como indicação do sucesso de um livro junto ao público comum e sem dinheiro? Salientaram, adicionalmente, que a mensagem do *Contrat social* estava disponível para o público de muitas maneiras. Através da versão reduzida que o próprio Rousseau fizera no livro v do popularíssimo *Émile*. Das numerosas edições e reedições de suas obras completas. Ou ainda de edições lançadas na última e momentosa década do Ancien Régime, não atingida pelos estudos de Mornet.[4] Além disso, Mornet pelo visto ignorara um detalhe fundamental: catálogos de leilões eram censurados antes de serem impressos.[5] Assim, concluíam, triunfantes, o caso de Rousseau continuava sem provas, a favor ou contra.

Seja como for, Mornet levantou alguns problemas essenciais, que mal começam a ser estudados. Qual o caráter da cultura literária sob o Ancien Régime? Quem produzia livros no século XVIII? Quem os lia? Que livros eram esses? Impossível situar o Iluminismo em qualquer contexto sociocultural antes de responder a essas perguntas; e isso não se fará com recurso aos métodos consagrados.

A tentativa mais influente de formular nova metodologia partiu de Robert Escarpit, com a obra *Sociologie de la littérature* (Paris, 1958).[6] Como já indica o título, Escarpit, diretor do Centre de Sociologie des Faits Littéraires, em Bordeaux, quis definir os objetos e métodos de um novo ramo da sociologia. Estudou os livros enquanto agentes de um processo psicológico, o da comunicação entre escritor e leitor; a seguir, examinou-os enquanto mercadorias que circulam num sistema de produção, distribuição e consumo. Concentrou-se, mais adiante, no estudo do escritor, que desempenha papel crucial, quer no circuito de troca psicológico, quer no econômico. Os autores de livros formam segmento especialíssimo da população sujeita às leis demográficas normais, argumentou ele; e, com base nessa premissa, encetou uma história demográfica da atividade literária.

Para recensear a população literária, Escarpit começou pelas páginas finais do *Petit Larousse*, debruçou-se sobre bibliografias e dicionários biográficos; e conseguiu uma lista de 937 escritores nascidos entre 1490 e 1900. Projetou o material assim recolhido num gráfico que ocupa duas páginas de seu livro; nele, o *fait littéraire* aparecia em termos de oscilação do número de escritores com menos de quarenta anos. O gráfico mostrou que a proporção de escritores jovens subiu após as mortes de Luís XIV, Luís XV e Napoleão. O Édito de Nantes também coincidiu com uma ascensão de jovens, abruptamente interrompida com o triunfo de Richelieu e, depois, por ocasião da derrota da Fronda. Para Escarpit, a conclusão era clara: os eventos políticos determinam a demografia literária. Confirmou tal interpretação através de uma

182

referência à Inglaterra, onde a Invencível Armada espanhola produziu um *vieillissement* (envelhecimento) dos escritores, apenas superado após a morte de Jaime I.

É um espetáculo sedutor, esse ajuste da população literária a batalhas, éditos, revoluções e nascimentos de soberanos. Mas também deixa o leitor confuso. Deve-se acreditar que algum tipo de controle de natalidade intelectual apoderou-se da república das letras? Limitariam os escritores sua população por motivo de lealdade à Boa Rainha Bess, Elisabeth I (e a Vitória, também)? Ou seria o *vieillissement* a maldição por eles lançada sobre as rainhas? Teriam os jovens ingleses começado a escrever apenas para atormentar a vida de S. Majestade Real Carlos I, ou os franceses deixado de fazê-lo como protesto contra Luís XIV? Se quisermos ignorar qualquer motivação consciente, por que os escritores jovens diminuíram após a ascensão de Luís XIV e aumentaram após a de Luís XV e a de Luís XVI? E por que o nascimento e a morte de governantes teriam tamanha importância demográfica — mais, até, que as revoluções de 1789 e 1848? Estas não perturbam as ondulações do gráfico de Escarpit; mas 1830, ano em que Luís Filipe, o "rei burguês", subiu ao trono da França, figura como um grande ponto de viragem, não se sabe exatamente por quê.

As respostas poderiam encontrar-se entre as deficiências da estatística de Escarpit. É amostragem bem pouco densa 937 escritores em 410 anos — em média, 2,3 escritores por ano. Adicionar ou subtrair um único indivíduo acarretaria variação, no gráfico, de 5% ou mais. Apesar disso, Escarpit faz afirmações de peso — sua distinção, por exemplo, entre um movimento romântico jovem e a meia-idade da vida literária sob o Império. Mais importante: Escarpit não tinha a menor ideia de quantos escritores haviam ficado de fora da contagem. Evidentemente acreditou que algumas dezenas de homens (Lamartine e mais 23, no caso dos primeiros românticos) pudessem representar, demograficamente, toda uma geração literária. Em sentido inverso, uma quantidade menor de indivíduos poderia muito bem representar novas tendências estilísticas ou algum novo movimento cultural — mas não fenômenos passíveis de ser analisados demograficamente, como o conflito de gerações ou o ajustamento da população aos recursos disponíveis.

Escarpit atribuiu as diferenças sociológicas entre as literaturas dos séculos XVIII e XIX a dois fatores: "provincialização" e profissionalização. Detectou uma *alternance Paris-province* rítmica ao rastrear as origens geográficas dos autores que selecionara. Mas o argumento geográfico padece dos mesmos sofismas estatísticos do demográfico, e Escarpit não conseguiu provar que a Paris de Balzac dominasse a literatura francesa mais que a Paris de Diderot. No caso da profissionalização, as conclusões parecem melhor fundamentadas. Escarpit elaborou duas tabelas estatísticas para mostrar que havia mais profissionais de classe média, vivendo inteiramente da pena, no século XIX que no século XVIII. Mas esse argumento não recebe nenhuma ajuda da tabela dos escritores do século XVIII, cujas percentagens, somadas, resultam em 166%.[7]

Para este caso, os dados estatísticos de Escarpit provêm de *The French Book Trade in the* Ancien Régime (O comércio de livros na França sob o Ancien Régime), de David Pottinger, que é outro exemplo de estudo quantitativo da atividade literária. Pottinger compilou dicionários biográficos em busca de informações sobre seiscentos "escritores" que viveram entre 1500 e 1800. Classificou-os em cinco categorias sociais — clero, nobreza de espada, alta, média e pequena burguesias —, aparentemente concluindo que os autores sob o Ancien Régime pertenciam, de forma predominante, à nobreza de espada e à alta burguesia. A conclusão, outra vez, é mais convincente que a estatística: Pottinger destruiu a representatividade da amostragem ao eliminar 48,5% dos escritores sob a justificativa de não ter podido identificar-lhes a origem social. Esse procedimento cirúrgico-estatístico fez com que uma análise social que abrange três séculos fosse sustentada pela minguada média de *um* autor por ano. E Pottinger parece também ter se enganado na avaliação de alguns indivíduos. Restif de la Bretonne, por exemplo, foi colocado na categoria do "Primeiro Estado" por ser irmão de um membro do clero. A maioria dos outros dezesseis autores enquadrados na mesma categoria tinham ou parentes ou protetores clericais. Mas quem, sob o Ancien Régime — afora os camponeses —, não os teve? As demais categorias não são muito mais sólidas. Promoveu, por sua conta e risco, todos os escritores com algum passado militar à nobreza de espada; e colocou professores, boticários, arquitetos e qualquer um "capaz de ser identificado com o direito, ou como ocupante de posições semilegais no Estado",[8] na categoria da alta burguesia. Esse método classificatório perigaria inserir na cúpula da sociedade muitos subliteratos que, embora não vivessem de modo muito diverso do *neveu de Rameau*, se autoproclamavam advogados e até se inscreviam na ordem de Paris. De qualquer forma, é quase impossível delimitar estratos como "alta", "média" ou "baixa" burguesia: há anos os historiadores sociais tentam chegar a um acordo sobre a definição de "burguesia"; sem dizer que uma definição de estratificação social válida para o século XVI poderia ser catastrófica se aplicada ao século XVIII.

Que conclusões, então, tirar das tentativas de análise da atividade literária pela história quantitativa? Absolutamente nenhuma. Nem Escarpit nem Pottinger exibiram provas capazes de demonstrar que o punhado de homens por eles escolhido para representar a população literária de um dado período fosse realmente representativo — e tampouco poderiam fazê-lo, pois primeiro cumpriria recensear *todos* os escritores do Ancien Régime, por exemplo, para só então escolher os representantes. Nenhum censo do gênero foi, até o momento, realizado; afinal, *quem* é escritor? Alguém que escreveu um livro? Alguém que depende da escrita para viver? Alguém que reivindica tal título? Ou alguém a quem o título foi concedido pela posteridade? A confusão de conceitos e a deficiência de dados fizeram com que esse ramo da sociologia definhasse antes de produzir frutos. Mas a sociologia da literatura não deve paralisar-se, nem esmorecer à primeira tentativa malsucedida. E talvez os dados estatísticos sobre a leitura sejam mais proveitosos que os obtidos sobre os escritores — desde que possamos modernizar Mornet.

Mornet já mostrara que um obstáculo fundamental para compreender a cultura literária do Ancien Régime era nossa incapacidade em responder a uma pergunta essencial: o que os franceses do século xviii liam? A resposta esquiva-se de nós por não dispormos nem de listas de best-sellers nem de estatísticas sobre o "consumo" de livros no início da Idade Moderna. Os historiadores quantitativos sondaram variadas fontes, esperando acumular informações bastantes para reconstruir, na pior das hipóteses, um esquema geral dos hábitos de leitura do século xviii. De sua predileção pela estatística não se deve deduzir que creiam poder reduzir a experiência interna do leitor a alguma forma numérica, nem avaliar a quantidade em termos quantitativos; tampouco pretendem esculpir um padrão numérico da influência causada pelos livros. Estão devidamente cientes de que os *Principia*, de Newton, ficariam na rabeira de qualquer tabela estatística, por mais rudimentar que fosse. Esperam, apenas, os valentes quantificadores conseguir uma visão global da leitura em geral e por gênero. Um enorme volume de dados já foi compilado em monografias e livros por François Furet, Jean Ehrard, Jacques Roger, Daniel Roche, François Bluche (valendo-se do trabalho de Régine

Petit) e Jean Meyer.[9] Cada qual recorreu a uma destas três fontes: catálogos de bibliotecas particulares, resenhas de livros ou requerimentos dirigidos ao Estado para colher autorização de publicação. O problema da leitura foi, portanto, atacado maciçamente — e por três flancos. Se acaso conseguiram envolvê-lo de modo a evitar que recue; se as longas horas nos arquivos, seguidas de laboriosos cálculos, tiverem extraído um padrão comum de dados — então poderemos afagar a esperança de ver, pouco a pouco, as feições gerais da cultura literária do século XVIII entrando em foco. Antes de verificar se todas as monografias podem ser sintetizadas, cumpre explicar-lhes o caráter, pois cada qual possui suas forças e fraquezas peculiares.

François Furet pesquisou os registros, contidos na Bibliothèque Nationale, dos requerimentos de permissão para publicar livros. Tais requerimentos se dividiam em duas categorias: *permissions publiques* (*privilèges* e *permissions de Sceau*, isto é, seladas com o sinete real), para livros que percorriam os caminhos rituais da censura e da burocracia do Estado, e *permissions tacites*, para livros não sujeitos aos certificados formais dos censores de que eram inofensivos à moral, à religião e ao Estado. Furet contava encontrar um padrão cultural tradicional na primeira categoria e um padrão inovador na segunda; graças à gestão liberal de Malesherbes na diretoria do comércio livreiro, as *permissions tacites* tornaram-se uma saída paralegal para que muitas obras do Iluminismo alcançassem o mercado na segunda metade do século. Que obras se beneficiaram dessa abertura? Quantas? E em que proporção, em relação ao número total de livros, poderiam ser identificadas com o padrão inovador? Furet não pôde dizer. Reconheceu que grande massa não registrada de livros circulava com *permissions simples, permissions de police* ou meras *tolérances*, de acordo com uma escala cuidadosamente graduada de quase-legalidade posta em prática pelo Ancien Régime. Como se não bastasse, os franceses enrustiam quantidades ignoradas de *mauvais livres* (livros "perversos") ou *livres philosophiques*, completamente ilegais, nos calções, nos fundos falsos dos baús e até na carruagem do comissário-geral de polícia de Paris. Assim, a lista oficial de *permissions tacites* não leva muito longe na identificação do padrão inovador.

Os problemas de identificação engrossam quando se procura classificar os títulos inscritos nos registros. Furet adotou o mesmo esquema de classificação usado pelos catálogos do século XVIII: cinco tópicos padronizados — teologia, jurisprudência, história, *sciences et arts* e *belles-lettres* — e uma profusão de subcategorias que levariam qualquer biblioteca moderna à loucura. Para os leitores rococós, os livros de viagens pertenciam à categoria de história, ao passo que a *économie politique* vinha, com certeza, depois da química e da medicina, mas antes da agricultura e da agronomia, na protetora e vasta categoria *sciences et arts*. Mas será talvez desconcertante, para o leitor de hoje, saber que as primeiras obras políticas (da variedade *permissions publiques*) eram "quase todas manuais de prática do comércio".[10] Como poderão as estatísticas, assim, satisfazer o desejo irreprimível do leitor de apurar se as leituras dos franceses no século XVIII foram ficando do progressivamente mais politizadas? Intrometer curiosidades do século XX nos limites das categorias classificatórias do século XVIII pode ser coisa desorientadora. Pobre do pesquisador que tenta encaixar o Iluminismo num retrato global da leitura sob o Ancien Régime.

Furet, por último, afrontou o problema dos dados incompletos. Os requerimentos para impressão de livros não indicam quantos exemplares foram impressos, nem o número de volumes, datas, locais e grupos sociais envolvidos em sua comercialização. Excetuando os casos de renovação de privilégios, os best-sellers são democraticamente tratados com os mesmos ritos dedicados aos livros fracassados; não se sabe sequer se os requerentes os publicaram. E, naturalmente, os requerimentos nada informam sobre compra e leitura dos livros.

Para compensar tais deficiências, Furet fez ampla varredura estatística nos 30 mil títulos registrados entre 1723 e 1789. Extraiu seis amostragens dos dados e empreendeu análise meticulosa o bastante para mapear certas tendências gerais sem simular, contudo, um conhecimento detalhado da topografia literária do século XVIII. Reduziu seus achados a gráficos de colunas, divididos segundo as categorias do século XVIII. Os gráficos revelam um declínio das obras teológicas e um aumento das científicas, coisa suficiente para apoiar a conclusão geral a que chegou: a *désacralisation* do mundo. Reforçam, igualmente, a convicção de Mornet de que a cultura clássica e tradicional, herdada do século XVII, tinha mais peso que os elementos esclarecidos do século XVIII. Mas a dispersão de tais elementos é demasiado fortuita para termos um perfil quantitativo do Iluminismo.

Quantificando resenhas de livros, Jean Ehrard e Jacques Roger quiseram medir a leitura do século XVIII com um padrão inaplicável aos dados de Furet. Tentaram apurar os gêneros mais em voga, tomando por base os livros que mereceram artigos críticos — e a extensão desses artigos — em dois jornais sérios, de "qualidade": *Journal des Savants* e *Mémoires de Trévoux*. Os dados que recolheram abrangem aproximadamente os mesmos períodos de Furet; são distribuídos nas mesmas categorias; e fornecem conclusões complementares. Aumentou o interesse por obras científicas (os pesquisadores situam esse interesse mais no início do século XVIII). Declinou a teologia. E persistiram "formas tradicionais de literatura".[11] Pena que não fizeram esforço algum para confrontar seus resultados com os de Mornet. Este formulara um estudo cuidadoso das resenhas do *Mercure*, concluindo que não tinham relação alguma com a real popularidade dos romances.[12]

Suas descobertas poderiam ser corroboradas por meio de consulta mais ampla das evidências literárias disponíveis, porquanto o jornalismo do século XVIII era mais propenso a refletir os interesses dos jornalistas que os dos leitores. Os jornalistas do Ancien Régime abriam caminho encarniçadamente num mundo de *cabales, combines* e *pistons* (para usar termos que a necessidade foi forçada a cunhar na turbulenta república francesa das letras); sua produção ostentava as marcas da luta pela sobrevivência. Assim, o *Journal des Savants* estampara copiosos artigos médicos no começo do século, mas isso não correspondia a um insuspeitado interesse pelo tema entre os leitores — que, ao contrário, guardaram-se sabiamente de comprar "esse triste repertório de moléstias". O governo assumira o controle do jornal e depois o cedera a uma *cabale* de médicos que passara a usá-lo para impor as próprias concepções de medicina.[13]

Ehrard e Roger tentaram proteger seus dados estatísticos do impacto desses incidentes, analisando um grande número de resenhas; no caso do *Journal des Savants*, pesquisaram artigos críticos relativos a 1800 obras. Mas é difícil tirar conclusões desses dados, e mais difícil ainda coordená-los com outros estudos. Que conclusões extrair, por exemplo, do fato de o *Journal des Savants*, periódico predominantemente científico, ter reduzido em quase um terço a quantidade de resenhas de obras científicas em fins do século? As críticas do jornal declinaram em todas as subdivisões da categoria *sciences et arts*, mas a categoria *belles-lettres* subiu espetacularmente. Seria temeridade daí deduzir que o público perdera o interesse pela ciência, já que as *permissions tacites* mostravam, nas pesquisas de François Furet, tendência exatamente oposta. Um estudo de três outros jornais, promovido por Jean-Louis e Maria Flandrin, desaguou em resultados que conseguem a proeza de contradizer tanto os de Furet quanto os de Ehrard e

Roger.[14] Os periódicos não parecem boa fonte para se obter informações estatísticas sobre os gostos dos leitores.

Os catálogos das bibliotecas particulares, como assinalou Mornet em primeira mão, poderiam servir melhor à história quantitativa. Mas apresentam dificuldades muito particulares. Pouca gente lê todos os livros que possui; e muita gente, especialmente no século XVIII, lia livros que jamais comprara. As bibliotecas eram montadas ao longo de gerações: longe de representar os gostos de leitura de algum período localizado, eram automaticamente arcaicas. E as bibliotecas do século XVIII sofriam, como se viu, censura antes do leilão, sendo expurgadas de livros eventualmente proibidos. A censura podia cometer seus cochilos (Mornet encontrou 41 exemplares das proibidíssimas *Lettres philosophiques* de Voltaire), mas não há dúvida de que foi influente o bastante para livrar muita obra iluminista do vexame de ser leiloada em hasta pública.

A despeito dessas dificuldades, o estudo de Mornet permanece o mais importante no gênero; abrangeu muitas bibliotecas, quinhentas, e foi capaz de traçar a posição social de boa parte de seus possuidores. Descobriu-os provenientes de variadas posições da classe média alta para cima (muitos médicos, advogados e, em especial, funcionários públicos, bem como clérigos e nobres togados e de espada); e descobriu, também, que os gostos de leitura não correspondiam rigorosamente ao status social. Louis Trenard conseguiu resultados semelhantes em investigação não quantitativa das bibliotecas de Lyon.[15] Mas as aplicações mais frutíferas dos métodos de Mornet se deram em estudos que se concentraram sobre um único grupo social. A de Daniel Roche sobre a biblioteca de Dourtous de Mairan limitou-se, é certo, às leituras de um só homem. Mas Roche apresentou argumentos convincentes em favor desse homem como típico representante do *savant* de segundo time de meados do século XVIII: logo, seus resultados sugerem o caráter geral dos hábitos de leitura no influente círculo dos acadêmicos menores. Recorrendo à pesquisa de Régine Petit, François Bluche estudou as bibliotecas de trinta membros do *Parlement* de Paris, catalogadas entre 1734 e 1795. Conferiu a suas descobertas a forma de um retrato incisivo da cultura parlamentar, mas não de como esta evoluiu no tempo. Sua comparação de catálogos de 1734 a 1765 e de 1766 a 1780 não revela nem declínio de interesse por direito nem aumento de interesse por *belles-lettres* e *sciences et arts*, como sustentou o autor; as diferenças estatísticas são triviais — nada acima de 1%. Mas suas conclusões se ajustam, com razoável precisão, às obtidas por Jean Meyer, que investigou as bibliotecas de vinte membros do *Parlement* da Bretanha. Meyer baseou suas estatísticas em inventários póstumos de propriedade (*inventaires après décès*), que, como fontes, são mais confiáveis que os catálogos para leilões. Constatou que as obras de literatura "tradicional" preponderavam, ao passo que as iluministas eram pronunciadamente escassas; percebeu, também, com o avanço do século, uma queda na incidência de obras legais e religiosas e um aumento da literatura contemporânea. A história quantitativa parece, desse modo, ter sido útil na definição da cultura da alta nobreza togada.

Terá conseguido avaliar os hábitos de leitura franceses como um todo? A natureza complementar das monografias permite esperanças nesse sentido. Onde uma é deficiente, a outra é bem fundamentada. Furet fez um reconhecimento de todo o terreno, mas conferiu o mesmo peso a todos os títulos; e não se aproximou do leitor do século XVIII. Ehrard e Roger chegaram mais perto, mas sua avaliação da incidência de leitura é imperfeita. Mornet, Roche e Bluche ingressaram nas bibliotecas do século XVIII, mas não tiveram acesso senão aos volumes destinados aos leilões. Se cada monografia cobriu os flancos expostos das outras, todo o tópico poderá ser julgado em condições de entrar em combate. Ou teriam os reforços se misturado desordenadamente, com o que o general se verá compelido a ordenar toque de retirada? Os

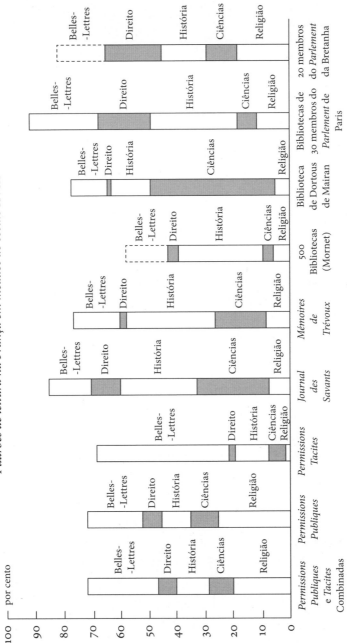

resultados se solidificam ou se contradizem? A questão parece ser importante o bastante para merecer um gráfico.[16]

Pesarosos, seremos forçados a admitir que nenhum padrão pôde ser extraído desse desnorteante mosaico de gráficos. É possível eliminar algumas das congruências: os livros de direito naturalmente ocupam excelente posição nos gráficos dos *parlementaires*, os de ciências no gráfico de Dortous de Mairan, e a teologia entre as *permissions publiques*, em contraste, é óbvio, com as *permissions tacites*. Mas categorias estandardizadas — *belles-lettres*, história e ciências — sofrem variações enormes; e as proporções são ferozmente contraditórias. Se imaginarmos que cada coluna dos gráficos corresponde a uma banhista na praia, e cada faixa tracejada a uma das duas peças do maiô, infalivelmente nos veríamos perante multidão disforme e multicolorida.

Esse "efeito-biquíni" proporcionará certo alívio se considerarmos como as monografias distribuem suas proporções ao longo do tempo. Todas concordam que os franceses liam muitos livros de história — a ponto de tornar insustentável o já desacreditado mito de um século XVIII a-histórico —, e os leram em quantidades estáveis ao longo de todo o século. As monografias também indicam que os franceses foram perdendo interesse por literatura religiosa. A leitura de obras científicas provavelmente aumentou; mas pode ser que tenha se mantido estável. E, no geral, certa *désacralisation*, como a chamou Furet, cresceu entre os leitores. Essa tendência, contudo, poderia representar uma aceleração da propensão secularizante iniciada em plena Idade Média; embora tal reconhecimento não nos ajude a aprimorar quaisquer generalizações sobre o Século das Luzes. E não há outra generalização que se possa extrair destes estudos quantitativos.

Talvez seja impossível fazer generalizações acerca da cultura literária global do século XVIII na França. Talvez tal cultura sequer tenha existido. Num reino em que, na década de 1780, cerca de 9 600 000 pessoas possuíam instrução suficiente para assinar o nome,[17] podem perfeitamente ter havido várias camadas culturais. Digamo-lo com mais precisão: diversos públicos leitores. E culturas diversas. Neste caso, recomendar-se-ia aos historiadores quantitativos o abandono da macroanálise da leitura e a concentração em estudos de grupos específicos, como os *parlementaires* de Bluche e Meyer. Usado com certas cautelas, em conjunção com outros tipos de evidência, e relacionado a segmentos claramente definidos da população, esse gênero de história, o quantitativo, tem-se mostrado ferramenta valiosa. Não forneceu, contudo, respostas às abrangentes questões arguidas por Mornet, e não há razão para esperar que tais respostas brotem da multiplicação contínua de monografias.[18]

Mesmo a interpretação de Mornet, porém, está a pedir provas adicionais. Nenhuma das fontes examinadas por ele, ou por seus sucessores, conteria as obras mais modernas; e nenhuma das categorias usadas na investigação poderia ser considerada adequada a um exame do Iluminismo. O problema de confrontar "inércia" e "inovação" (para empregar o vocabulário da escola congregada em torno da revista *Annales**) em estudos dos hábitos de leitura sob o Ancien Régime acaba, sempre, convertendo-se num problema de dados: peneirar estatísticas através de fontes administrativas, jornais censurados, ou expurgados catálogos de biblioteca, é apagar muito do Iluminismo. Não nos admiremos se os historiadores quantitativos julgam o fardo do passado tão pesado; é que boa parte do presente tem de ser excluída da bagagem. Seria cruel concluir que toda essa laboriosa quantificação não nos fez avançar muito além de Mornet, mas persiste o fato de que ainda não sabemos grande coisa acerca dos livros lidos pelos franceses do século XVIII.

Se a sociologia histórica da literatura fracassou em desenvolver sua própria disciplina coerente, e se seu empenho quantitativo ainda não nos supriu de respostas para as questões básicas da leitura e da produção literária do passado, sociólogos e quantificadores demonstraram, contudo, a importância de interpretar a cultura literária do Ancien Régime em termos não apenas literários. Os livros possuem uma vida social e um valor econômico. Todos os aspectos de sua existência — o literário, o social, o econômico e até o político — juntaram-se, com força máxima, na indústria editorial do século XVIII. Assim, a história e a sociologia da literatura poderiam auferir bons lucros do estudo da atividade editorial. Para sugerir algumas entre as possíveis vantagens, recorrerei ao material encontrado nos documentos de editores e noutras fontes congêneres, desejoso de desenvolver três hipóteses de trabalho. Primeira: o que os franceses liam era determinado, em parte, pela maneira através da qual seus livros eram produzidos e distribuídos. Segunda: havia basicamente dois modos de produzir e distribuir livros no século XVIII: o legal e o clandestino. Terceira: as diferenças entre esses dois modos foram cruciais para a cultura e a política do Ancien Régime.[19]

As diferenças ressaltam claramente da comparação dos documentos dos arquivos estatais e dos editores clandestinos. Os livreiros de Lyon, por exemplo, entupiam a Direction de la Librairie de cartas e memorandos proclamando sua devoção à lei;[20] ao mesmo tempo, dirigiam-se aos editores estrangeiros, que lhes forneciam livros ilegais, nos seguintes termos (A. J. Revol, um livreiro lionês, argumenta não estar cobrando nenhuma exorbitância da Société Typographique de Neuchâtel por seus serviços de contrabando):

Arriscamos liberdade, vida, saúde, dinheiro e reputação.

Liberdade porque, sem a intervenção de amigos, poderíamos ser engaiolados por *lettre de cachet*.

Vida porque, tendo diversos recontros com agentes da alfândega, forçamo-los, de armas em punho, a devolver engradados confiscados (certa ocasião, chegaram a ter doze engradados de sua firma em seu poder; sem nossa enérgica atuação, teriam se perdido irremediavelmente para V. Sas.).

Saúde: quantas noites dispendemos, expostos à intempérie inclemente, sob a neve; atravessando rios na estação das cheias; às vezes até no gelo!

Dinheiro: que somas não gastamos, em várias ocasiões, para amaciar o caminho dos carregamentos ou para evitar perseguições e sossegar os ânimos?

Reputação porque viemos a ser conhecidos como contrabandistas.[21]

Centenas de homens como esses faziam funcionar o sistema clandestino que abastecia os franceses de obras proibidas e pirateadas, gênero que jamais se qualificaria à obtenção de *permissions tacites*. Eram esses bucaneiros literários personagens pitorescos. Equipes anônimas de contrabandistas arrastando, esbaforidas, engradados de livros pelas trilhas tortuosas dos montes Jura, tudo em troca de 12 *livres* e uma bebida quente e encorajadora. Mercadores dos dois lados da fronteira desobstruindo os caminhos e distribuindo propinas e livros pornográficos aos agentes do fisco.[22] Carroceiros que levavam engradados para armazéns como o Auberge du Cheval Rouge, fora dos muros de Lyon. Livreiros provincianos liberando os engradados graças aos bons serviços das corporações locais (a 5 *livres* por quintal, no caso de Revol) e os despachando para *entrepôts* fora dos muros de Paris. Gerentes de *entrepôts* como Mme. La Noue, de Versalhes — para todos, uma viúva cordial e tagarela; para os fregueses, uma astuta mulher de negócios que "barganha como um árabe",[23] inchada de vaidade profissional ("Modéstia à parte, creio que apreciam os cuidados que tenho com essa mercadoria",[24] escreveu a um cliente, em sua caligrafia de semianalfabeta). Escroques como M. e Mme. Cugnet, "bandidos imorais e sem-vergonhas",[25] como eram conhecidos no ramo, que contrabandeavam livros de Versalhes para Paris; e distribuidores marginais de Paris como Desauges père et fils, muito íntimos da Bastilha,[26] e Poinçot, "de bem com a polícia",[27] porém "um dos temperamentos mais esquentados que conheço",[28] segundo J. F. Bornand, um dos muitos agentes literários secretos de Paris, gente que biscateava para editores estrangeiros e fechava o circuito fornecendo-lhes manuscritos para imprimir e best-sellers para piratear.[29] Enorme quantidade de livros ilegais passava por essas mãos manhosas, hábeis em escorregar subornos para outras mãos. A importância dessa gente na literatura ilegal e quase-legal permanecerá incalculada — ao menos até que se compilem os registros de importação clandestina. Mas podemos oferecer, de pronto, uma conclusão — não quantitativa, apressamo-nos a esclarecer: a atividade editorial do underground e a da superfície legal operavam em circuitos separados, e os negócios clandestinos eram complicadíssimos, pois envolviam não pequena quantidade de força de trabalho, recrutada em ambientes específicos. Os indivíduos que participavam da clandestinidade literária foram precipitados nas profundezas sem registro na história: não podem ser localizados, nem socialmente situados. Tinham nomes e rostos, que afloram, expressivos, dos documentos dos editores do século XVIII. A experiência desses indivíduos insinua que a publicação do underground era um mundo em si mesma.

Como era diferente o mundo editorial legalizado. Os 36 mestres-impressores e os cem, ou quase, mestres-livreiros de Paris viviam com pompa e circunstância, desfilando com seus estandartes na festa do santo padroeiro, vestidos esplendidamente com veludo salpicado de lírios bordados a ouro; celebravam missas solenes diante da estátua de prata de são João Evangelista, na igreja dos Mathurins; regalavam-se em banquetes suntuosos promovidos pela confraria; iniciavam novos membros na corporação com juramentos e exames rituais; participavam, às terças e sextas-feiras, das inspeções de livros importados sob as bênçãos da lei e entregues na sede da corporação por *forts*, os estivadores da alfândega e das portas da cidade; e se ocupavam, escrupulosos, dos próprios negócios. Como homens de negócios, pertenciam a um ramo fechado. Regulamentos requintadíssimos — no mínimo três mil éditos, sem contar as ordenações de todos os tipos, só no século XVIII[30] — especificavam as qualificações e limitavam o número de pessoas ligadas à atividade editorial legal, até mesmo os 120 esfarrapados bufarinheiros, *colporteurs*, que partilhavam entre si o monopólio de mascatear almanaques e proclamas pelas ruas, ostentando emblemas de couro para comprovar sua condição de membros da guilda. Corporativismo, monopólio e conexões de parentesco tolhiam a liberdade do negócio a todo instante. Na verdade, o cerceamento do mercado datava de uma crise do século XVII. Colbert, em 1666, pacificara uma guerra comercial entre editores de Paris e da província, na prática, porém, arruinando a atividade editorial provinciana e colocando a indústria sob o controle da Communauté des Librairies et Imprimeurs de Paris. Obtido o controle dessa corporação, umas poucas famílias de mestres impressores e livreiros dominaram, com o amparo da lei, o mercado editorial francês por todo o século XVIII.

O espírito corporativista manifesta-se com clareza nos principais éditos relativos à atividade editorial publicados em 1686, 1723, 1744 e 1777. O édito de 1723, que vigorou pela maior parte do século XVIII, exsuda uma atitude que poderíamos chamar "mercantilista" ou "colbertiana": codificava a reorganização do comércio promovida, na década de 1660, pelo próprio Colbert. Condenando a "fome de lucros" capitalista,[31] enfatizava a importância da manutenção dos padrões de qualidade, minuciosamente especificados no texto. O olho de três "i"s devia obrigatoriamente ter a mesma largura do olho de um "m"; o "m" devia conformar-se rigorosamente ao modelo dado em depósito aos síndicos e deputados da corporação, incumbidos de inspecionar trimestralmente as 36 tipografias para se assegurar de que todas cumpriam o requisito mínimo de quatro impressoras e nove fontes de tipos, romanos e itálicos, mantidas em bom estado. Estritas exigências regulavam a promoção de aprendizes a mestres — cujo número era limitado e tendia a se tornar possessão familiar, pois o édito favorecia viúvas, filhos e genros de mestres estabelecidos. Esses poucos privilegiados gozavam do monopólio incontestável de produção e comercialização de livros. Quem não pertencesse à guilda não podia vender sequer papel velho, sob pena de multa de 500 *livres* e "punição exemplar".[32] A corporação era laboriosamente organizada e favorecida com "direitos, liberdades, imunidades, prerrogativas e privilégios".[33] Não apenas monopolizava seu comércio; sendo um corpo dentro da universidade, beneficiava-se de isenções especiais de impostos. Os próprios livros eram isentos. Cada um continha o *privilège*, ou "permissão" formal, concedido pela "graça" do rei e registrado na chancelaria e na Chambre Syndicale da corporação. Obtendo um privilégio, um membro da corporação adquiria direitos exclusivos à venda de determinado livro, transformando, com isso, uma "graça" num bem de comércio, que podia dividir em parcelas e vender a outros membros. Monopólio e privilégio existiam em três níveis na indústria editorial: dentro do próprio livro, dentro da corporação e, como um aspecto do status especial da corporação, dentro do Ancien Régime.

Esse terceiro nível merece ênfase. A posição especial da corporação implicava o exercício de funções policiais e econômicas. O Estado não costumava se portar de modo muito esclarecido em suas tentativas de policiar a palavra impressa antes de 1750, ano em que Malesherbes tornou-se Directeur de la Librairie. Em

1535, sua resposta à constatação de que certos livros podiam ser sediciosos fora resolver que, dali por diante, quem os imprimisse seria enforcado. Antes tentara, em 1521, domar a nova indústria sujeitando-a à supervisão de um organismo medieval, a universidade. E em 1618 fez nova tentativa, desta vez confinando os editores na corporação, outra organização arcaica. Além disso, desenvolvera seu próprio aparato para manter os livros sob controle; a princípio se valendo da chancelaria e da *lieutenance-générale de police*; mais tarde, da *Direction de la Librairie*. E sustentou-o com firmeza contra os rivais inspetores de livros do *Parlement* de Paris, da Assembleia Geral do Clero e de outras instituições influentes. Essa emaranhada rede burocrática não conflitava com o poder da guilda; ao contrário, esta continuou assanhadíssima perseguidora de *mauvais livres* até a Revolução. Os éditos de 1723 e 1727 reafirmaram sua autoridade para caçar impressoras ilegais e inspecionar os embarques de livros que aportavam em Paris. Tal política fazia sentido: o Estado criou um monopólio, cedendo-o a interesses particulares, e os monopolistas mantinham seus interesses esmagando a competição extralegal. Em troca das benesses que jorravam da pródiga cornucópia estatal, os beneficiários do monopólio exerciam a função de guardiães da pureza ideológica do regime — pois não seriam doidos de pôr em risco suas vantagens, desrespeitando ostensivamente os mandamentos daquele que lhes dera vida e dinheiro. Só publicavam, pois, os livros autorizados, isto é, os que não atentavam contra as instituições do Ancien Régime. É certo que alguns membros da corporação se dedicavam, ocasionalmente, à publicação clandestina; mas a esmagadora maioria desejava suprimi-la. A clandestinidade, produzindo e vendendo livros mais baratos, roubava-os; sem dizer — e esta era uma preocupação secundária, mas não de todo ausente — que boa parte dos livros clandestinos não era pirataria, mas difusão de ideias e propaganda contra o santo regime. Ora, a corporação existia para proteger seus privilégios. Privilégios bem protegidos significavam lucros seguros, que pareciam bem mais atraentes que o arriscado negócio da publicação ilegal — e isto porque o perigo a que se expunha, enveredando pela ilegalidade, era duplo: punição pela infração e expulsão do círculo mágico do monopólio. A condição de mestre-impressor e livreiro pertencia realmente à família. Melhor adquirir o privilégio de um livro de orações e dele extrair lucro pequeno, mas certo, que aventurar tudo numa edição clandestina de Voltaire. Uma atitude assim conservadora era adequada a uma economia "tradicional", onde até os especuladores mercantis largavam o negócio tão logo acaparravam o bastante para investir em *rentes*, rendas — ou então tomavam dinheiro emprestado a 5% para comprar terras que anualmente se valorizavam em 1 a 2% do preço de compra.[34]

Seria enganoso, portanto, subestimar o elemento econômico da legislação promulgada pelo Ancien Régime para regular a atividade editorial. P. J. Blondel, um *abbé* antiquado que não morria de amores pelos *philosophes*, esbravejou contra o édito de 1723, mesmo sabendo que ele endurecia as restrições contra as obras filosóficas, por considerá-lo pura medida econômica: uma ampliação do monopólio da corporação.[35] Os aspectos políticos e econômicos do édito complementavam-se. Fortalecer a corporação parecia servir tanto aos interesses do Estado quanto aos dos editores privilegiados. Mas o movimento reformista modificou a ótica do Estado no tocante a seus interesses próprios: e o código editorial de 1777, que entrou em vigor pouco depois dos ataques de Turgot contra as seis grandes guildas comerciais de Paris, demonstra um certo afastamento do velho "colbertismo". Em vez de condenar a "fome de lucros", o rei repudiava agora qualquer intenção de favorecer o "monopólio", louvava os efeitos salutares da "competição" e atenuava as regras que governavam os privilégios, a fim de "incrementar a atividade comercial".[36] Não suprimia a noção de privilégio; confirmava seu caráter, definindo-a como "graça fundamentada na justiça"[37] mais do que alguma espécie de propriedade — mas a modificava em favor dos autores e à custa dos livreiros. A corporação tentou aparar o golpe muito antes de ser assestado, fazendo com que um escritor a defendesse. O resultado foi a *Lettre sur le commerce de la librairie*, de Diderot, que reiterava os surrados argumentos da manutenção da qualidade através da restrição da produtividade. Mas a obra contradizia os próprios princípios liberais de Diderot e de *Mémoires sur la librairie*, de Malesherbes, que haviam parcialmente inspirado o projeto da reforma. Aparentemente rejeitando a *Lettre* de Diderot como trabalho de algum subliterato de encomenda, os sucessores liberais de Malesherbes, especialmente Sartine e Le Camus de Néville, levaram adiante os decretos de 1777 e reduziram, como puderam, o domínio repressivo da corporação sobre a indústria editorial.[38]

Mas o item polêmico do código de 1777 concernia às relações entre os membros da corporação e os autores: o privilégio derivava agora claramente da autoria e pertencia ao autor e seus herdeiros perpetuamente, ou expirava após sua morte se o cedesse a um livreiro e este lhe conservasse a posse por no mínimo dez anos. Esse dispositivo lançou muitas obras no domínio público e provocou amargas queixas dos membros da guilda — mas não chegou realmente a minar seu monopólio.[39] O código reforçava o poder de polícia sobre o comércio livreiro e ratificava, nos termos mais enérgicos possíveis, que ninguém, fora da corporação, poderia dedicar-se à atividade editorial. Assim, as dinastias de impressores e livreiros continuaram dominando a indústria até a Revolução. O maior de todos, Charles-Joseph-Panckoucke, construiu o primeiro império editorial da França traficando influência em Versalhes.[40]

Jamais se cogitou criar um livre comércio de livros abolindo a corporação (como Turgot, por exemplo, abolira as seis grandes *jurandes*). O problema econômico assumia outra forma; brotou da antiga inimizade entre livreiros parisienses e provincianos. A atividade editorial provinciana ainda não tinha se recobrado dos efeitos da guerra comercial do século XVII, mas boa quantidade de livreiros conseguira sobreviver durante o século XVIII; uma parte ponderável de seus estoques (frequentemente na forma de permutas, mensuradas por folhas em vez de volumes) provinha de fora da França, onde centenas de diligentes impressores produziam edições piratas de obras francesas. Na década de 1770, o Estado estimulou, sem planejá-lo, um boom nesse negócio ilícito, lançando um imposto sobre o papel, artigo bem mais oneroso para os impressores daquele tempo que para os de hoje.

O *papier blanc* dos impressores era taxado periodicamente; os tributos impostos em 1680 e em 1748 foram notáveis. Jamais, contudo, haviam atingido proporções ruinosas e nunca foram arrecadados, se é que alguma vez chegaram a sê-lo, fora das imediações de Paris. Mas a 1º de março de 1771 o *abbé* Terray, em descabelada tentativa de conter o déficit acumulado pelo Tesouro durante a Guerra dos Sete Anos, taxou o papel em 20 *sous* por resma. Em agosto de 1771, aumentou a taxa em 10 *sous*, como consequência do imposto extraterritorial de 2 *sous* por *livre*. As exportações francesas, contudo, eram isentas de tarifa aduaneira; e isso incluía o papel. Os impressores estrangeiros e seus aliados provincianos tiveram vantagens fabulosas. Uma resma de bom *papier d'Auvergne* branco custava 11 *livres* em Paris e 8 na Suíça, segundo uma estimativa.[41] Para equilibrar a balança, Terray impôs, a 11 de outubro de 1771, uma tarifa de 60 *livres* por quintal sobre as importações de livros em francês e em latim. A medida suprimiu, inadvertidamente, o comércio à base de permuta entre os negociantes provincianos e os estrangeiros.

Assaltados pelo pânico, editores como a Société Typographique de Neuchâtel suspenderam todos os embarques para a França e puseram-se a procurar, desesperados, maneiras de quebrar a barreira alfandegária; enquanto isso, seus fregueses nas províncias, homens como Jean-Marie Bruysset e Périsse Duluc, de Lyon, açulavam a opinião pública contra a medida.[42] A agitação deu resultado: a 24 de novembro de 1771 o imposto foi reduzido para 20 *livres*; a 17 de outubro de 1773, para 6 *livres* e 10 *sous*; e, a 23 de abril de 1775, Turgot aboliu-o completamente. Mas essa reversão de política aduaneira tornou a inclinar a balança a favor dos editores estrangeiros. Um memorando não assinado, dirigido ao ministério, resumia a questão: "Desde então, os suíços, percebendo que podiam vender nossos livros pela metade do preço, vêm pilhando e devastando nosso comércio livreiro. Com efeito, vendem-nos a três *liards* ou um *sou* francês por folha; e como, além do imposto do papel e do alto custo de impressão na França, temos de pagar pelos manuscritos, naturalmente não extrairemos lucro vendendo a mesma folha por 2 ou 3 *sous*". Como exemplo, o autor do memorando citava que a nova *Encyclopédie méthodique*, publicada por Panckoucke, teria de ser vendida a 11 *livres* por volume para o editor cobrir os custos de impressão; uma edição pirata suíça, no entanto, poderia ser vendida em Paris a 6 *livres* por volume, dando um lucro de 40 a 50%.[43]

Até meados de 1783, o comércio entre editores estrangeiros e livreiros provincianos parece ter florescido às custas de seus rivais parisienses; mas a 12 de junho daquele ano Vergennes, ministro do Exterior, destruiu-o com uma penada. Expediu ordens ao fisco estipulando que todos os livros importados — guarnecidos com os costumeiros sinetes, estampilhas de chumbo e notas de alfândega chamadas *acquits à caution* — fossem enviados diretamente à Chambre Syndicale da corporação de Paris, para rigorosa inspeção antes da entrega ao destinatário. Sem tocar no sistema tributário, e tampouco se arrastando pelos canais legais formais, como os éditos anteriores, essa medida restaurou o domínio do comércio livreiro pela guilda. Um engradado de livros remetido por Genebra a Lyon tinha agora de passar pelos funcionários da corporação de Paris; isso lhes dava os meios de eliminar edições piratas e sobrecarregar os livreiros lioneses com um desvio de rota que lhes custaria mais que o valor dos livros. Mesmo a viagem extra de Rouen a Paris arruinaria o negócio, escreveu um desesperado comerciante ruanês.[44] Os livreiros de Lille relataram que não tinham escolha: deixariam os livros importados empilhados nalgum armazém da alfândega até que apodrecessem.[45] Os negociantes de Lyon anunciaram que todas as suas importações de livros estavam suspensas — coisa de dois mil quintais anuais — e perigavam desonrar os pagamentos.[46] E, enquanto os protestos dos livreiros provincianos inundavam a Direction de la Librairie, cartas frenéticas eram despachadas para os editores que, no exterior, abasteciam as províncias. Boubers de Bruxelas, Glosse de Haia, Dufour de Maestricht, Grasset de Lausanne, Bassompierre de Genebra, dezenas de outros, todos temeram pela vida de suas firmas.

A Société Typographique de Neuchâtel enviou um agente, J.-F. Bornand, para inspecionar os danos causados a suas linhas de suprimentos. Bornand relatou que as "desastrosas ordenações" de Vergennes haviam parado todo o tráfego de livros na Saboia e no Franco-Condado. Uma rápida viagem a Grenoble mostrou que a rota sul estava "fervilhando de guardas, tanto que, no posto de Chaparillan, apreenderam todos os livros de meu baú... enquanto exibiam a ordem real que os instruía a não deixar passar livro nenhum".[47] Os livreiros de Lyon contavam histórias aterrorizantes, e Bornand concluiu: "É necessário desistir da França".[48] Acreditava-se que Panckoucke estava por trás da repressão, desejoso de destruir seus competidores suíços — especialmente Heubach & Cie., de Lausanne, cujas atividades de pirataria haviam reduzido drasticamente as vendas de sua edição da *Histoire natu-*

relle de Buffon. Escrevendo de Besançon, Bornand torna a relatar o boato; e, ao chegar a Paris, os livreiros voltaram contra ele seu "ar escarninho" com força total. Um ameaçou causar-lhe "todo o dano possível; os livreiros parisienses coligaram-se contra os estrangeiros, e mesmo contra os da província".[49] Em meados de 1785, em Neuchâtel, ainda se considerava impossível fazer chegar livros ao grande comércio clandestino de Avignon;[50] as tentativas de alcançar Paris por meio de contrabandistas colocados em Genebra, Besançon, Dijon, Châlonssur-Saône e Clairvaux foram abandonadas. O florescente comércio na França estava por um fio. Nunca chegou a recuperar-se; como a STN explicou a um confidente de Paris, "não sabemos que meios os outros livreiros daqui, de Lausanne e de Berna, estão empregando. Não sabemos de nenhum, exceto enviá-los através de Paris com *acquit à caution...* Todos os outros canais estão fechados para nós, pois não queremos arriscar-nos nem expor-nos a confiscos e multas".[51] Vergennes rompera a linha vital que ligava os produtores estrangeiros aos distribuidores provincianos.

Segundo os protestos dos provincianos, as ordens de Vergennes dizimariam o comércio legal de livros com o exterior. Tornando as importações inconcebivelmente caras, as novas regras produziriam inevitável declínio nas exportações, especialmente porque boa parte do comércio exterior se realizava através de permutas de folhas impressas, sem que o dinheiro entrasse na operação. O Estado via as medidas como nova técnica de policiamento, voltada para a destruição de livros pirateados ou proibidos — o sustentáculo das atividades editoriais clandestinas. Provavelmente os dois pontos de vista eram corretos — mas não há dúvida de que, se o comércio exterior foi prejudicado, o clandestino quase entrou em colapso. As práticas monopolistas dos parisienses forçaram os provincianos a deslizar para o underground. Lá instalados, aliaram-se aos editores estrangeiros, que passaram a expedir livros ilegais maquiados por um *acquit à caution*, uma guia de liberação alfandegária que colocava os carregamentos de livros a coberto de qualquer inspeção entre a fronteira e os pontos de destino no interior do reino, onde o livreiro oficial mais próximo os examinava para certificar a legitimidade dos carregamentos, endossar o verso do *acquit* e devolvê-lo, por intermédio do transportador que entregara os livros, ao posto fronteiriço onde a guia fora emitida. Um livreiro operando em conjunto com um editor ilegal podia comercializar ele mesmo os livros (em vez de apreendê-los) ou então reenviá-los a Paris e embolsar uma comissão. Como os carregamentos domésticos de livros raramente eram inspecionados *en route*, podiam alcançar, sem risco, um *entrepôt* perto de Paris, geralmente Versalhes, e depois ser contrabandeados, em pequenas quantidades, para a capital.

O sistema funcionou magnificamente enquanto os livreiros provincianos puderam emitir os *acquits à caution*. Ao delegar tal função à corporação parisiense, Vergennes liquidou a manobra inteira. Naturalmente, havia outros meios de atingir o cobiçado mercado francês, mas não era fácil tarefa romper as barreiras alfandegárias internas e tapear os zelosos inspetores circulantes da Fazenda real, para quem cada confisco representava recompensa e uma parte das mercadorias confiscadas. Condutores e agentes clandestinos estavam em busca de camuflagem legal para a remessa de grandes carregamentos, ao longo das esplêndidas estradas reais da França, até os armazéns das corporações provincianas e, se possível, até o próprio palácio do rei. O comércio clandestino era uma questão de risco calculado e margem de lucro. Um sistema muito sofisticado de contrabando não valeria a pena. Entregar tudo ao acaso também não. Quando Vergennes mudou as regras do jogo, fornecedores estrangeiros e livreiros provincianos encararam o abismo. Se os documentos da Société Typographique de Neuchâtel são boa amostra da reação geral às ordenações de 12 de junho de 1783, toda a indústria clandestina mergulhara numa depressão que duraria, no mínimo, dois anos; talvez até 1789.[52] Na opinião das tipografias estrangeiras, finalmente o governo francês se comprometera com uma política de laissez-faire — mas não atinara ainda com o laissez-passer.

Coincidentemente, os gráficos da produção legal de livros na França, montados por Robert Estivals e François Furet, exibem uma queda espetacular em 1783; foi o ponto mais baixo de um declínio que se estende, grosso modo, de 1774 a 1786.[53] A razão desse decréscimo é difícil de explicar. Não parece relacionada à crise econômica pré-revolucionária engenhada por Labrousse, nem aos "ciclos" labroussianos que Estivals, de certa forma, vê em suas estatísticas. Teria alguma conexão com as ordenações de Vergennes de 12 de junho de 1783? O propósito destas medidas ressalta claramente do texto: pôr termo à "profusão de *libelles* impressos em países estrangeiros e trazidos para o interior do reino".[54] As petições dos livreiros provincianos não se atreviam a negar que "o motivo das ordenações é acabar com o fluxo de *libelles* que chega do exterior".[55] E uma espiada na correspondência de Vergennes com seus embaixadores mostra o quanto os *libelles* o incomodavam. Em 1782 e 1783 escreveu tantas cartas à Inglaterra, a propósito da necessidade imperiosa de suprimir a fábrica de calúnias operada por *libellistes* franceses emigrados, quantas redigiu para as negociações diplomáticas preliminares do Tratado de Paris. Despachou agente secreto após agente secreto (uma bizarra coleção de barões falsificados e um inspetor de polícia cuja identidade secreta era a de vendedor de guarda-chuvas) para subornar ou sequestrar os *libellistes*. Nenhum detalhe dessas fantásticas intrigas rococós foi trivial demais para a atenção do ministro, que temia o efeito dos *libelles* sobre a opinião pública francesa. Bem antes do rumoroso Caso do Colar da Rainha,* exortava o encarregado de negócios francês a eliminar a pornografia política. "V. Sa. tem conhecimento da malevolência de nosso século e de quão facilmente são acolhidas as fábulas mais absurdas."[56] As ordenações de 12 de junho de 1783 devem ter feito parte dessa campanha, e é provável que foram bem-sucedidas. Ao menos é o que se deduz da consternação que produziram no underground editorial e pela grande coleção de obras como *Les amours de Charlot e Toinette* e *Essais historiques sur la vie de Marie-Antoinette* que os revolucionários alegremente inventariaram na Bastilha depois de 1789.[57]

Não dispomos de evidências, por mais tênues que sejam, para relacionar a campanha contra os *libelles* à queda na produção legal de livros. Mas não é impossível que Vergennes, tão determinado estava a bloquear o fluxo de *libelles* provindos do exterior, não recuasse sequer ante a perspectiva de afetar as importações legítimas. Sua ação pode ter repercutido indiretamente no sistema legal de publicação, tal como argumentaram os livreiros provincianos. Ela teria empurrado para a recessão o mais honesto desses livreiros, aumentando dramaticamente suas despesas e rebentando seu comércio de permuta. Teria também inviabilizado suas corretagens (negócio importante em Lyon) no comércio entre o sul e o norte da Europa. Como de hábito, os parisienses devem ter lucrado com as perdas dos provincianos. Mas os livreiros das províncias adquiriam em Paris parte do estoque que empregavam nas permutas com o exterior. Logo, pode ser que as ordenações de Vergennes tenham também prejudicado parte do mercado parisiense. Por certo reduziram as importações de livros em escala nacional e, devido à importância crucial das permutas no comércio livreiro, provavelmente provocaram uma queda correspondente nas exportações. A produção global de livros na França teria, assim, sido golpeada — exatamente como fora, a partir de 1771, pela sucessão de tarifas e impostos.

Se estas hipóteses estiverem corretas, levam a crer que as atividades editoriais do underground e da legalidade não eram tão separadas e antagônicas que não pudessem sangrar de um mesmo golpe. Talvez houvesse se desenvolvido certa simbiose entre o lado claro e o lado escuro da lei. A clandestinidade e a legalidade contavam, cada qual, com suas injeções de livros estrangeiros, e será preciso avaliar esse elemento se quisermos conhecer com alguma precisão a circulação de ideias sob o Ancien Régime. Neste estágio pré-estatístico, contudo, acho legítimo insistir num ponto: longe de florescer como resultado de uma virtual liberdade de imprensa, como geralmente se afirma, a atividade editorial francesa engolfou-se em severa crise às vésperas da Revolução. Uma crise que os historiadores não notaram; não se manifestou em documentos formais, como os éditos sobre o comércio de livros.[58]

A crise da atividade editorial parece digna de nota porque seus componentes econômicos e intelectuais estiveram ligados de um modo que revela aspectos da crise pré-revolucionária. Economicamente, a atividade editorial legal e a clandestina seguiam caminhos comerciais antitéticos. Fiel aos velhos métodos "colbertianos", a Communauté des Libraires et Imprimeurs parisiense produzia, segundo as especificações oficiais, uma quantidade limitada de mercadorias de qualidade. Servia obras tradicionais a um mercado tradicional, por ela controlado em virtude de um monopólio oficial. Com notáveis exceções, como André François Le Breton, o editor da *Encyclopédie*, seus membros reduziam ao mínimo os riscos, pois deviam seus lucros aos privilégios, e os privilégios eram tesouro da família, passado de pai para filho, de marido para viúva, de sogro para genro. A corporação solidificava o monopólio através de sua participação no poder repressor do Estado. Na atividade editorial, assim como em tantos outros casos, o Ancien Régime era devorado pelo privilégio — não apenas os privilégios jurídicos, separando os nobres dos plebeus, mas os privilégios dos particulares, que corroíam o Estado como um cancro. Nos últimos anos, o governo tentou reagir e promover reformas. Mas seus esforços reativaram o centenário conflito entre livreiros provincianos e parisienses, e os tributos sobre livros de 1771 a 1775, seguidos pelas draconianas ordenações de Vergennes de 12 de junho de 1783, representaram o triunfo final das dinastias editoriais de Paris.

Mas esse triunfo foi limitado pelo caráter arcaico do sistema de produção. Apesar da flexibilidade introduzida pelo advento das *permissions tacites* e das políticas ousadas de uns poucos membros da corporação, a atividade editorial privilegiada não conseguiu satisfazer a procura de um crescente público leitor, cujos gostos literários haviam mudado. Os padrões de leitura do passado tinham peso muito pronunciado no setor tradicional do ramo livreiro, como demonstram as estatísticas de Mornet e Furet; a relutância dos editores tradicionais em fugir a tais padrões é perfeitamente compreensível. Por que abandonariam seus privilégios, arriscariam seu status especial e poriam em risco o sustento de suas famílias, produzindo literatura nova e de legalidade incerta? As inovações vieram do underground. Lá embaixo, nenhuma legalidade constrangia a produção, e os livros eram fabricados segundo uma espécie de capitalismo desenfreado. Produzir novas obras fora da França, a custos menores e menor preço de venda, não foi a única consequência das equivocadas e ziguezagueantes políticas fiscais do Estado; graças a elas, os editores estrangeiros abocanharam um negócio desregrado, bárbaro e tremendamente lucrativo, lançando-se à pirataria de obras consagradas. Tão logo seus agentes informavam que um livro vendia bem em Paris, atiravam-se, sôfregos, à impressão de uma edição adulterada. Alguns desses editores também imprimiam *mauvais livres*, livros perversos, proibidos e da pior espécie. Eram homens de negócios duros, que produziam qualquer coisa que pudesse ser vendida. Assumiam riscos, quebravam tradições e maximizavam os lucros — em vez da produção qualitativa — através da quantidade. Não tinham o mínimo interesse — nem a mínima possibilidade — em mastigar, com os dentes do monopólio legal, um segmento do mercado. Preferiam que o Estado os deixasse em paz e, se para isso fosse preciso o suborno, praticavam-no sem nenhum escrúpulo de consciência. Foram estes os empresários que fizeram do Iluminismo um negócio.

Os temas esclarecidos dos livros que produziam — individualismo, liberdade e igualdade perante a lei (em oposição ao corporativismo e às restrições mercantilistas) — combinavam formalmente com seus desabridos métodos comerciais. Talvez os modos de produção determinassem o produto. Assim comprimido, o argumento perigaria transformar-se numa espécie de banal reducionismo marxista, mas sugere quão longe a história da atividade editorial poderia ser estendida, mais ou menos como um suplemento da história convencional das ideias.[59] Livros são produtos econômicos, além de artefatos culturais; embora veículos de ideias, cumpre mascateá-los no mercado. O mercado literário da França do século XVIII pede análise mais rigorosa, pois seus livros — fossem privilegiados ou filosóficos, tradicionais ou inovadores — eram um resumo da índole do Ancien Régime.

O Ancien Régime não foi apenas um sistema social e econômico. Foi também um sistema político. Uma interpretação socioeconômica de sua atividade editorial deverá forçosamente considerar os fatores políticos. Que livros eram esses que Vergennes queria, tão desesperadamente, manter fora da França? Constavam de catálogos manuscritos, que circulavam secretamente, sob o título de "livros filosóficos", e incluíam deliciosos frutos proibidos como:

Vénus dans le cloître, ou la religieuse en chemise, figures
Système de la nature, 8º, 2 vol. 1775 très belle édition
Système social, 8º, 3 vol. 1775

Fausseté des miracles

La fille de joie, 8º, figures

Contrat social par Jean-Jacques Rousseau, 12º

Journal historique des révolutions opérées en France par M. Maupeou, 3 vol. 8º

Mémoires authentiques de Mme. la comtesse du Barry, 1775

Margot, la ravadeuse (a devastadora), 12º, figures

Lettres de l'abbé Terray à M. Turgot

Les droits des hommes et leurs usurpations[60]

O mesmo editor clandestino punha em circulação um catálogo formal, impresso, divulgando abertamente nome, endereço do estabelecimento e artigos como os seguintes:

Bélisaire, par Marmontel, nouvelle édition augmentée, 8º, figures, Lausanne, 1784: 1 livre

Bible (la Sainte), 8º, 2 vol., Neuchâtel, 1771: 6 livres

Bibliothèque anglaise, ou recueil des romans anglais, 14 vol., 12º, Genève, 1781: 15 livres

Bonnet (M. Charles), ses oeuvres complètes de physique et histoire naturelle, 4º, 8 vol., figures, Neuchâtel, 1782: 81 livres[61]

Os livros do segundo catálogo, legais ou piratas, não ofendiam a religião, a moral ou o Estado francês. Os do primeiro catálogo ofendiam todos os três e, portanto, ganharam o título de "livros filosóficos" — nome de mercado bastante revelador, que se repete constantemente na correspondência comercial dos editores clandestinos.

Seria tão ofensiva, na verdade, essa filosofia? *Les Amours de Charlot et Toinette*, obra de comprovado sucesso na lista de *libelles* de Vergennes, começava com uma descrição da rainha se masturbando; em seguida relatava suas supostas orgias com

Charles (*Charlot*), o duque D'Artois, despachando o rei nos seguintes termos:

On sait bien que le pauvre Sire,
Trois ou quatre fois condammé
Par la salubre faculté,
Pour impuissance très complète,
Ne peut satisfaire Antoinette.
De ce malheur bien convaincu,
Attendu que son allumette
N'est pas plus grosse qu'un fétu;
Que toujours molle et toujours poche,
Qu'au lieu de f... il est f...
Comme le feu prélat d'Antioche.

Sabe-se bem que o Sire descontente
Por três ou quatro condenações
Da faculdade dos pomposos charlatães
Foi sem remédio declarado impotente
Para satisfazer Antonieta ardente.
Pelo infortúnio assim destituído,
Mirou o bem triste e sem valor pendente
Que entre as pernas ostentava qual palito
Nunca aceso, nunca teso; talvez de palitar o dente:
"Um rei assim não reina, vive aflito;
Em vez de f..., será um real f...,
Como um finado cardeal bem conhecido".[62]

A calúnia, embora torpe, tinha sua eficácia reforçada pela versificação rudimentar. Outra obra, nesse gênero, simulava sair em defesa da rainha e de vários cortesãos e ministros; a pretexto de desagravá-las, contudo, remexia nos mínimos detalhes os mais escabrosos mexericos. E explicava como os *libelles* circulavam entre os diversos estratos da sociedade: "Um vil cortesão põe estas infâmias em coplas rimadas e as distribui no mercado por intermédio de labregos. Dos mercados chegam aos artesãos, que por sua vez os transmitem de volta aos mesmos nobres que primeiro os engenhocaram; os quais, sem tardança, correm às câmaras reais em Versalhes e cochicham de orelha em orelha, em tom de consumada hipocrisia: 'Já os lestes? Aqui estão. Eis o que circula entre a gente comum de Paris'".[63]

Em qualquer período da história de Paris seria possível, sem dúvida, recolher historietas obscenas das sarjetas; mas as sarjetas desbordaram sob Luís XVI, e a inundação preocupou seu chefe de polícia, J.-C.-P. Lenoir. Como dizia esse fiel funcionário, "os parisienses estavam mais propensos a acreditar nos boatos maliciosos e *libelles* que circulavam clandestinamente que nos fatos impressos e publicados por ordem ou com permissão do governo".[64] Lenoir relatou, mais tarde, que sua tentativa de suprimir a circulação de *libelles* "foi frustrada por cortesãos que tinham obras escandalosas impressas e protegiam os impressores. A polícia parisiense só podia alcançar os livreiros e mascates que os vendiam e distribuíam. Os mascates eram trancafiados na Bastilha, punição que dificilmente mortificaria gente dessa igualha, pobres-diabos que estavam naquilo pelo dinheiro e muitas vezes ignoravam os nomes dos verdadeiros autores e impressores... Nos anos anteriores à Revolução, as autoridades foram particularmente impotentes em seus esforços para reprimir *libelles* contra o governo".[65]

A polícia levava os *libelles* a sério. Tinham um efeito sério sobre a opinião pública, e a opinião pública era uma força poderosa nos anos crepusculares do Ancien Régime. Embora a monarquia ainda se considerasse absoluta, contratou panfletistas como Brissot e Mirabeau para escrever a seu favor.[66] Tentou até manipular boatos, já que os "rumores públicos" (*bruits publics*) podiam levar a tumultos (*émotions populaires*). Um motim pipocou em 1750, por exemplo, graças ao rumor de que a polícia estava a sequestrar crianças das classes operárias para, literalmente, proporcionar um banho de sangue com que distrair o ócio de algum membro da família real.[67] Era o primitivismo de tais "emoções", e o poder da opinião pública, que tornavam o regime vulnerável aos *libelles*.

Difícil medir o grau em que os *libelles* prejudicaram a fé do público na legitimidade do Ancien Régime: não existe nenhum indicador da opinião pública da França do século XVIII. Apesar do testemunho de observadores qualificados, tais como Vergennes e Lenoir,[68] poder-se-ia argumentar que o público considerava esses livros sujos engraçados — e mais nada. Os *libellistes* haviam empilhado lixo anos a fio, sem soterrar ninguém. Mas não é impossível que, por efeito cumulativo, um dilúvio prorrompesse depois de Luís XV. A vida íntima desse rei fornecera material para uma *Vie privée de Louis XV*. Esta, por sua vez, deu o tom para toda uma série de *vies privées* de figuras da corte. Eram, decerto, obras pornográficas; martelavam, contudo, com tal ferocidade as mesmas teclas, que provavelmente provocaram algum efeito nos leitores, ao menos no caso de alguns leitmotiv: a história do sucesso sexual da du Barry (do bordel ao trono); o despotismo de Mapeou (sua pesquisa infatigável para encontrar um homem capaz de construir a tal máquina capaz de enforcar dez vítimas inocentes ao mesmo tempo), e a decadência da corte (não apenas uma questão de concupiscência e adultério, mas também de impotência: nos *libelles*, a alta aristocracia não podia nem guerrear nem fazer amor, perpetuando-se através de efusões extraconjugais com membros das classes mais baixas, notoriamente mais viris).[69] Luís XVI, que todos sabiam ter demorado anos para consumar seu casamento, foi um símbolo perfeito da monarquia em seus últimos estágios de decadência. Dezenas de panfletos como *La naissance du Dauphin dévoilée* (O nascimento do Delfim sem mistérios), outro da lista de Vergennes, ofereciam incontáveis "revelações" sobre a "verdadeira" linhagem do herdeiro do trono. O Caso do Colar de Diamantes, então, produziu inexaurível suprimento de imundície, conscienciosamente revolvida sempre que necessário. Um rei corneado por um cardeal: não havia melhor *finale* para um regime acabado.

Seria cômodo subestimar a importância da calúnia pessoal na política francesa do século XVIII, pois é difícil compreender que a política se fazia na corte, onde as personalidades contavam mais que as decisões políticas. Mas a difamação foi sempre uma das armas rotineiras das intrigas palacianas. E então, como agora, os nomes faziam as notícias, embora as notícias não fizessem os jornais. Rigorosamente excluída dos periódicos legais, a difamação circulava através dos panfletos, das *nouvelles à la main* e dos *nouvellistes de bouche* — as verdadeiras fontes de onde brotou o jornalismo político na França. Em mídia tão grosseira, a política era relatada grosseiramente — um jogo de reis, cortesãos, ministros e amantes. Para além da corte, e abaixo dos pináculos da sociedade do *salon*, o "público geral" vivia de rumores; o "leitor comum" via a política como um esporte seleto e fechado, disputado por vilões e heróis mas desprovido de temas — exceto talvez o de uma tosca luta entre o bem e o mal, ou entre a França e a Áustria. Provavelmente lia os *libelles* como seu equivalente moderno vê televisão ou lê histórias em quadrinhos ou revistas de fofocas, só que o francês do século XVIII não os punha de lado depois de dar boas risadas; os vilões e heróis eram reais para ele. Lutavam pelo controle da França. A política era folclore vivo. Assim, após se deleitar com os excitantes relatos de *La gazette noire* de doenças venéreas, sodomia, adultério, ilegitimidade e impotência nas camadas superiores da sociedade francesa, podia ficar ultrajado com a descrição de Mme. Du Barry, "passando direto do bordel para o trono".[70]

Propaganda desse tipo era mais perigosa que o *Contrat social* — rompia o senso de decência que unia o público a seus governantes. Seu dissimulado caráter moralizante opunha a ética do povo miúdo à de *les grands*: nesse sentido, apesar de suas obscenidades, os *libelles* eram intensamente moralistas. Talvez até houvessem propagado a moral burguesa que veio a se impor durante a Revolução. *"Bourgeois"* pode não ser o termo apropriado, mas os *petits* que se insurgiram contra os *gros* no ano II correspondiam a uma espécie de puritanismo gálico que se desenvolvera bem antes de 1789. Crédulos acerca das tramas e dos expurgos do Terror,[71] também haviam candidamente assimilado as lendas dos antigos *libelles*. Como, por exemplo, a intriga aristocrática para raptar as mulheres dos burgueses antes da Revolução: "O senhor tem uma esposa bonita? Acaso ela atraiu olhares de algum potentado *parvenu*, algum janota que adquiriu poder, algum aristocrata da corte, por exemplo? Ela é prontamente sequestrada. Quer o senhor discutir o caso? Eles o mandam para as galés".[72]

Não se pode senão especular a respeito do que se passava nas mentes de leitores tão primitivos. Mas podia perfeitamente ser a *désacralisation* fazendo sua obra em escaninhos bem abaixo da elite. Sem essa obra, difícil compreender como *le Père Duchesne* teve um tão forte apelo popular, ou como pessoas criadas para crer que o toque real curava escrófulas podem ter lido coisas como "a cabeça do Veto Feminino [a rainha] separada de seu pescoço fodido"[73] sem irromper em *émotion populaire*. O rei perdera parte de seu toque místico junto ao povo bem antes das arengas de Hébert sobre a "puta austríaca" e seu "cornudo gordo". A magnitude dessa perda não pode ser avaliada; mas obras como *Les rois de France régénérés* fizeram com que os Bourbon parecessem, ao pé da letra, uns bastardos. A administração temia tais panfletos porque fazia ideia de seu poder de escarnecer a monarquia. A ridicularização de Luís XVI deve ter provocado grande dano numa época em que a nobreza era ainda identificada com "fluido seminal"[74] e a lei Sálica ainda requeria que a "raça" real fosse propagada por uma cadeia mágica e ininterrupta de varões. A magia se desvanecera no reinado de Luís XVI, e estaria além das forças dos Bourbon reconjurá-la. Lenoir anotou que, com a aproximação da Revolução, não conseguia mais arrebanhar claques para aplaudir a rainha, e oferecendo dinheiro; no passado, relembrou com melancolia, faziam-no espontaneamente.[75] E, em 1789, Desmoulins descreveu uma criança de quatro anos, equilibrando-se nos ombros de um carregador de rua, ao redor do Palais Royal, esganiçando: "'Polignac exilado a cem léguas de Paris! Condé também! Conti idem! A rainha...!' Não me atrevo a repeti-lo".[76] Os *libelles* haviam trabalhado com competência.

A passagem da atividade editorial para a produção de libelos se fez facilmente fora dos círculos fechados da corporação; os editores não inscritos na guilda só podiam existir fora da lei. E lei, sob o Ancien Régime, significava privilégio (*leges privatae*, lei privada).[77] Os matizes de legalidade e ilegalidade cobriam um espectro largo o bastante para que muitos livreiros sem privilégios fizessem um negócio razoavelmente legítimo. Os níveis do underground eram diversos. Seus agentes mais perto da superfície podem jamais ter posto as mãos em *libelles*; os do fundo, com certeza, nunca lidaram com outra coisa. Tinham os dedos experimentados em imundície. A Société Typographique de Neuchâtel, como regra, pirateava apenas livros bons e limpos, como as obras de Mme. Riccoboni. Mas a casa vizinha, de Samuel Fauche e seus filhos pródigos, produzia exatamente as obras que Vergennes tentou suprimir em Londres. Fauche também imprimia os escritos políticos e pornográficos de Mirabeau: *L'espion dévalisé, Ma conversion ou le libertin de qualité, Erotika Biblion* e *Lettres de cachet*.[78] E ainda assim, quando os dez últimos volumes da *Encyclo-*

pédie apareceram em 1765, traziam a falsa estampa "À Neufchastel *chez* Samuel Faulche".

Os gêneros do underground misturavam-se com volubilidade. Os negociantes clandestinos viviam movendo-se de um nível para outro. Tempos difíceis empurravam-nos para os desvãos mais recônditos da ilegalidade; quanto mais afundavam em dívidas, mais arriscavam na esperança de lucros maiores. A crise da década de 1780 pode ter provocado precisamente esse resultado. Vergennes, por ironia, talvez tenha transformado alguns piratas inofensivos em perpetradores tipográficos de *libelles*, com isso expandindo a circulação de "livros filosóficos" e reduzindo o tráfico, relativamente honrado, de livros piratas. A Société Typographique de Neuchâtel parece ter negociado com *libelles* em maior quantidade depois de 1783; antes da repressão de Vergennes, quase não há registros dessa atividade.[79] A Revolução se aproximava. Livreiros provincianos que outrora se limitavam a expedir alguns *acquits à caution* falsificados podem ter passado a especular com carregamentos de obras como *Les amours de Charlot e Toinette* e posto em circulação mais catálogos de *livres philosophiques*. Ou talvez os gostos de seus fregueses tenham mudado graças a episódios como o Caso do Colar de Diamantes. É impossível, no ponto em que nos encontramos das pesquisas, dizer se o fornecimento acompanhou a demanda ou se esta foi influenciada pelo estoque dos fornecedores. Talvez as duas coisas. Pode ser que os hábitos de leitura tenham evoluído em consequência das peculiares condições que agiam sobre a produção literária; cada elemento pode ter reforçado o outro, numa corrente progressiva. Fosse qual fosse a combinação de causas em ação, o Ancien Régime colocava *Charlot et Toinette*, *Vénus dans le Cloître*, D'Holbach e Rousseau nas mesmas caixas e sob o mesmo codinome. *Livres philosophiques* para os negociantes, *mauvais livres* para a polícia; fazia diferença? O que importava era a clandestinidade por eles partilhada. Havia igualdade na ilegalidade: Charlot e Rousseau estavam juntos; irmanava-os a condição de renegados.

O próprio modo de produção dessas obras ajudava a reduzi-las ao denominador comum de irreligiosidade, imoralidade e incivilidade. Os estrangeiros que as imprimiam não se sentiam obrigados à lealdade para com a França, para com os Bourbon e, às vezes, nem para com a Igreja Católica. Os negociantes que os distribuíam operavam num submundo de "bandidos imorais e sem-vergonhas". E os autores que as escreviam haviam muitas vezes sucumbido a uma boemia de quase-criminalidade. O arqui-*libelliste* Charles Théveneau de Morande cresceu em bordéis e diplomou-se em prisões; esses meios forneceram o material de seus escritos.[80] Talvez as impurezas da clandestinidade contaminassem os livros que por ela passassem: a mensagem certamente estava adequada ao meio. Era um estranho estado de coisas. Um regime que classificava sua mais adiantada filosofia em pé de igualdade com a mais reles pornografia era um regime que inoculava em si mesmo a fraqueza. Cavava seu próprio underground. Encorajava a filosofia a degenerar em *libelle*. Tudo o que o Ancien Régime tocava parecia decompor-se. Quando a filosofia escorregou e iniciou sua descida aos infernos, perdeu a contenção e, ao mesmo tempo, seu apego às classes superiores. Voltando-se contra os homens da corte, os homens da Igreja e as cabeças coroadas, comprometeu-se com a tarefa de inverter o mundo, virando-o às avessas. Em sua própria linguagem, os *livres philosophiques* pediam para solapar e derrubar. A contracultura clamava por uma revolução cultural. Estava pronta para atender ao chamado de 1789.

Notas

1. O ALTO ILUMINISMO E A SUBLITERATURA

1. Chevrier à Societé Typographique de Neuchâtel, 10 de dezembro de 1772, Documentos da Société Typographique de Neuchâtel, 10 de dezembro de 1722, Documentos da Société Typographique, Bibliothèque de la Ville de Neuchâtel, Suíça.

2. Dentre essas obras de história da literatura, considero mais úteis: Maurice Pellisson, *Les hommes de lettres au XVIIIe siècle* (Paris, 1911); Jules Bertaut, *La vie littéraire au XVIIIe siècle* (Paris, 1954); e John Lough, *An Introduction to Eighteenthcentury France* (Londres, 1960), caps. 7 e 8.

3. Citado por Marcel Reinhard em "Élite et noblesse dans la seconde moitié du XVIIIe siècle" (*Revue d'Histoire Moderne et Contemporaine*, 3, jan.-mar. 1956, p. 21). Quanto à opinião de Voltaire, ver a famosa 23ª de suas *Lettres philosophiques* (Londres, 1734).

4. O que se segue tem por base *Essais de mémoires sur M. Suard* (Paris, 1820), de Mme. Suard, complementado pelas reminiscências, quase tão interessantes, de D.-J. Garat, *Mémoires historiques sur la vie de M. Suard, sur ses écrits, et sur le XVIIIe siècle*, 2 vols. (Paris, 1820). Embora hoje esquecido, Suard foi um dos mais eminentes autores do Alto Iluminismo. Não produziu obra importante, mas adquiriu reputação literária com artigos em jornais, discursos acadêmicos e traduções. Seu estilo, de estudado bom gosto, pode ser apreciado em *Mélanges de littérature*, 5 vols. (Paris, 1803-5).

5. Eis como Garat descreve Raynal (*Mémoires historiques*, I, 107): "Na capital da França e da filosofia, agia como um grão-mestre de cerimônias; apresentava

os principiantes dotados de talento a celebridades talentosas, e homens de letras, a fabricantes, comerciantes, arrendatários de impostos e ministros".

6. Garat (op. cit.) descreveu Suard como a quintessência do savoir-faire e do respeito pela hierarquia social, sem os quais não se era homem de *le monde* (ver, especialmente, I, 133-6); e definiu *le monde* como um círculo de "homens poderosos em razão de posição, riqueza, talento literário e nascimento... aquelas três ou quatro condições que são as verdadeiras fontes do poder em sociedade" (I, 263).

7. É claro que *philosophes* ricos e bem-nascidos como Montesquieu, D'Holbach e Helvétius não se enquadravam nesse padrão. Considerava-se, contudo, que escritores mais humildes só devessem tomar amante, ou contrair matrimônio, depois de conquistar fortuna. Maupertuis, Marmontel, Piron e Sedaine, embora famosos, passavam dos cinquenta quando casaram.

8. Mme. Suard, *Essais de mémoires*, p. 59.

9. Idem, p. 94.

10. Ibid., p. 137.

11. Archives Nationales, F17a 1212. Certas *Observations préliminaires*, sem data nem assinatura, explicavam que a lista fora elaborada para implementar um édito de 3 de setembro de 1785 que anunciava a intenção do governo de ajudar homens de letras de modo mais sistemático que antes. O autor das *Observations* (provavelmente Gojard, *premier commis*, caixa, do tesoureiro-geral) evidentemente julgava excessivos os subsídios propostos: "Além das quantias pagas aos homens de letras pelo tesouro real, que montam a 256.300 *livres*, há também as pensões dos jornais e do *Almanach Royal*; e é possível que tenham sido concedidas a diversos autores que hoje pleiteiam emolumentos sem havê-las declarado, desrespeitando os termos do artigo primeiro do édito". Uma versão incompleta (faltam 21 nomes) da lista-matriz dos Archives Nationales foi vendida em leilão; Maurice Tourneux publicou-a em *Revue d'Histoire Littéraire de la France*, 8 (1901), pp. 281-311. À falta de informações suplementares, inutilmente rebuscadas na série 0 dos Archives, Tourneux não conseguiu explicar as condições do programa de pensões, relacionando-o erroneamente ao barão de Breteuil. Boa parte do material de F17a 1212 cobre também o período de 1786 a 1788.

12. Blin de Sainmore ao Contrôleur général (tesoureiro-geral), 22 de junho de 1788, Archives Nationales F17a 1212, dossiê 10.

13. Idem, dossiê 6.

14. Ibid., dossiê 3.

15. Ducis a Loménie de Brienne, 27 de novembro de 1787, ibid., dossiê 6. Ver também uma carta semelhante de A. M. Lemierre, de 8 de março de 1788, dossiê 10.

16. Caraccioli ao Directeur général des finances, 13 de agosto de 1788, ibid.,

dossiê 6. Ver também outra carta, de 8 de abril de 1785, do mesmo autor, dossiê 10: "Sou o único literato de idade provecta que jamais teve pensão ou subsídio".

17. Ibid., anotação no dossiê 3.

18. Ibid., dossiê 1.

19. Ibid., dossiê 1.

20. Os documentos de Archives Nationales tenderiam, portanto, a apoiar o argumento desenvolvido por Marcel Reinhard em *Elite et noblesse*.

21. Documentos de J.-C.-P. Lenoir, Bibliothèque Municipale d'Orléans, ms. 1422.

22. Pellisson, *Les hommes de lettres*, p. 59.

23. Ver as provisões anotadas após os nomes dos acadêmicos nas edições anuais do *Almanach Royal*.

24. A obra mais reveladora é a de Lucien Brunel, *Les philosophes et l'Académie Française au dix-huitième siècle* (Paris, 1884).

25. Publicado em Garat, *Mémoires historiques*, p. 342.

26. Charles Pinot-Duclos, *Considérations sur les moeurs de ce siécle*, ed. F. C. Green (Cambridge, Ing., 1939, 1ª ed., 1750), p. 140, e, em geral, caps. 11 e 12.

27. Sobre a concordância estratégica e as divergências táticas de Voltaire e D'Alembert, e suas discordâncias com o grupo de D'Holbach (Diderot, ao que parece, se manteve em posição equidistante), ver John N. Pappas, *Voltaire and D'Alembert*, Indiana University Humanities Series, nº 50 (Bloomington, 1962).

28. D'Alembert, *Essai sur la société des gens de lettres et des grands, sur la réputation, sur les mécènes, et sur les récompenses littéraires*, in *Mélanges de littérature, d'histoire et de philosophie* (Amsterdam, 1733: 1ª ed. 1752), especialmente pp. 403, 367.

29. D'Alembert, *Histoire des membres de l'Académie Française morts depuis 1700 jusqu'en 1771* (Paris, 1787), I, XXIV, XXXII.

30. Ver Henry Fairlie, "Evolution of a Term", *The New Yorker*, 19 de outubro de 1968, pp. 173-206.

31. Nascimentos e mortes sobrepõem-se em demasia para serem colocados em categorias distintas, mas as "gerações" podem ser diferenciadas em matéria de *eventos experimentados*. Tenhamos trinta ou quinze anos, um hiato de tempo vivenciado separa aqueles de nós que não viveram a Segunda Guerra Mundial dos que dela participaram ou a acompanharam pelos jornais. Talvez uma linha de experiência desse gênero dividisse os homens que escreveram e leram as grandes obras do Iluminismo tão logo surgiram, em meados do século, daqueles que as leram quando já se congelavam na condição de "clássicos". Suard (1734--1817) lembrava: "Ingressei em *le monde* nos tempos daquela explosão do espírito filosófico que assinalou a segunda metade do século XVIII. Li *L'esprit des lois* aos dezenove anos (ou seja, em 1753, cinco anos após sua publicação). Estava na

província, e essa leitura deleitou-me. *L'histoire naturelle* (de Buffon) e as obras de Condillac apareceram pouco depois, a *Encyclopédie* em 1752, assim como a *Découverte de l'irritabilité*, de Haller" (citado por Garat em *Mémoires historiques*, II, 445). Um levantamento da literatura referente ao problema de gerações e periodização é fornecido por Clifton Cherpack em "The literary periodization of eighteenth-century France" (*Publications of the Modern Language Association of America*, 84, mar. 1969, pp. 321-8).

32. Mme. Suard, *Essais de mémoires*, p. 155.

33. Citado por Louis de Loménie em *Beaumarchais et son temps* (Paris, 1856), II, 424. Suard fez objeções a *Le mariage de Figaro* não por julgar a peça radical, mas por considerar imprópria para o palco a maneira por que abordava o sexo (Mme. Suard, *Essais de mémoires*, p. 133). A mesma atitude, por parte de outros, é objeto de dezenas de citações contemporâneas. Até Lenoir, mais envolvido na tarefa de farejar sedição na França que qualquer outro, disse de Beaumarchais: "A maioria das peças desse autor foi impedida de estrear a pretexto de ofensas à moral, mas conseguiu, com suas intrigas, abrir caminho através da censura. Mais de uma vez me ordenaram a liberação de suas peças, peças retidas por um bom tempo por falta de aprovação e permissão" (Bibliothèque Municipale d'Orléans, ms. 1423). A mensagem "revolucionária" de *Le mariage de Figaro*, se é que existe, passou despercebida na França pré-revolucionária. Não seria o refrão da peça — "Tudo termina com uma canção" — uma fórmula para o imobilismo político? Beaumarchais foi oportunista, enobrecido e rico (como Voltaire). Aliás, dedicou boa parte de sua fortuna à reedição das obras de Voltaire.

34. Para informações sobre alfabetização, educação e produção de livros na França do século XVIII, ver Michel Fleury e Pierre Valmary, "Le progrès de l'instruction élémentaire de Louis XIV à Napoléon III", *Population*, 12, jan.-mar. 1957, pp. 71-92; Pierre Gontard, *L'enseignement primaire en France de la Révolution à la Loi Guizot (1789-1833)*, Lyon, 1959; Robert Estivals, *La statistique bibliographique de la France sous la monarchie au XVIIIe siècle* (Paris e Haia, 1965); e François Furet, "La 'librairie' du royaume de France au dix-huitième siècle", in *Livre et société dans la France du XVIIIe siècle*, I (Paris e Haia, 1965), pp. 3-32. O *Almanach de la Librairie* para 1781 enumera 1 057 livreiros e impressores; cerca de um quinto fazendo negócios em Paris. Nenhuma edição do *Almanach* abrange os períodos anteriores a 1778, impossibilitando comparações com o início do século. Mas o *Almanach Royal* para 1750 arrola 79 censores reais, contra os 181 do *Almanach Royal* para 1789, fato que representa maior produção de livros, e não maior severidade para controlá-los. Talvez jamais se consigam fazer estimativas da quantidade de autores do século XVIII; não apenas por falta de dados estatísticos, mas também pela dificuldade em definir o que seja um autor. Robert Escarpit fez uma tentativa corajosa, mas infrutífera, em *La sociologie de la littérature* (Paris, 1958).

35. *Mémoires et correspondance de Mallet du Pan pour servir à l'histoire de la Révolution Française, recueillis et mis en ordre par A. Sayous* (Paris, 1851), I, 130. Lenoir calculou em 4000 (provavelmente um lapso; deviam ser 400) os candidatos a pensões. Bibliothèque Municipale d'Orléans, ms. 1422.

36. L.-S. Mercier, *Tableau de Paris*, 12 vols. (1789), X, 26-7.

37. Idem, p. 29.

38. Ver seu poema "Le pauvre diable" e os seguintes artigos do *Dictionnaire philosophique* (de que foram tiradas as citações): "Auteurs"; "Charlatan"; "Gueux"; "Philosophe" e "Quisquis".

39. *Le petit almanach de nos grands hommes* (1788), citação p. 5. No prefácio, Rivarol explicou que excluiria de sua pesquisa todos os escritores estabelecidos: "Descerei de bom grado desses colossos imponentes aos mais ínfimos insetos... àquela massa imponderável de famílias, tribos, nações, repúblicas e impérios escondida sob uma folha de relva" (p. VI).

40. Para um exemplo particularmente notável deste tema, ver os primeiros capítulos das *Mémoires* de J.-P. Brissot, ed. Claude Perroud (Paris, 1910). Mercier frequentemente comentava a afluência de escritores provincianos, tendo mesmo escrito uma espécie de parábola a respeito: *Tableau de Paris*, X, 129-130. Afirmava que alguns perambulavam pela capital em bandos, e o escritor parisiense tinha de "combater escritores normandos, que formam um batalhão, e especialmente gascões, que passeiam taramelando Montesquieu, de quem se consideram os sucessores" (XI, 103).

41. *Considérations sur les moeurs*, p. 141.

42. Voltaire, "Le pauvre diable", em *Oeuvres complétes de Voltaire* (sine loc., 1785), XIV, citação p. 162. Voltaire, naturalmente, abordava o tema para satirizar seus inimigos, mas pode ser tomado por um comentário social.

43. Idem, p. 164.

44. *Tableau de Paris*, XI, 187. Ver especialmente os capítulos "Auteurs", "Des demi-auteurs, quarts d'auteurs, enfin Métis, quarterons", "Misère des auteurs", "La littérature du Faubourg Saint-Germain et celle du Faubourg Saint-Honoré", "Les grands comédiens contre les petits" e "Le musée de Paris".

45. S.-N.-H. Linguet, *L'aveu sincère, ou lettre à une mère sur les dangers que court la jeunesse en se livrant à un goût trop vif pour la littérature* (Londres, 1763), pp. V, VII. Linguet anunciava, p. IV, dirigir-se "àquelas almas inocentes e inexperientes que possam iludir-se à visão da glória que circunda os grandes escritores".

46. *Correspondance littéraire, philosophique et critique par Grimm, Diderot, Raynal, Meister, etc.*, org. Maurice Tourneux (Paris, 1880), XII, 402: "A literatura tornou-se um ofício (*métier*) e, mais que isso, um ofício cuja prática se fez fácil e generalizada, graças aos numerosos modelos a emular e à simplicidade de suas técnicas".

47. J.-J. Garnier, *L'homme de lettres* (Paris, 1764), pp. 134-5.

48. Mercier, *Tableau de Paris*, XI, 104-5: "O homem de letras da província encontra em Paris uma igualdade que absolutamente inexiste entre os homens de sua cidadezinha: aqui suas origens são olvidadas; se é filho de taverneiro, pode se declarar conde; ninguém irá contestá-lo". Mercier pensava provavelmente em Rivarol quando escreveu essas linhas.

49. Sobre as relações financeiras entre autores e editores, ver Pellisson, *Les hommes de lettres*, cap. 3; Lough, *An Introduction to Eighteenth-Century France*, cap. 7; e G. d'Avenel, *Les revenues d'un intellectuel de 1200 à 1913* (Paris, 1922), embora este último estudo tenha o defeito de haver tentado converter todas as cifras em francos franceses de 1913. Para expressivos relatos contemporâneos, ver P. J. Blondel, *Mémoires sur les vexations qu'exercent les libraires et imprimeurs de Paris*, ed. Lucien Faucou (Paris, 1879), que critica vivamente os editores, e *Lettre sur le commerce de la librairie*, de Diderot, em suas *Oeuvres Complètes*, ed. J. Assézat e M. Torneux (Paris, 1876), p. XVIII, que também assesta golpes contundentes, embora Diderot evidentemente escrevesse como propagandista remunerado dos editores.

50. L.-S. Mercier, *De la littérature et des littérateurs* (Yverdon, 1778), pp. 38-9.

51. *Tableau de Paris*, VIII, 59.

52. Uma documentação dessa tendência na subcultura de cientistas e pseudocientistas na Paris pré-revolucionária é fornecida em minha obra *Mesmerism and the End of the Enlightenment in France* (Cambridge, Mass., 1968), cap. 3.

53. Como resultado de uma guerra comercial havida no fim do século XVII, a indústria editorial caíra sob o domínio da Communauté des libraires et des imprimeurs de Paris. A corporação parisiense consolidou-o ao longo de todo o século XVIII, apesar das tentativas do governo, em 1777, de impor algumas reformas. As condições arcaicas ("colbertistas") do comércio de livros podem ser apreciadas nos textos dos éditos que o regulavam: ver *Recueil général des anciennes lois françaises*, org. F. A. Isambert, Decrusy e A. H. Taillandier (Paris, 1822-33), XVI, 217-51, XXV, 108-28. A transição das condições do século XVII para as do século XVIII é explorada na tese de Henri-Jean Martin, *Livre, pouvoirs et société à Paris au XVIIe siècle (1598-1701)*, 2 vols. (Genebra, 1969). Quanto às condições ainda mais monopolistas no teatro, ver Jules Bonnasies, *Les auteurs dramatiques et la Comédie Française aux XVIIe et XVIIIe siècles* (Paris, 1874).

54. Ver Capítulo 2.

55. A boemia literária persiste território inexplorado (espero ao menos mapeá-la em obra posterior). Não há estudos paralelos a seu respeito. Um exemplo de como envolveu com seus tentáculos um futuro revolucionário figura no Capítulo 2. Ver também a fascinante biografia escrita por Paul Robiquet, *Théveneau de Morande: étude sur le XVIIIe siècle* (Paris, 1882). Morande foi uma espé-

cie de decano dos *libellistes* e conviveu com uma coleção de personagens do submundo que faz parecerem bem moderados alguns dos comentários mais extravagantes de *Le neveu de Rameau*.

56. Charles Théveneau de Morande (anonimamente), *La Gazette noire par un homme qui n'est pas blanc* (1784, "imprimé à cent lieues de la Bastille"), p. 212. A literatura dos salões e cafés é reunida nas obras de Pellisson e Bertaut, citadas acima. Ver também as reveladoras observações de Karl Mannheim em *Essays on the Sociology of Culture*, Ed. Ernest Mannheim (Londres, 1956), pp. 91-170.

57. O único exemplar de *Les nouvelles de la république des lettres et des arts*, 7 vols. (Paris, 1777-87), que pude localizar, está incompleto: Bibliothèque Nationale, Réserve z 1149-1154. Ver também *Correspondance générale sur les sciences et les arts* de La Blancherie (Paris, 1779), RZ. 3037 e 3392. Há grande quantidade de informações acerca dos *musées* e *lycées* da década de 1780 em todas as *nouvelles à la main* publicadas como *Mémoires secrets pour servir à l'histoire de la république des lettres en France*, comumente conhecidas por *Mémoires secrets* de Bachaumont.

58. Ver, particularmente, *Annales politiques, civiles et littéraires du dix-huitième siècle* de Linguet, de larga difusão na época. A elite cultural era atacada com discursos como este (VI, 386): "Nada havia, na França, que não lhe fosse subordinado. O ministério, o judiciário, a ciência, os órgãos literários, tudo fora invadido [pela "facção" dos *philosophes* estabelecidos]; tudo controlava, até as reputações. Só ela abria os portões da glória e da riqueza. Preenchia cada posição com *parvenus* filosofantes. As academias, assim como as cortes, estavam em suas mãos; a imprensa, os censores e os jornais, sob seu comando".

59. Ver Jean Bouchary, *Les manieurs d'argent à pris à la fin du XVIIIe siècle* (Paris, 1939-43), I, e Jean Bénétruy, *L'atelier de Mirabeau: quatre proscrits genevois dans la tourment révolutionnaire* (Genebra, 1962).

60. *Dictionnaire philosophique*, artigo *Quisquis*.

61. "Extraits de divers rapports secrets faits à la police de Paris dans les années 1781 et suivante, jusques et compris 1785, concernant des personnes de tout état et condition (ayant) donné dans la Révolution", nos Documentos de J.-C.-P. Lenoir, Bibliothèque Municipale d'Orléans, ms. 1423. Como indica o tom de mexerico, esses relatórios não devem ser julgados factualmente exatos, mas sem dúvida insinuam o caráter geral da vida no ponto mais baixo do mundo literário. Em anotação no fim dos relatórios, Lenoir esclareceu ter suprimido trechos que incriminassem gente respeitável, mas não haver retocado os excertos remanescentes, que podiam ser confirmados através de comparação com outros relatórios policiais (mais tarde destruídos). Os documentos de Lenoir, no geral, parecem dignos de crédito. No caso de Manuel, por exemplo, contêm diversas observações de sua vida no *underground* corroboradas pelo dossiê existente em

Archives Nationales, w 295, e por uma anônima *Vie secrète de Pierre Manuel* (sine loc., 1793).

62. Bibliothèque Municipale d'Orléans, ms. 1423.

63. J. F. de la Harpe, *Lycée ou cours de littérature ancienne et moderne* (Paris, ano VII a ano XIII), XI, parte 2, p. 488. A peça de Fabre, *Les gens de lettres*, foi publicada postumamente em *Mélanges littéraires par une société de gens de lettres* (Paris, 1827).

64. Ver as cartas de Marat a Roume de Saint Laurent em *Correspondance de Marat, recueillie et annotée par Charles Vellay* (Paris, 1908).

65. Tive essa impressão, de que os *libelles* cresceram em quantidade e importância durante os últimos anos do regime, depois de extensa leitura das coleções de panfletos da Bibliothèque Nationale e do British Museum; o comissário-geral de polícia de Luís XVI era da mesma opinião: ver o ensaio de Lenoir, "De l'administration de l'ancienne police concernant les libelles, les mauvaises satires et chansons, leurs auteurs coupables, délinquants, complices ou adhérents", Bibliothèque Municipale d'Orléans, ms. 1422.

66. A literatura de *libelle* é discutida de modo mais detalhado no Capítulo 6.

67. Charles Théveneau de Morande (anonimamente), *Le gazetier cuirassé: ou anecdotes scandaleuses de la cour de France* (1771, "imprimé à cent lieues de la Bastille, à l'enseigne de la liberté"), p. 128.

68. Idem, pp. 167-8.

69. Ibid., pp. 169-70.

70. Como exemplos da ênfase característica de Morande na impotência e na sodomia entre os aristocratas, ver ibid., pp. 51-2, 61.

71. Ibid., pp. 79-80.

72. Ibid., pp. 182-3.

73. Ibid., pp. 131-3.

74. Ibid., pp. 80-1.

75. Ibid., p. 53.

76. Ibid., pp. 36-7.

77. Ibid., p. 80. Essa observação preambulava a seguinte referência (na mesma página) ao companheiro de Ministério de Maupeou, o duque D'Aiguillon: "O pariato, em França, costumava ser posição em que o menor reproche era inadmissível; hoje, porém, um par [i. é, o duque D'Aiguillon] pode envenenar, arruinar uma província e intimidar testemunhas, contanto que possua a arte da cortesania e saiba mentir".

78. Ibid., p. 31.

79. Ibid., p. 109: "Acaba de aparecer um novo livro, que convida os reis da França a provar que foram divinamente instituídos; pede-se que exibam o tratado firmado com o Pai Eterno. O autor desse livro desafia-os a fazê-lo".

80. Ibid., pp. 157-8.

81. Ver as notas de Carra à sua tradução de *Histoire de l'ancienne Grèce* (Paris, 1787), I, 4, 11; II, 387-9; V, 387; VI, 98. Carra produziu *Mémoire*, influente panfleto atacando o ministro Calonne pouco antes da abertura da Assembleia dos Notáveis em 1787 (reimpresso em *Un petit mort de réponse à M. de Calonne sur sa requête au roi*, Amsterdam, 1787), e continuou a vergastá-lo em *libelles* como *M. de Calonne tout entier* (Bruxelas, 1788). Voltou-se também contra Lenoir (*L'an 1787: précis de l'administration de la bibliothèque du roi sous M. Lenoir*, 2ª ed., Liège, 1788), que, não satisfeito em desaconselhar a Callone uma pensão para Carra, tentara, com a ajuda de certos acadêmicos, despedir o literato de um cargo subalterno na Bibliothèque du Roi, única e magra fonte de renda de Carra: ver os Documentos de Lenoir, Bibliothèque Municipale d'Orléans, mss. 1421 e 1423. Não é, pois, surpreendente que os panfletos pré-revolucionários espumem de ódio contra os literatos bem situados que *conseguiam* pensões, sinecuras e assentos na academia, e contra os *grands* que distribuíam tais benesses.

82. Esse contraste implícito entre moral burguesa e aristocrática, e entre a Inglaterra e a França, pode ser visto em *Le gazetier cuirassé*, pp. 83-6, 171, 173.

83. Idem, p. 131.

84. Entre suas vítimas contavam-se Voltaire, D'Alembert e seus companheiros do salão de Mme. Geoffrin: ibid., pp. 178, 181.

85. Charles Théveneau de Morande (anonimamente), *La gazette noire par un homme qui n'est pas blanc; ou oeuvres posthumes du gazetier cuirassé* (1784, "imprimé à cent lieues de la Bastille"), pp. 194-5. Ver também uma passagem notavelmente semelhante em *Vie privée de Louis XV, ou principaux événements, particularités et anecdotes de son règne* (Londres, 1781, 139-140).

86. "Rousseaus de sarjeta", termo aplicado a Restif de la Bretonne no século XVIII, e que se adapta a muitos de seus camaradas da boemia literária.

87. Um exemplo dessa difundida identificação com Rousseau, em oposição a Voltaire, está em *Le Tableau de Paris*, XI, 186.

88. O notável relato de uma fortuna laboriosamente acumulada através de pensões e sinecuras, e depois arrasada pela Revolução, lê-se em *Mémoires de l'abbé Morellet sur le dix-huitième siècle et sur la révolution*, 2 vols. (Paris, 1921). Os caps. 5 a 7, vol. II, fornecem o retrato fascinante de um veterano do Iluminismo tentando estabelecer comunicação com jovens *sons-culottes*. Estes não tinham o mínimo interesse pelos tratados por ele produzidos em meados do século para provar a integridade de seus princípios; mas se mostravam curiosos e faziam perguntas como a seguinte: "Por que o senhor era feliz antes de 10 de agosto e tem andado triste desde então?" (II, 124). Morellet não podia compreender os *sans-culottes* mais do que eles a Morellet: separava-os uma revolução cultural.

89. Após a abolição do monopólio da Comédie Française, espocaram 45 novos teatros em Paris; 1500 novas peças foram produzidas entre 1789 e 1799 (metade delas no triênio 1792-4), em contraste com a bagatela produzida anualmente antes da Revolução. Essas novas peças podem ter derivado mais do teatro *foire* e dos *drames poissardes* populares que da Comédie Française, que se especializara em entreter plateias aristocráticas, sem dizer que dispunha até de acesso direto ao rei, graças a seu conselho diretor constituído por camareiros reais (*valets de chambre*, honraria apenas destinada a membros da nobreza). Talvez os gêneros subliterários (o panfleto do tipo *libelle* e o padrão jornalístico *Père Duchesne*) ganhassem terreno à medida que o populacho parisiense adquiria poder: a *intelligentsia* lúmpen certamente sabia falar a linguagem do povo comum. Mais espantosa foi a maneira pela qual a Revolução revolucionou o jornalismo. Na década de 1780, só umas poucas dezenas de periódicos, nenhum contendo muito noticiário, circulavam em Paris. No mínimo 250 autênticos jornais foram fundados só no segundo semestre de 1789; 350, pelo menos, circulavam em 1790. Sobre o teatro, ver John Lough, *Paris Theatre Audiences in the Seventeenth and Eighteenth Centuries* (Londres, 1957); Jules Bennasies, *Les auteurs dramatiques*; e Beatrice Hyslop, "The Theatre during a Crisis: The Parisian Theatre during the Reign of Terror", *Journal of Modern History*, 17 (1945), 332-55. Sobre a imprensa, ver Eugène Hatin, *Bibliographie historique et critique de la presse périodique française* (Paris, 1859), especialmente os caps. 2-8; e Gérard Walter, *Hébert et le Père Duchesne* (Paris, 1946).

90. A. Rivarol e L. de Champcenetz, *Petit dictionnaire des grands hommes de la révolution* (1790). Lê-se, na p. VII, um comentário típico: "Foi por meio de uma perfeita concordância entre os rejeitados da corte e os rejeitados da fortuna que chegamos a este empobrecimento geral, que, por si só, atesta nossa igualdade".

91. *Réimpression de l'Ancien Moniteur* (Paris, 1861), V, 439.

92. Henri Grégoire, *Rapport et projet de décret, présenté au nom du comité de l'instruction publique, à la séance du 8 août* (Paris, 1793). Ver também *Discours du citoyen David, député de Paris, sur la nécessité de supprimer les Académies* (Paris, 1793), proferido na mesma sessão da Convenção; a polêmica entre Morellet e Chamfort (S. R. N. Chamfort, *Des académies*, Paris, 1791, e *abbé* André Morellet, *De l'Académie Française*, Paris, 1791); e os debates sobre as implicações culturais da Revolução no *Moniteur* (por exemplo, VII, 115-20, 218-9; XVII, 176; XXII, 181-4, 191-3; XXIII, 127-8, 130-1). A declaração clássica de ódio revolucionário ao elitismo cultural do Ancien Régime continua sendo *Les charlatans modernes, ou lettres sur le charlatanisme académique* (Paris, 1791).

93. Albert Soboul toca nesse tema em *Les sans-culottes parisiens en l'an II* (Paris, 1958), pp. 670-3, e em "Classes populaires et rousseauisme", *Paysans, Sans-Culottes et Jacobins* (obra publicada em Paris em 1966), pp. 203-23.

94. Walter, *Hébert*, caps. 1-2. Ver também R.-N.-D. Desgenettes (que conheceu Hébert antes de 1789, quando este não passava de escrevinhador esfomeado), *Souvenirs de la fin du XVIII* *siècle et du commencement du XIX* *siècle* (Paris, 1836), II, 237-54. Eis uma descrição do Hébert pré-revolucionário, divulgada por *libelle* pró-Robespierre que o atacava, *Vie privée et politique de J.-R. Hébert* (Paris, ano II), p. 13: "Sem camisa, sem sapatos, só abandonava o quartinho alugado no sétimo andar para pedir aos amigos uns tostões emprestados — ou então para surrupiá-los".

95. Gustave Lanson, *Voltaire*, trad. R. A. Wagoner (Nova York, 1966), p. 48.

2. UM ESPIÃO NA BOEMIA LITERÁRIA

1. Daniel Mornet, *Les origines intellectuelles de la révolution française* (*1715--1787*), 5ª ed. (Paris, 1954), p. 410.

2. Para um relato detalhado da juventude de Brissot, ver Eloise Ellery, *Brissot de Warville: A Study in the History of the French Revolution* (Boston e Nova York, 1915).

3. J.-P. Brissot, *Réplique de J. P. Brissot à Charles Théveneau Morande* (Paris, 1791), p. 20. Brissot estimou em 18.000 livres seu prejuízo com o *Lycée* (p. 21).

4. É a avaliação da dívida de Brissot pela Société Typographique de Neuchâtel, conforme cópia de carta que lhe remeteu a 12 de outubro de 1784. Documentos da Société Typographique de Neuchâtel (doravante designada por STN), Bibliothèque de la Ville de Neuchâtel.

5. Foi omitida uma lista de livros e preços anexa.

6. Livreiro parisiense que se especializara no comércio clandestino e negociara a maior parte das obras de Brissot.

7. Brissot à STN, 22 de outubro de 1784.

8. Uma exposição detalhada dos subsídios de Clavière e dos serviços que recebeu em troca é feita em minha tese de doutorado *Trends in Radical Propaganda on the Eve of the French Revolution* (*1782-1788*). Oxford, University, 1964, pp. 179-95.

9. Bibliothèque de la Ville de Neuchâtel, ms. 1137.

10. J. P. Marat, *Traits destiné au portrait du jésuite Brissot*, artigo de *L'Ami du Peuple*, 4 de junho de 1792, reimpresso em *Annales Révolutionnaires*, 5 (1912), p. 689.

11. Idem, p. 685.

12. Marat a Brissot, em J.-P. Brissot, *Correspondance et papiers*, ed. Claude Perroud (Paris, 1912), p. 78. Ver também, de Brissot para Marat, 6 de junho de 1782, pp. 33-5.

13. Jean François-Primo, *La jeunesse de Brissot* (Paris, 1939).

14. Ellery, *Brissot de Warville*, p. 268.

15. O relato biográfico de Brissot por Claude Perroud, provavelmente o mais influente em língua francesa, figura em sua edição de *Correspondance et papiers*, p. xxxv.

16. Hippolyte Taine, *Les origines de la France contemporaine: la révolution*, 15ª ed. (Paris, 1894), II, 133.

17. Albert Mathiez, *La Révolution française* (Paris, 1922), I, 186. O retrato hostil de Brissot lembra o do mestre de Mathiez, Jean Jaurès, que, contudo, não alude à acusação de espionagem. Jean Jaurès, *Histoire socialiste de la Révolution française*, ed. Albert Mathiez (Paris, 1928), III, 69.

18. Pierre Gaxotte, *La Révolution française* (Paris, 1928), p. 233.

19. Jules Michelet, *Histoire de la Révolution française*, Bibliothèque de la Pléiade, ed. Gérard Walter (Paris, 1952), I, 850-1; II, 47; M. F. A. de Lescure, ed., *Mémoires de Brissot* (Paris, 1877), pp. XI, XII; Louis Blanc, *Histoire de la Révolution française* (Paris, 1847-62), VI, 289-92, VIII, 500. Apesar de não terem se pronunciado sobre as alegadas atividades de espionagem de Brissot, os demais historiadores da Revolução, inevitavelmente, avaliaram seu papel como líder dos girondinos. Em obras mais recentes, Georges Lefebvre, J. M. Thompson e Crane Brinton reconhecem a honestidade e o idealismo de Brissot, senão seu gênio político. Demonstram mais indulgência, singularmente, que Lamartine, que se mostrou cético quanto à integridade do "homme mixte, moitié d'intrigue, moitié de vertu" (homem composto, em metades iguais, de intriga e virtude), pelo menos no início de sua *Apologia* dos girondinos; no fim da obra, contudo, Brissot caminhava para a guilhotina com os colegas, numa apoteose do idealismo revolucionário moderado. Ver Georges Lefebvre, *La Révolution française* (Peuples et Civilisations, XIII, Paris, 1951, p. 226), J. M. Thompson, *Leaders of the French Revolution* (Nova York, 1962), pp. 67-91; Crane Brinton, *A Decade of Revolution, 1789-1799* (The Rise of Modern Europe, XI, Nova York e Londres, 1934, p. 106) e Alphonse de Lamartine, *Histoire des girondins* (Paris, 1847), I, 235-41 (citação p. 241), VII, 36.

20. F. A. Aulard, *Danton* (Paris, 1903), p. 8.

21. Taine, *Les Origines...*, II, 133, na Widener Library, Harvard University, Cambridge, Mass., Fr. 1327.144.5.

22. F. A. Aulard, *Les orateurs de la Révolution: la législative et la convention* (Paris, 1906), I, 218-63, citação p. 221.

23. André Amar, "Acte d'accusation contre plusieurs membres de la Convention Nationale, présenté au nom du Comité de Sûrété Générale, par André Amar, membre de ce Comité" (*Réimpression de l'Ancien Moniteur*, Paris, 1841, 25 de outubro de 1793, XVIII, 200). O libelo acusatório, embora fizesse diversas re-

ferências à carreira pré-revolucionária de Brissot, desandava em testemunhos palavrosos, confusos e inconclusivos acerca das intrigas e políticas dos girondinos, tal como o registraram o *Moniteur* e o *Bulletin du Tribunal Criminel Révolutionnaire* (Paris, 1793), n. 34-64, pp. 133-256. É provável que organizadores tendenciosos dessas publicações tenham suprimido a resposta de Brissot à acusação de espionagem, pois seu depoimento é interrompido, a certa altura, com a observação: *L'accusé fait ici une longue et verbeuse apologie de sa conduite* (idem, p. 81). Saint-Just pouco tinha a dizer da carreira de Brissot antes da Revolução; ver seu relato no *Moniteur* de 18 e 19 de julho, 1793, XVIII, 146-50, 153-8.

24. Brissot, *Mémoires*, II, 277.

25. *François Chabod à Jean-Pierre* (sic) *Brissot* (1792).

26. Cloots claramente centrava seu ataque em Brissot, embora não o nomeasse. Ver o discurso em F. A. Aulard, *La Société des Jacobins: Recueil de documents pour l'histoire du club des Jacobins de Paris* (Paris, 1889-97), IV, 520.

27. *Vie privée el politique de Brissot* (Paris, ano II), p. 12.

28. *Oeuvres de Maximilien Robespierre*, ed. Marc Bouloiseau, Georges Lefebvre, Jean Dautry e Albert Soboul (Paris, 1958), IX, 592.

29. Joachin Vilate, *Les mystères de la mère de dieu dévoilés* (Paris, ano III), p. 51.

30. *Jean-Pierre* (sic) *Brissot démasqué* (originalmente publicado em fevereiro de 1792), em *Oeuvres de Camille Desmoulins*, ed. Jules Claretie (Paris, 1874), I, 267. Desmoulins não repetiu a acusação em sua *Histoire des Brissotins*, publicada em maio de 1793.

31. A carta de Rivarol, reimpressa em *Écrits et pamphlets de Rivarol, recueillis pour la prémière fois et annotés par A.-P. Malassis* (Paris, 1877), contém a observação, exatamente como a citou Desmoulins, na p. 115. Seguindo um artigo de Maurice Tourneux em *L'intermédiaire des chercheurs et des curieux*, 24 (25 de janeiro de 1891), p. 62, Ellery (*Brissot de Warville*, pp. 243-4) rastreou a carta de Rivarol até chegar ao número 261 de *Les actes des apôtres*. Mas essa edição só estampava irrelevantes *Fragments de la correspondance secrète du baron de Grimm avec la première fonctionnaire publique de toutes les russies*. Tourneux atribuíra a publicação da carta a outra edição de *Les actes des apôtres*, que divulgava a *Correspondance littéraire, philosophique et critique par Grimm, Diderot, Raynal, Meister, etc.* (Paris, 1880), XVI, 265; não pude localizá-la. Rivarol e Champcenetz expressaram suas opiniões sobre os líderes da Revolução no *Petit dictionnaire des grands hommes de la Révolution* (1790), em que há um ataque satírico a Brissot.

32. Brissot, *Mémoires*, II, 277.

33. J.-P. Brissot, *Réplique de J. P. Brissot à la première et dernière lettre de Louis-Marthe Gouy, défenseur de la traite des noirs et de l'esclavage* (Paris, 1791), p. 42.

34. *Journal de Paris*, 13 de março de 1792. Ver também os artigos de Pange no *Journal de Paris* de 18 e 25 de março de 1792, e os ataques anônimos contra Brissot nas edições de 6 e 16 de março de 1792. O panfleto de Brissot, *Les moyens d'adoucir la rigueur des lois pénales en France* (Châlons-sur-Marne, 1781), elogiava Lenoir na p. 43.

35. *Journal de Paris*, 13 de março de 1792. A carta de Chénier criticava a vil bajulação, *lâcheté*, do elogio a Lenoir, mas se esquivava de um desafio direto a Brissot a respeito da espionagem; ao contrário do relato impreciso em Vernon Loggins, *André Chénier: His Life, Death and Glory* (Athens, Ohio, 1965), p. 161.

36. *Le Patriote Français*, 7 de março de 1791 (original em grifo). Para os antecedentes da querela, ver a edição de 13 de março, que os resumia.

37. Idem, 7 de outubro de 1790.

38. *Bulletin du Tribunal Criminel Révolutionnaire*, nº 45, p. 177. Uma versão ainda mais fantasiosa da carreira de Brissot, atribuída a Joel Barlow, fazia dele um "agente da polícia" bem depois da Tomada da Bastilha: *A Sketch of the Life of J. P. Brissot by the Editor* em tradução de *Nouveau voyage dans les États-Unis*, intitulada *New Travels in the United States of America Performed in M.DCC. LXXXVIII by J. P. Brissot de Warville* (Londres, 1794), ii, xxx.

39. Na fuzilaria panfletária aberta por Morande contra Brissot, o tiro mais eficaz partiu de *Réplique de Charles Théveneau Morande à Jacques-Pierre Brissot sur les erreurs, les oublis, les infidélités et les calomnies de sa réponse* (Paris, 1791). A acusação de espionagem não aparece nas saraivadas, um tanto mais suaves, trocadas entre Brissot e Stanislas de Clermont-Tonnerre no outono de 1790.

40. Etienne Dumont, que conservou o senso de objetividade em sua amizade com Brissot, considerava-o virtuoso mas perigosamente fanático: *Souvenirs sur Mirabeau et sur les deux premières assemblées législatives*, ed. Joseph Bénétruy (Paris, 1951), pp. 178, 192, 203. Outros amigos de Brissot, especialmente Pétion e Mme. Roland, fizeram profissão de fé mais veemente, porém mais tendenciosa, de sua honestidade.

41. Bibliothèque Municipale d'Orléans, ms. 1422. Depois de examinar esses documentos, Georges Lefebvre não encontrou razão para duvidar de sua autenticidade: "Les papiers de Lenoir", *Annales Historiques de la Révolution Française*, 4 (1927), 300. Sobre Lenoir e a polícia de Paris, ver Maxime de Sars, *Le noir, lieutenant de police 1732-1807* (Paris, 1948).

42. *Le Patriote Français*, 10 de agosto de 1790. Talvez seja revelador observar que, em 1781, Brissot manifestara horror por espionagem policial: *Théorie des lois criminelles* ("Berlim", 1781), ii, 177. Quanto ao caráter do panfletarismo anti-Lenoir, ver o ataque inaugural de Jean-Louis Carras, *L'an 1787. Précis de l'administration de la bibliothèque du roi sous M. Le Noir* (Liège, 1788).

43. Brissot, *Mémoires*, ii, 23.

44. J.-P. Brissot, *J. P. Brissot, membre du comité de recherches de la municipalité à Stanislas Clermont* (Paris, 1790), pp. 34-5. A mais importante lacuna nos papéis da Bibliothèque de l'Arsenal está no ms. 12 454, que nada contém acerca de Brissot, mas bastante sobre seus companheiros de prisão de 1784, especialmente seu velho amigo, o marquês de Pelleport, preso em conexão com Brissot sob a acusação de produzir *libelles* contra membros da corte. Outros registros policiais referentes a Brissot podem ter perecido com o Hôtel de Ville em 1871.

45. Bibliothèque de l'Arsenal, ms. 12 517, fol. 77 *bis*.

46. P. L. Manuel e outros, *La Bastille dévoilée, ou recueil de pièces authentiques pour servir à son histoire* (Paris, 1789), *troisième livraison*, p. 78. É duvidoso estabelecer *quanto* da obra possa ser realmente atribuído a Manuel. Parece ter sido apenas um dentre vários escritores que usaram os documentos da Bastilha para explorar um gênero de panfletarismo sensacionalista, lucrativo e prudentemente expurgado.

47. Archives Nationales, W295; Manuel, *La Bastille dévoilée*, pp. 105-6.

48. Bibliothèque Municipale d'Orléans, ms. 1422.

49. Bibliothèque Municipale d'Orléans, ms. 1423, intitulado "Rapport des inspecteurs ayant les départements de la librairie et des étrangers". Robert Pigott era um quacre radical inglês que ainda mantinha contato com Brissot nos primeiros anos da Revolução, contribuindo com artigos para *Le Patriote Français*.

50. Jacques Peuchet, *Mémoires tirés des archives de la police de Paris* (Paris, 1838), III, 17. Peuchet acrescentou que pessoalmente não acreditava nesse relatório (p. 18), embora o documento não contradiga o retrato da acidentada carreira de Mirabeau que emerge de *Les Mirabeau, nouvelles études sur la société française au XVIIIe*, de Charles de Loménie (Paris, 1889), III e IV, e de *Les manieurs d'argent à Paris à la fin du XVIIIe siècle*, de Jean Bouchary (Paris, 1939), I. O último estudo foi incorporado a *L'atelier de Mirabeau: quatre proscrits genevois dans la tourmente révolutionnaire* (Genebra e Paris, 1962). Numa nota quase ilegível entre seus papéis, Lenoir rabiscou: "O famoso *comte* de Mirabeau foi utilizado pelo comissário de polícia, assim como o famoso Brissot de Warville. A polícia empregou-os para produzir e [pôr em circulação?] panfletos". Bibliothèque Municipale d'Orléans, ms. 1422.

51. Brissot, *Mémoires*, II, 7-8. Ver também Paul Robiquet, *Théveneau de Morande, étude sur le XVIIIe siècle* (Paris, 1882).

52. Brissot, *Réplique... à Morande*, p. 25. Brissot acrescentou: "Sempre tive especial horror pelos libelos de caráter pessoal". Não contestou a autenticidade da carta de seu agente, Vigtaine, datada de 3 de abril de 1784, reproduzida por Morande em *Réplique... à Brissot*, p. 106. A ampla correspondência dos *libellistes* conservada nos arquivos do Ministère des affaires étrangères, *Correspondance politique, Angleterre*, mss. 541-9, trata Brissot como um companheiro, mas não cúmplice.

53. Marat, *Traits déstinés...*, p. 686. A 16 de setembro de 1781 a STN escreveu a Brissot, recusando-se a imprimir uma obra obscena por ele enviada a pedido de Desauges; mesmo assim, imprimiu uma edição pirata de *Les liaisons dangereuses de Choderlos de Laclos*, romance epistolar que Brissot resenhara com horror em seu *Journal du Licée* (sic) *de Londres* (Londres, 1784), I, 389-91, e na *Correspondance universelle sur ce qui intéresse le bonheur de l'homme et de la société* (Londres, 1783), sustentando que "um romance com mensagem moral equívoca é um veneno bastante perigoso" (p. 124). A STN vendeu, mas não imprimiu, diversas obras pornográficas, inclusive algumas de Mirabeau e publicadas em Neuchâtel por um antigo sócio, Samuel Fauche.

54. Brissot, *Mémoires*, I, 104-6.

55. Brissot à STN, 26 de julho de 1781.

56. Brissot à STN, 12 de janeiro de 1782.

57. Brissot à STN, 23 de abril de 1781. Brissot também citava uma fonte oficial ao relatar as medidas do governo contra a continuidade do jornal *Annales Politiques, Civiles et Littéraires du Dix-Huitième Siécle* de Linguet, postas em prática por Mallet du Pan: "Os senhores podem ter certeza de que nenhum dos jornais de Mallet chegou aqui. Foram todos confiscados. Soube disso através do próprio homem que ordenou o confisco" (Brissot à STN, 18 de agosto de 1782).

58. Quandet à STN, 20 de junho de 1781. Referia-se ao confisco de um carregamento da *Description des arts et métiers*, em 19 volumes, publicada pela STN e banida da França pelas maquinações dos concorrentes franceses.

59. Brissot à STN, 30 de março de 1782.

60. *Le Patriote Français*, 31 de julho de 1790.

61. Brissot a [Martin], 21 de outubro de 1784, em Brissot, *Correspondance et papiers*, pp. 83-5. O contexto da carta indica que o destinatário não nomeado era Martin.

62. Brissot à STN, 22 de setembro de 1782.

63. J. F. Bornand à STN, 19 de fevereiro de 1785.

64. *Journal du Licée* [sic] *de Londres*, I, 223. Na p. 225, Brissot descreveu-se em estado de *âme électrisée* após a leitura das *Confessions* pela terceira vez.

65. Brissot, *Mémoires*, I, 14, 18. Brissot reconheceu o modelo para seu "retrato de Phédor" — "A leitura das Confissões de Rousseau, que ora empreendo pela sexta vez, faz-me lembrar de alguns traços que pertencem a ele [Phédor]" (I, 18) — e para suas memórias: "Eu imitarei Rousseau" (I, 24).

3. UM PANFLETISTA EM FUGA

1. Este trecho, e os seguintes, do poema de Voltaire, foi extraído de "Le pauvre diable", em *Oeuvres complètes de Voltaire* (Paris, 1877).

2. Le Senne não aparece em nenhum standard de dicionários biográficos, bibliografias ou catálogos de livros impressos; sequer no mexeriqueiro *Mémoires secrets pour servir à l'histoire de la République des Lettres en France* ou na correspondência de Voltaire, onde recorrem os nomes de muitos escritores obscuros. Este estudo, portanto, baseia-se quase unicamente numa só fonte: os documentos da STN na Bibliothèque de la Ville de Neuchâtel, Suíça.

3. Louis de Laus de Boissy à STN, 9 de março de 1780: "É bem agradável crer em Deus, especialmente na Suíça, mas não muito divertido; e o jornal de V. Sas. só fará sucesso se possuir tinturas filosóficas". Para detalhes adicionais, ver as cartas de Laus de 21 de janeiro e 19 de fevereiro de 1780, e o "prospectus" sem data contido em seu dossiê, que sublinha o papel potencial do jornal na luta dos *philosophes* contra o *fanatisme*.

4. Bosset à STN, 17 de maio de 1780. Ao descrever à matriz as negociações com D'Alembert, acrescentou: "Il m'a paru tenir beaucoup à la partie lucrative de ses oeuvres" (pareceu-me demasiado apegado ao quinhão de lucro que possa extrair de suas obras).

5. Le Senne incluiu o prospecto em sua carta à STN de 3 de fevereiro de 1780.

6. Le Senne à STN, 3 de fevereiro de 1780.

7. Idem.

8. Le Senne à STN, 18 de março de 1780.

9. Tais observações figuram num memorando, "Réponse aux conditions proposées", sem data mas evidentemente de maio de 1780, no dossiê Le Senne.

10. Le Senne à STN, 26 de março de 1780.

11. Bosset à STN, 15 e 17 de maio de 1780.

12. O sucesso de Panckoucke em barrar a entrada ao *Journal Helvétique* foi confirmado um ano mais tarde por um agente da STN, que reportou: "Panckoucke move céus e terra, nada progride nos escritórios do grão-chanceler". Thiriot à STN, 5 de maio de 1781. Sobre a construção do império editorial de Panckoucke, ver Suzanne Tucoo-Chala, *Charles-Joseph Panckoucke & la Librairie Française 1736-1798* (Pau e Paris, 1977).

13. Le Senne à STN, 20 de maio de 1780.

14. Le Senne à STN, 14 de maio de 1780.

15. Quandet de Lachenal à STN, 26 de outubro de 1781.

16. Le Senne à STN, 3 de fevereiro de 1780.

17. Le Senne à STN, 18 de março de 1780.

18. Memorando sem data no dossiê Le Senne, escrito na primavera de 1780.

19. Le Senne à STN, 2 de abril de 1780.

20. Le Senne à STN, 8 de abril de 1780.

21. Le Senne à STN, 19 de abril de 1780.

22. Le Senne à STN, 24 de maio de 1780.

23. Le Senne à STN, 27 de maio de 1780.

24. Le Senne à STN, 19 de abril de 1780.

25. Le Senne à STN, 11 de junho de 1780.

26. Bosset à STN, 12 de junho de 1780.

27. Bosset descreve a proposta de Cugnet em carta de 12 de junho de 1780.

28. Le Senne à STN, 27 de maio de 1780. Descreveu mais detalhadamente o projeto de Cugnet em carta de 29 de maio de 1780.

29. Le Senne à STN, 11 de junho de 1780.

30. Bosset à STN, 19 de junho de 1780.

31. Le Senne à STN, 25 de julho de 1780.

32. Le Senne à STN, 5 de outubro de 1780.

33. Cugnet à STN, 12 de outubro de 1780.

34. Cugnet à STN, 2 de abril de 1781.

35. Le Senne à STN, 20 de setembro de 1780.

36. Le Senne à STN, 5 de outubro de 1780.

37. Le Senne à STN, 12 de outubro de 1780.

38. Idem.

39. STN a Le Senne, 19 de novembro de 1780. A última carta de Cugnet era de 12 de outubro (o mesmo dia, ou quase, em que Le Senne fugiu de Paris). Ver também a carta da STN a Cugnet de 21 de novembro, reclamando por ter enviado três pessoas para negociar com ele, sem que nenhuma conseguisse encontrar a loja.

40. Le Senne à STN, 2 de dezembro de 1780.

41. STN a Le Senne, 10 de dezembro de 1780.

42. D'Alembert à STN, 30 de dezembro de 1780. Cópia encontrada nos papéis da STN. Não há razão para questionar sua autenticidade, embora eu não tenha localizado o original. Ostervald e Bosset conheciam D'Alembert razoavelmente, tendo com ele mantido longas negociações para a publicação de suas obras. A 14 de junho de 1780, Bosset descrevia uma sessão com o *philosophe*: "Mostrou-me alguns manuscritos, que dariam um volume *in octavo* de ensaios, que pretendia dar à nossa editora para publicar. Propus vários acordos quanto a esse item. Pareceu-me que mais lhe agradaria (ele mesmo propôs) se arcássemos com o custo da impressão e do papel e dividíssemos com ele os lucros... Depois deste, teria mais uns três volumes de panegíricos, que ainda não estão prontos... Falou em ir até à Suíça". Le Senne participara dessas negociações. Parece ter ocupado um lugar próximo ao centro na entourage de D'Alembert, e foi um dos que difundiram a frase atribuída a Frederico II ao concordar com a realização de um serviço religioso pela alma de Voltaire: "Embora não acredite muito na eternidade, consinto". Bosset à STN, 23 de junho de 1780. Ver também sua carta de 16 de junho de 1780.

43. D'Alembert a Frederico II, 24 de julho de 1780, em *Oeuvres de d'Alembert* (Paris, 1822), v, 431: "M. de Catt fornecerá a S. Majestade um novo memorando e alguns certificados autênticos em favor do pobre cura de Neuchâtel, perseguido por seu bispo fanático. Roga-se que S. Majestade leve tal detalhe em consideração e obtenha justiça para esse pobre-diabo de padre, que por ela espera e pede há muito tempo". O "cura de Neuchâtel" deve ter sido um lapso — ou então Le Senne já lhe adiantara, à sua maneira, os projetos que nutria para ir viver num chalé suíço...

44. Le Senne à STN, 18 de dezembro de 1780. As *Observations patriotiques* podem ter sido o tratado neckerista sobre "L'administration physique et morale de la France" que propusera anteriormente. Fazia, porém, tantas ofertas, negociava tantos manuscritos, tantas vezes lhes mudava os títulos, que é impossível identificar as obras mencionadas em suas cartas.

45. STN a Le Senne, 24 de dezembro de 1780.

46. Le Senne à STN, 28 de dezembro de 1780.

47. STN a Le Senne, 4 de janeiro de 1781.

48. Le Senne à STN, 9 de janeiro de 1781.

49. *Mémoires secrets pour servir à l'histoire de la république des lettres en France* (Londres, 1777-89), 36 vols., apontamentos de 4 de junho, 30 de junho e 11 de julho de 1780.

50. Le Senne à STN, 9 de janeiro de 1781.

51. Le Senne à STN, 9 de fevereiro de 1781.

52. STN a Le Senne, 25 de fevereiro de 1781.

53. Quandet de Lachenal à STN, 7 de março de 1781.

54. STN a Quandet, 11 de março de 1781.

55. A análise do desfalque de Le Senne é baseada primordialmente na correspondência da STN com Quandet, em particular a carta da editora de 11 de março de 1781 e as de Quandet de 23 de março e 2 de abril de 1781.

56. Le Senne à STN, 23 de abril de 1781.

57. Cugnet à STN, 2 de abril de 1781. Acrescentava que Le Senne estava "com péssima fama" em Paris e explicava que comprara os livros porque o *abbé* não pudera pagar o frete e o *abbé* Bretin, que pagara a conta de transporte quando da chegada do material a Brunoy, recusava-se a liberá-los até ser reembolsado. Assim, apesar do que escreveu à STN, Le Senne jamais tivera os livros em seu poder, e provavelmente se achava na mais completa miséria ao se evadir de Paris.

58. STN a Cugnet, 8 de abril de 1781.

59. Sobre o projeto do breviário, ver as cartas de Le Senne à STN de 8 de maio, 25 de maio e 11 de julho de 1781; da STN a Le Senne, 17 de maio, 2 de junho e 17 de julho de 1781; e da STN para o abade de Cîteaux, 2 de junho de 1781. O abade nem respondeu.

60. Le Senne à STN, 25 de maio de 1781.

61. Le Senne à STN, 11 de julho de 1781.

62. Le Senne à STN, 27 de agosto de 1781.

63. Le Senne à STN, 26 de novembro de 1781.

64. STN a Le Senne, 9 de dezembro de 1781.

65. Le Senne à STN, 22 de dezembro de 1781.

66. Le Senne à STN, 17 de março de 1782.

67. Le Senne à STN, 4 de junho de 1782. Ver também as de 3 e 25 de abril, 23 de junho e 2 de agosto de 1782.

68. Le Senne à STN, 23 de junho e 8 de agosto de 1782.

69. Quandet à STN, 2 de outubro de 1782.

70. Le Senne à STN, 15 de agosto de 1782.

71. Le Senne à STN, 26 de abril de 1784.

72. Le Senne à STN, 18 de setembro de 1784.

73. "Le pauvre diable", p. 99.

74. Denis Diderot, *Le neveu de Rameau*, ed. Georges Monval (Paris, 1891), p. 91.

75. Pat Rogers, *Grub Street: Studies in a Subculture* (Londres, 1972).

76. Le Senne à STN, 27 de maio de 1780.

77. Sobre esse tema, ver John McManners, *French Ecclesiastical Society Under the Old Regime: A Study of Angers in the Eighteenth Century* (Manchester, 1960), caps. 9-11.

78. Além da correspondência, onde esse tema se destaca claramente, ver John N. Pappas, *Voltaire and D'Alembert* (Bloomington, Ind., 1962).

79. *Le neveu de Rameau*, p. 164.

80. Idem, pp. 165-6.

81. Ibid., p. 47.

82. Ibid., pp. 109, 113.

4. UM LIVREIRO CLANDESTINO DA PROVÍNCIA

1. Mauvelain à STN, 14 de abril de 1781, Documentos da STN, Bibliothèque de la Ville de Neuchâtel, Suíça. Todas as referências deste capítulo são a esses papéis, salvo indicação em contrário.

2. Mauvelain à STN, 8 de maio de 1781.

3. Mauvelain à STN, 5 de junho de 1781.

4. Mauvelain à STN, 19 de maio de 1782.

5. Mauvelain à STN, 10 de janeiro de 1783.

6. Mauvelain à STN, 29 de janeiro de 1783.

7. Mauvelain à STN, 9 de abril de 1783.

8. Mauvelain à STN, 3 de maio e 7 de junho de 1783.

9. Mauvelain à STN, 17 de maio de 1784.

10. Mauvelain à STN, 2 de novembro de 1783.

11. Mauvelain à STN, 31 de maio de 1784.

12. Mauvelain à STN, 16 de junho de 1784.

13. Mauvelain à STN, 10 de maio e 16 de junho de 1784.

14. Mauvelain à STN, 24 de setembro de 1784.

15. STN a Mauvelain, 26 de setembro de 1784.

16. Faivre à STN, 14 de agosto de 1784

17. Faivre à STN, 23 de setembro de 1784.

18. Mauvelain à STN, 31 de dezembro de 1784.

19. Mauvelain à STN, 12 de março de 1785.

20. Mauvelain à STN, 27 de maio de 1785

21. STN a J.-P. Brissot, 13 de fevereiro de 1787.

22. Charles Théveneau de Morande, *Le Portefeuille de Madame Gourdan, dite La Comtesse* (Spa, 1783), reimpresso como *Correspondance de Madame Gourdan, dite La Comtesse* (Paris, 1954), p. 41.

23. *La chronique scandaleuse* (Paris, 1783), p.38.

24. *Les fastes de Louis XV* (Villefranche, 1782), II, 27.

25. Idem, p. 296.

5. UMA TIPOGRAFIA DO OUTRO LADO DA FRONTEIRA

1. Thomas à STN, 19 de julho de 1778. Sobre esse episódio da campanha de recrutamento, ver carta de Pyre à STN, 16 de junho de 1777, e da STN a Pyre, 1º de julho de 1777.

2. Christ à STN, 8 de janeiro de 1773.

3. STN a Pyre, 14 de outubro de 1777.

4. STN a Vernange, 24 de maio de 1777.

5. Claudet à STN, 18 de junho de 1777.

6. STN a Claudet, 8 de maio de 1777.

7. STN a Duplain, 2 de julho de 1777.

8. STN a Vernange, 26 de junho de 1777.

9. "Banque des ouvriers" da STN, apontamento de 16 de janeiro de 1779.

10. Pfaehler à STN, 3 de março de 1772.

11. Mme. Bertrand a Ostervald, 12 de fevereiro de 1780.

12. Offray a Ducret, na STN, dezembro de 1770, citado por Jacques Rychner em "A l'ombre des Lumières: coup d'oeil sur la main-d'oeuvre de quelques imprimeries du XVIIIème siècle" (*Studies on Voltaire and the Eighteenth Century*, 155,

1976, 1948-9). Quando Jacques Rychner completar sua dissertação sobre a STN, será possível acompanhar as peregrinações dos oficiais impressores com grande riqueza de detalhes.

13. Idem.

14. Ver, por exemplo, Nicolas Contat, *dit* Le Brun, *Anecdotes typographiques où l'on voit la description des coutumes, moeurs et usages singuliers des compagnons imprimeurs*, ed. Giles Barber (Oxford, 1980), parte II, cap. 2.

15. Alguns desses dados constam do capítulo 5 de meu livro *The Business of Enlightenment: A Publishing History of the "Encyclopédie", 1775-1800*, mas, em sua maioria, permanecem inéditos.

16. Leon Voet, *The Golden Compasses* (Amsterdam, 1972), II, 351.

17. Contat, *Anecdotes Typographiques*, parte I, cap. 3.

18. Idem, parte II, cap. 1.

19. Ibid., cap. 2.

20. Ibid., parte I, cap. 6.

6. LEITURA, ESCRITA E ATIVIDADE EDITORIAL

1. Walter Benjamin, *Unpacking My Library: A Talk about Book Collecting* (em *Illuminations*, ed. Hannah Arendt, Nova York, 1968).

2. Daniel Mornet, "Les enseignements des bibliothèques privées 1750-1780" (*Révue d'Histoire Littéraire de la France*, 17, 1910, pp. 449-92).

3. Embora delimitasse cuidadosamente as conclusões de seu artigo, Mornet fez afirmações de maior alcance em obras posteriores. Inferiu, erroneamente, que sua pesquisa sobre o *Contrat social* era válida para o período após 1780: "Mal se falou sobre este livro formidável antes de 1789 (Daniel Mornet, "L'influence de J.-J. Rousseau au XVIIIe", *Annales Jean-Jacques Rousseau*, 8, 1912, p. 44). Ver também *Rousseau, l'homme et l'oeuvre* (Paris, 1950), pp. 102-6, e *Les origines intellectuelles de la Révolution française*, 5ª ed. (Paris, 1954), p. 229. Robert Derathé aceitou a interpretação de Mornet: "Les réfutations du *Contrat social* au XVIIIe siècle", *Annales de la Société Jean-Jacques Rousseau*, 32 (1950-2), pp. 7-12. Alfred Cobban expandiu-a: "O *Contrat social* não teve influência constatável antes da Revolução; e apenas uma demasiado discutível durante seu curso"; ver seu "The Enlightenment and the French Revolution" (reimpresso em *Aspects of the French Revolution* [Nova York, 1968], p. 22). A versão mais completa é a de Joan McDonald, *Rousseau and the French Revolution* (Londres, 1965).

4. Ver R. A. Leigh, "Jean-Jacques Rousseau", *The Historical Journal*, 12 (1969), 549-65.

5. Como toda influência ideológica, é difícil avaliar a do *Émile* de Rousseau, um tratado demasiado obscuro para suscitar a controvérsia que causou em muitos lugares (menos na Suíça). Se a repressão for indicador de importância, deve-se notar que o Estado francês jamais condenou formalmente o *Contrat social* — mas também não permitiu sua livre circulação. Os revolucionários encontraram exemplares do *Contrat*, juntamente com outras obras consideradas sediciosas, no *pilon** da Bastilha, Bibliothèque de l'Arsenal, ms. 10 305, *Le pilon de la Bastille*.

6. O livro de Escarpit foi publicado na coleção "Que sais-je?", amplamente lida; até 1982 já tivera quatro edições. Como exemplo de sua influência, ver Louis Trenard, "La sociologie du livre en France (1750-89)", in *Actes du Cinquième Congrès National de la Société Française de Littérature Comparée* (Paris, 1965), p. 145.

7. Robert Escarpit, *Sociologie de la littérature*, 4ª ed. (Paris, 1968), p. 46. Note-se, ainda, que o desenvolvimento da atividade literária como um métier no século XVIII não correspondia ao fenômeno sociológico da profissionalização. Ver o verbete "Profession", de Talcott Parsons, na *International Encyclopaedia of the Social Sciences*, XII, pp. 536-47.

8. David Pottinger, *The French Book Trade in the Ancien Régime, 1500-1791* (Cambridge, Mass., 1958).

9. Os estudos, citados doravante pelo nome do autor, são: François Furet, "La 'librairie' du royaume de France au 18e siècle", in *Livre et société dans la France du XVIIIème siècle*, I (Paris e Haia, 1965); Jean Ehrard e Jacques Roger, "Deux périodiques français du 18e siècle: 'Le Journal des Savants' et 'Les Mémoires de Trévoux'. Essai d'une étude quantitative", no mesmo volume; Daniel Roche, "Un savant et sa bibliothèque au XVIIIe siècle: les livres de Jean-Jacques Dortous de Mairan, secrétaire perpétuel de l'Académie des Sciences, membre de l'Académie de Béziers", in *Dix-Huitième Siècle*, I (1969), pp. 47-88; François Bluche, *Les magistrats du Parlement de Paris au XVIIIe siècle, 1715-1771* (Paris, 1960), pp. 291-6, e que incorpora as descobertas de um estudo ainda inédito de Régine Petit, *Les bibliothèques des hommes du parlement de Paris au XVIIIe siècle* (1954); e Jean Meyer, *La noblesse bretonne au XVIIIe siècle* (Paris, 1966), pp. 1156-77.

10. Furet, p. 19.

11. Ehrard e Roger, p. 56.

12. Mornet, *Les enseignements des bibliothèques privées*, p. 473.

13. Citado por Raymond Birn, "Le Journal des Savants sous l'Ancien Régime", *Journal des Savants* (jan.-mar. 1965), p. 28, e por Eugène Hatin, *Histoire politique et littéraire de la presse en France* (Paris, 1859-61), II, 192.

14. Jean-Louis e Marie Flandrin, "La circulation du livre dans la société du 18e siècle: un sondage à travers quelques sources", in: *Livre et société*, 2 (Paris e Haia, 1970), pp. 52-91. Os Flandrin estudaram três jornais literários particulares ou, pelo menos, não censurados, que discutiam obras filosóficas que não po-

diam ser mencionadas nas páginas de periódicos quase oficiais, duramente censurados, como o *Journal des Savants*. Mas os três jornais mostram uma tendência contrária à dos estudados por Ehrard e Roger. Discutiam principalmente livros sensacionalistas — livros que faziam notícias — e, portanto, não representavam os gostos literários gerais de seus leitores mais que o *Journal des Savants* ou o jesuíta *Mémoires de Trévoux*.

15. Trenard, *La sociologie du livre en France*.

16. O principal problema para construir esses gráficos foi encontrar unidades e dados estatísticos comparáveis nos oito estudos. Para possibilitar comparações, foi necessário refazer alguns cálculos e reconverter alguns dos dados que apareciam em forma gráfica nos dois artigos publicados em *Livre et société*. Os gráficos referem-se, todos, a meados do século, embora representem lapsos de tempo levemente diferentes. Os assuntos que neles não figuram nominalmente enquadram-se, na maioria, nas diversas "artes" catalogadas sob o título de *sciences et arts*. Como tal título parece excessivamente abrangente para significar alguma coisa para o leitor moderno, decidi substituí-lo pela subcategoria "ciências". Compostas de quatro subcategorias — *physique, médecine, histoire naturelle e mathématiques* —, as "ciências" puderam ser computadas em todos os casos, exceto nos de Mornet e Bluche-Petit. Mornet não forneceu dados estatísticos acerca dos livros de matemática — mas a omissão provavelmente não representa mais que 1% do conjunto dos livros por ele examinados. Por conseguinte, não afetou o padrão geral. Bluche não fez distinção entre "ciências" e *sciences et arts*. Embora varie bastante noutros casos (de 10 a 70% da categoria geral), pareceu-me razoável avaliar a subcategoria "ciências" em metade da *sciences et arts* de Bluche, ou 7% do total — estimativa não exata, indicada por linhas pontilhadas que o leitor talvez prefira desconsiderar. Os números de Mornet cobriam apenas *romans e grammaires* sob o rótulo de "belles-lettres", coisa que deixou de fora provavelmente pouco mais da metade das obras da categoria, a julgar pela distribuição das *permissions publiques e permissions tacites* de Furet. Essa categoria ocuparia possivelmente de 10 a 20% do total de Mornet, e é indicada pela média (15%) em linhas pontilhadas. Ao contrário dos outros, Mornet não classificou literatura de viagem como "história", conforme o uso do século XVIII. Fizesse isso e sua categoria "história" teria aumentado em mais 1,5%. A categoria "belles-lettres" de Meyer também é estimativa e aparece, assim, em linhas pontilhadas.

Construí o gráfico combinando os estudos de Furet das *permissions publiques* e *permissions tacites*, com base em computações extraídas de seus dados originais; esperava que um retrato global da produção literária emergisse da combinação de dados estatísticos oriundos de fontes tão diversas. Mas, apesar de sugestivo, este gráfico composto de colunas contradiz todos os outros. Por exemplo: assemelha-se, de certa forma, ao gráfico baseado nas estatísticas de Mornet — mas, segundo Mornet, os franceses leriam 6% a menos de obras religiosas e 3% de científicas; e, em história, 30% a menos do que no estudo de Furet (cujo gráfico combinado mostra 20% de religião, 9% de ciências e 11% de história).

Como os oito estudos respeitam razoavelmente o esquema classificatório do século XVIII, não serão de muita valia para o leitor moderno desejoso de pesquisar o Iluminismo. Associará, o leitor, o Iluminismo à *philosophie* (uma das oito subcategorias de *sciences et arts* no século XVIII)? Se a resposta for afirmativa, deve emaranhar-se em quatro subcategorias aparentadas: *philosophie ancienne, logique, morale* e *métaphysique*. As duas últimas parecem promissoras, mas (exceto nas estatísticas de Roche, que incluem duas subcategorias adicionais) os dados não as distinguem das duas primeiras. Os quatro estudos com dados estatísticos sobre a *philosophie* como um todo insinuam que ela abrangia uma porção pequena, mas estável, das leituras no século XVIII. As *permissions publiques* fixam-na em 3% (1723-7), 3,7% (1750-4) e 4,5% (1784-8). As *tacites* em 6% (1750-9), 5% (1770-4) e 6% (1784-8). As resenhas do *Journal des Savants* em 3% (1715-9), 4% (1750-4) e 5% (1785-9). Perfazia 7% da biblioteca de Dortous de Mairan. Pouca coisa como evidência da difusão das *Lumières*. A conclusão é a de que o Iluminismo não pode ser identificado com nenhuma das categorias ou subdivisões do século XVIII.

Também se poderia transferir o estudo de Pottinger, de duzentos autores do século XVIII, para um gráfico de colunas, pois ele produziu uma tabela estatística de suas publicações, tomando a obra de Mornet por modelo. Mas, como foi explicado anteriormente, a seleção de escritores de Pottinger é tão arbitrária e seus dados estatísticos tão incompletos e não representativos que o gráfico não teria grande significação. Para fins de comparação, suas descobertas devem ser mencionadas (Pottinger, *The French Book Trade*, pp. 30-1): obras religiosas, 11% do total da produção dos autores que estudou; ciências, 20%; história, 20%; direito, 2%, e *belles-lettres*, 10%.

17. Números apoiados no estudo Maggiolo de grau de alfabetização (conforme o apresentaram Michel Fleury e Pierre Valmary em "Le progrès de l'instruction élémentaire de Louis XIV à Napoléon III d'après l'enquête de Louis Maggiolo (1877-9)", *Population*, 1957, pp. 71-92), estimando a população em 26 milhões.

18. Após 1969, quando este Capítulo foi escrito em forma de ensaio separado, os estudos quantitativos de difusão do livro começaram a proliferar. Os mais importantes foram os artigos de Julien Brancolini, Marie-Thérèse Bouyssy, Jean Louis Flandrin e Maria Flandrin em *Livre et société*, 2 (Paris e Haia, 1970); Jean Quéniart, *L'imprimerie et la librairie à Rouen au XVIIIe siècle* (Paris, 1969); René Moulinas, *L'imprimerie, la librairie et la presse à Avignon au XVIIIe siècle* (Grenoble, 1974); Michel Marion, *Recherches sur les bibliothèques privées à Paris au*

milieu du XVIII' siècle (1750-1759) (Paris, 1978); artigos aparecem regularmente na *Revue Française d'Histoire du Livre*. Como resultado, dispomos agora de um retrato muito mais rico dos hábitos de leitura do século XVIII. Permanece, porém, ainda confuso, pois as monografias abarcam diferentes tipos de dados que frequentemente se contradizem. A sucessão de gráficos poderia ser estendida indefinidamente; mas aonde isso levaria?

19. A narrativa que se segue baseia-se, primordialmente, nos documentos da STN. Outras fontes importantes foram os papéis de Jean-Charles-Pierre Lenoir, *lieutenant-général de police* de Paris de 1774 a 1775 e de 1776 a 1785, na Bibliothèque Municipale d'Orléans, mss. 1421-3; Archives de la Chambre syndicale de la Communauté des libraires et imprimeurs de Paris e Collection Anisson-Duperron da Bibliothèque Nationale (em especial fonds français, mss. 21862, 21833, 22046, 22063, 22070, 22075, 22081, 22109, 22116, 22102); documentos da Bastilha e outros relacionados ao comércio de livros, Bibliothèque de l'Arsenal (especialmente mss. 10305, 12446, 12454, 12480, 12481, 12517) e, no Ministère des affaires étrangères, Correspondance politique, Angleterre, mss. 541-549. Para informações sobre a rota clandestina de livros por Kehl e Estrasburgo como alternativa a Neuchâtel e Pontarlier, foram consultados os documentos em Archives de la Ville de Strasbourg (principalmente mss. AA 2355-2362), que se revelaram, contudo, menos úteis que os outros. As pesquisas mais recentes sobre a atividade editorial sob o Ancien Régime tornaram J.-P. Belin, *Le commerce des livres prohibés à Paris de 1750 à 1789* (Paris, 1913), um tanto datado. Para informações a respeito de obras específicas mais importantes, ver as bibliografias indicadas por Nicole Herrmann-Mascard, *La censure des livres à Paris à la fin de l'Ancien Régime, 1750-1789* (Paris, 1968), e Madeleine Ventre, *L'imprimerie et la librairie en Languedoc au dernier siècle de l'Ancien Régime, 1700-1789* (Paris e Haia, 1958). O presente estudo foi concluído antes da publicação da tese de H.-J. Martin, mas se valeu bastante de seu artigo "L'édition parisienne au XVII' siècle: quelques aspects économiques", in *Annales: Économies, Sociétés, Civilisations*, 7 (jul.-set. 1952), pp. 303-18. Outro artigo sugestivo é o Léon Cahen, "La librairie parisienne et la diffusion du livre français à la fin du XVIII' siècle", *Revue de Synthèse*, 17 (1939), pp. 159-79.

20. Um exemplo típico é a nota de 2 de agosto de 1783, de Périsse Duluc, síndico da Chambre syndicale de Lyon, na Bibliothèque Nationale, mss. français 21833, fol. 96.

21. Revol à STN, 4 de julho de 1784.

22. Por exemplo, a STN recebeu uma carta de 30 de outubro de 1783 de François Michaut, seu agente no lado suíço da fronteira, explicando que a situação era delicada: "Os carregadores têm receio de, se forem presos, ser condenados por contrabandear livros que atacam a religião e denigrem certas pessoas de

autoridade... Se os senhores quiserem embarcar apenas livros de conteúdo irrepreensível, os carregadores exigirão garantias e, uma vez satisfeitos, os senhores encontrarão alguns, em nossa região, que cobrarão 12 *livres* o quintal para entrega em Pontarlier ou até uma légua adiante, se preciso. A par disso, convém oferecer uma bebida a cada carregador antes da partida. Devo salientar, Messieurs, que os carregadores, por esse preço, fazem o melhor que podem, embora não assumam responsabilidade pela mercadoria". Michaut observava com certo orgulho que, "com efeito, minha posição é razoavelmente vantajosa para travessias clandestinas da fronteira", mas prevenia que "nos povoados, e ao longo de toda a rota, pululam os agentes; mesmo quando um carregamento está em ordem, mandam os carroceiros parar e vasculham a carga". Enfatizava, portanto, a necessidade de ter-se um homem para ludibriar ou subornar os fiscais no lado francês da fronteira: "Não conheço ninguém mais qualificado para isso que le sieur Faivre". Faivre não hesitou em recomendar-se. A 14 de outubro de 1784, informou a STN de que "seus engradados cruzarão a fronteira no próximo sábado. Tomei todas as disposições e persuadi os carregadores a voltar, prometendo que ficarão contentes e ganharão um trago... Estou prestes a entender-me com um dos fiscais, que nos deixará passar sem problemas à noite e mostrará os caminhos por onde a fronteira pode ser cruzada em segurança".

23. STN a J.-P. Brissot, 29 de abril de 1781.

24. Mme. La Noue à STN, 8 de setembro de 1782. A viúva era sensível a reclamações de que escorchava os fregueses mas bem pouco os protegia. A 9 de dezembro de 1780, escreveu à STN, em seu costumeiro francês arrevezado: "Não se preocupem de jeito nenhum com a segurança de suas mercadorias. Assim que chegam a minhas mãos, faço o possível para protegê-las de acidentes. Podem ter completa confiança em minha maneira de fazer negócios". Mas a 13 de janeiro de 1783 teve de confessar que seis engradados da STN haviam sido confiscados debaixo de seu nariz. "O carroceiro foi seguido tão de perto que, quando começou a descarregar, três policiais caíram sobre a mercadoria. O carroceiro não ousou resistir, por causa das ameaças que ouviu. Há duas semanas que andam me importunando com perguntas e tentando obrigar-me a dizer a quem pertencem os seis engradados e de onde vieram. Mas eu não abro o bico".

25. Paul de Pourtalès à STN, 23 de junho de 1784.

26. Ver o dossiê Desauges na Bibliothèque de l'Arsenal, ms. 12 446. A 4 de abril de 1775, Desauges père escreveu da Bastilha, com acrimônia, ao filho recém-libertado: "Temos de nos conformar com os golpes. Mas admito que já estou cheio deste lugar". O dossiê Desauges em Neuchâtel, ms. 1141, mostra as artimanhas dos livreiros clandestinos e sua absoluta falta de escrúpulos.

27. Mme. J. E. Bertrand à STN, 7 de outubro de 1785.

28. J.-F. Bornand à STN, 10 de agosto de 1785. Poinçot ocasionalmente con-

trabandeava livros para Desauges, de Versalhes para Paris, a 12 *livres* o quintal, preço aparentemente baixo. Mme. La Noue, por exemplo, exibia 3 *livres* por "artigo grande", que um seu sobrinho se encarregava de entregar em covis predeterminados nas cercanias de Paris (ver cartas de Desauges, 24 de novembro de 1783, e de Mme. La Noue, 22 de junho de 1781, à STN).

29. Fazia parte dos encargos de Bornand aguentar pacientemente a "conversa fiada" de Mme. La Noue (carta à STN, 19 de fevereiro de 1785), as astúcias de Poinçot e Desauges, a falta de dinheiro dos escritores: "Quando o assunto é dinheiro, os autores são um caso triste" (carta à STN, 9 de março de 1785).

30. Giles Barber, "French Royal Decrees Concerning the Book Trade, 1700--1789", *Australian Journal of French Studies*, 3 (1966), 312.

31. A. J. L. Jourdan, O. O. Decrusy e F. A. Isambert, ed., *Recueil général des anciennes lois françaises* (Paris, 1822-33), XXI, 230.

32. Idem, p. 218.

33. Ibid., p. 217.

34. George V. Taylor, "Noncapitalist Wealth and the Origins of the French Revolution", *American Historical Review*, 72 (1967), 469-96.

35. P. J. Blondel, *Mémoire sur les vexations qu'exercent les libraires et imprimeurs de Paris*, ed. Lucien Faucou (Paris, 1879), especialmente pp. 18-25, 45.

36. Citações extraídas de *Recueil général des anciennes lois françaises*, XXV, 109, 110, 119.

37. Idem, p. 109.

38. A *Lettre* de Diderot é de datação complexa. Relacioná-la, assim, a documentos anteriores que eventualmente influenciaram sua argumentação, e estabelecer uma versão correta do texto, exige prévia leitura da *Lettre* na edição crítica de Jacques Proust (Paris, 1962). Porém mesmo a velha edição das *Oeuvres complètes* de Diderot, ed. Assézat e Maurice Tourneux (Paris, 1876), XVIII, 6, incluía uma nota de alguém da Direction de la Libraire (D'Hémery?), observando que Diderot escrevera a *Lettre* "segundo o conselho dos livreiros e o material providenciado por M. Le Breton, cujos princípios são diametralmente opostos à administração adequada dos *privilèges*". Embora contenha algumas afirmações sinceras sobre a liberdade e as atribuições dos autores, a lógica da *Lettre* é deturpada para favorecer os editores e reitera velhos argumentos corporativos. É, portanto, difícil aceitar a afirmação de Brunel de que Diderot não escreveu a carta na condição de aliado ou propagandista remunerado de Le Breton e outros editores privilegiados. Lucien Brunel, "Observations critiques et littéraires sur um opuscule de Diderot", *Revue d'Histoire Littéraire de la France*, 10 (1903), 1-24.

39. O código de 1777 enfraqueceu parcialmente o poder da corporação de Paris ao conceder aos autores o direito de vender as próprias obras e permitir a

realização de dois leilões anuais de livros na capital do reino. Favorecia os editores provincianos autorizando-os a imprimir um crescente número de obras colocadas, pelas disposições do próprio código, em domínio público — tácito reconhecimento, de resto, de que tais livreiros haviam incorrido na ilegalidade por falta de "meios legítimos de empregar seus prelos" (*Recueil général des anciennes lois françaises*, xxv, p. 109). Os éditos de 1777 tentaram, assim, "pôr fim à rivalidade que divide os livreiros de Paris e os das províncias, promover o bem-estar geral desse importante ramo do comércio e unir todos os livreiros numa única e grande família, que não terá senão um único interesse" (idem, pp. 119-20). A rivalidade, contudo, era profunda demais para ser apaziguada por tão parcas concessões aos livreiros provincianos, que continuaram a protestar contra os exploradores parisienses por toda a década de 1780. O código de 1777 também expandia e fortificava o sistema corporativo nas províncias, porque "Sua Majestade reconheceu que seria perigoso permitir que oficinas impressoras isoladas permanecessem em estado de independência, que favorece abusos" (ibid., p. 112). Logo, a reorganização das corporações não as enfraqueceu substancialmente nem prejudicou suas funções policialescas.

40. D.-J. Garat, *Mémoires historiques sur la vie de M. Suard, sur ses écrits et sur le XVIIIe siècle* (Paris, 1820), I, p. 274.

41. Bibliothèque Nationale, mss. français 21 833, fol. 87-8. Esta exposição da legislação francesa de impostos e tarifas foi baseada em diversos documentos contidos no ms. 21 833, primacialmente fol. 89-91, 129-40.

42. A legislação tarifária foi tema constante na correspondência comercial da STN na primeira metade da década de 1770. Um de seus sócios chegou mesmo a viajar pelo leste da França para vender livros, encontrar novas maneiras de fazer carregamentos fraudulentos e aprender o máximo possível sobre política tarifária. Segundo as instruções em seu livro de viagem, deveria procurar "J. M. Bruysset, homem frio e astucioso, e discutir com ele acerca do comércio francês de livros em geral; descobrir, por seu intermédio, se a tarifa será realmente recolhida ou reduzida". STN, ms. 1058, *Carnet de voyage, 1773, J. E. Bertrand*. A Casa Bruysset foi uma das mais eficazes lobistas contra a tarifa, a julgar pelos memorandos na Bibliothèque Nationale, mss. français 21 833, especialmente fol. 87-8, 129-40. A tarifa prejudicava o comércio ilegal porque as obras piratas eram geralmente expedidas por vias legais, ao menos na fronteira, com *acquits à caution* preenchidos de maneira falseada; dali por diante, teriam de pagar as taxas de importação.

43. Bibliothèque Nationale, mss. français 21 833, fol. 87-8. Lê-se esta nota como se fosse de Panckoucke. Um *sou* por folha era o preço normal de impressão da STN, cujo negócio florescia em meados da década de 1770 graças, aparentemente, à combinação da política tarifária favorável da França e das condições mais econômicas de impressão na Suíça.

44. Idem, fol. 111-5. O negociante demonstrava, de forma detalhada, que um engradado de 250 quilos iria custar-lhe 61 *livres* e 15 *sous*, em despesas extraordinárias; originaria enormes atrasos e danos por manuseio inadequado; e o impossibilitaria de receber o seguro por remessas danificadas.

45. Ibid., fol. 70.

46. Ibid., fol. 107: "Os livreiros a alguma distância de Paris, e os de Lyon em particular, suspenderam imediatamente as encomendas em aberto, devolveram engradados em trânsito, cancelaram as aquisições futuras e renunciaram a seus planos de impressão, pois o mercado lhes parece, agora, insuficiente. Numa palavra, já não há mais intercâmbio ativo entre livreiros franceses e estrangeiros".

47. J. F. Bornand à STN, 12 de abril de 1784.

48. J. F. Bornand à STN, 9 de abril de 1784.

49. J. F. Bornand à STN, 19 de fevereiro de 1785.

50. STN a Garrigan (livreiro em Avignon), 23 de agosto de 1785: "É natural que partilhemos sinceramente o pesar, pela interrupção de nosso comércio, expresso em sua carta de 10 do corrente. V. Sa., contudo, está bem a par de que a causa fatal desse desgosto deve ser inteiramente atribuída à irredutível severidade das ordenações acerca da importação de livros estrangeiros pelo reino. A situação é tão ruim que não conseguimos fazer com que um único engradado de livros atravesse o porto fronteiriço mais próximo, a não ser por meio de um *acquit à caution* para Paris; isso obrigaria seus engradados a um enorme desvio e à inspeção da corporação parisiense, o que é absolutamente inconveniente".

51. STN a Mme. J. E. Bertrand, início de outubro de 1785.

52. Os arquivos de Estrasburgo, importante centro do comércio clandestino, confirmam os de Neuchâtel no tocante à determinação com que o governo buscava suprimir o tráfico de obras proibidas. O *préteur royal* de Estrasburgo era permanentemente informado pelos funcionários locais sobre o confisco de remessas ilegais de editores de além-Reno; recebia, também, ordens estritas de seu próprio chefe, o grão-chanceler (carta de 26 de abril de 1786, Archives de la Ville de Strasbourg, ms. AA 2356): "O comércio livreiro proibido por nossas leis cerca-vos por todos os lados; insinuar-se-á pelas menores frestas que se lhe deixarem abertas, se não correrdes cerrá-las todas... Por esse motivo, exorto-vos, e aos funcionários municipais, para que sejam tomadas as medidas cabíveis". Apesar desse rigor, os impressores de Kehl parecem ter conseguido que muitos livros — panfletos políticos e *libelles*, assim como o *Voltaire* de Beaumarchais — burlassem as armadilhas preparadas em Estrasburgo. A semiautonomia da cidade, assegurada nas capitulações de 1681, talvez facilitasse a entrada de livros por aquela rota.

53. Ver Furet, p. 8, e Robert Estivals, *La statistique bibliographique de la France sous la monarchie au XVIIIe siècle* (Paris e Haia, 1965), p. 296.

54. Bibliothèque Nationale, ms. français 21 833, fol. 107.

55. Idem, fol. 108; ver também fol. 99-104.

56. Vergennes a D'Adhémar, 12 de maio de 1783, Ministère des affaires étrangères, Correspondance politique, Angleterre, ms. 542. Os detalhes "dessa infernal combinação de intriga, cupidez e trapaça", como Vergennes a ela se referia (Vergennes a Lenoir, 24 de maio de 1783, idem), que pretendo relatar em obra posterior, podem ser encontrados na série 541-9.

57. Bibliothèque de l'Arsenal, ms. 10 305. O inventário também incluía *Le gazetier cuirassé*, *L'espion dévalisé*, *Vie privée de Louis XV*, *Le diable dans un bénitier* e outros clássicos da escola londrina de *libellistes*. Explicava que as obras haviam sido expedidas para alguns fregueses da STN, principalmente Poinçot, Blaizot e Mme. La Noue. O próprio Poinçot elaborou o inventário.

58. Sobre a opinião convencional de que a política do governo era severa na teoria e permissiva na prática, ver J.-P. Belin, *Le commerce des livres prohibés à Paris de 1750 à 1789* (Paris, 1913), e a reafirmação dessa interpretação por Nicole Hermann-Mascard, em *La censure des livres à Paris à la fin de l'Ancien Régime, 1750-1789* (Paris, 1968). Ambos menosprezam as ordenações de 12 de junho de 1783 com duas frases — curiosamente idênticas quase que palavra por palavra (Belin, p. 45; Hermann-Mascard, p. 102).

59. Isso também poderia servir para corrigir a tendência marxista de tratar o Iluminismo como ideologia burguesa. Uma versão dessa tendência argumenta que ideias como contrato social, individualismo, liberdade e igualdade perante a lei provêm dos métodos capitalistas de intercâmbio, que envolvem obrigações contratuais entre indivíduos legalmente livres e iguais: Lucien Goldmann, "La pensée des 'Lumières'", *Annales: Économies, Sociétés, Civilisations*, 22 (1967), 752-70. Considerando a multidão de autores que esposa tais ideias relativamente ao desenvolvimento do capitalismo, o argumento parece menos convincente que seu oposto, que relaciona o Iluminismo a uma tradição de liberalismo aristocrático: Denis Richet, "Autour des origines idéologiques lontaines de la Révolution française: élites et despotisme", idem, 24 (1969), 1-23.

60. STN, ms. 1108.

61. Idem. Em compensação, o catálogo manuscrito oferecia os seguintes livros sob a letra "B": "*La belle allemande, ou les galanteries de Thérèse*, 1774; *Bijoux indiscrets par Diderot, 8º, figures*; *Le bonheur, poème par Helvétius*; *Le bon sens, ou idées naturelles, opposés aux idées surnaturelles*".

62. Reimpresso em A. Van Bever, *Contes et conteurs gaillards au XVIIIe siècle* (Paris, 1906), pp. 280-1. Em anotações que reuniu para suas memórias, o antigo comissário-geral de polícia, J.-C.-P. Lenoir, associou essa obra a um surto bastante disseminado de produção de libelos na década de 1780 (Bibliothèque Municipale d'Orléans, ms. 1423): "A moralidade do sucessor de Luís XV estando

acima de qualquer reproche, o novo rei era, por este lado, invulnerável à calúnia nos primeiros anos de reinado. Mas em 1778 os ataques começaram a concentrar-se em sua fraqueza, e as primeiras difamações contra sua pessoa tiveram lugar pouco antes das malignidades assacadas contra a rainha. M. de Maurepas — até então imperturbável ante os epigramas e canções que o atacavam [a Maurepas], e que soía rir-se de todos os libelos, de todas as anedotas privadas e escandalosas inventadas e impressas com impunidade — M. de Maurepas foi informado de que alguns escritores haviam criado uma espécie de organização, desenvolvendo um sistema de correspondência pelo qual enviavam os últimos escândalos, com material de apoio, para outros companheiros, que davam a redação final e os imprimiam em Haia e Londres. De lá o contrabandeavam para a França, em pequenas quantidades, através de viajantes estrangeiros. Um secretário na embaixada inglesa notificou-o [a Maurepas] de que um abominável *libelle* chamado *Les amours de Charlot et d'Antoinette* estava prestes a ser introduzido na França".

63. *Le portefeuille d'un talon rouge contenant des anecdotes galantes et secrètes de la cour de France*, republicado sob o título de *Le coffret du bibliophile* (Paris, s. d.), p. 22. Os manuscritos de Lenoir confirmam esse relato (Bibliothèque Municipale d'Orléans, ms. 1422): "Não há mais dúvida de que foram Messieurs de Montesquiou, de Créqui, de Champcenetz e outros cortesãos que, coligados a Beaumarchais e outros escritores hoje ainda vivos, compuseram *libelles* contra a corte, contra os ministros, até contra os ministros que os empregavam. É mais que provável que Beaumarchais escreveu um libelo com gravuras intitulado *Les amours de Charlot et d'Antoinette* e o levou para Londres, onde foi impresso".

64. Idem.

65. Ibid. Talvez as observações de Lenoir pareçam contradizer a interpretação, exposta acima, de uma dura repressão contra a atividade editorial clandestina, mas se referem precipuamente à circulação de *libelles* dentro de Paris, não ao tráfico do exterior para a capital do reino. Parece ter havido considerável produção doméstica de *libelles* que resistiu às tentativas repressivas da polícia graças a "proteções" influentes e às imunidades de *lieux privilégiés* como o Palais Royal, santuário para quem não quisesse proximidade com a polícia, que lá não podia entrar.

66. Ver Capítulo 2.

67. Mais tarde, Lenoir tentou investigar o boato e o tumulto; mas sem êxito. Bibliothèque Municipale d'Orléans, ms. 1422.

68. Lenoir desenvolveu melhor suas observações num ensaio, *Les mauvaises satires et chansons, leurs auteurs coupables, délinquants, complices ou adhérents* (idem).

69. [Charles Théveneau de Morande], *Le gazetier cuirassé: ou anecdotes*

scandaleuses de la cour de France ("imprimé à cent lieues de la Bastille à l'enseigne de la liberté", 1771), p. 92: "A nação francesa está hoje tão frouxa que pessoas saudáveis sobem tremendamente de preço. Dizem que um lacaio principiante vale, para as damas que o empregam, tanto quanto um garanhão de corrida na Inglaterra. Se o sistema se difundir, uma ou duas gerações serão bastantes para restaurar a compleição geral". Em *Le libertin de qualité*, republicado em *L'oeuvre du comte de Mirabeau*, ed. Guillaume Apollinaire (Paris, 1910), Mirabeau descreveu a imoralidade aristocrática com profusão de detalhes. Após relatar os engenhosos meios de que se serviu uma duquesa depravada para abandonar o amante, observou (p. 232): "Substituiu-o por um príncipe e, sob o aspecto moral, combinaram muito bem. Quanto ao aspecto físico, tinha ela a seus lacaios; são o pão de cada dia das duquesas".

70. [Charles Théveneau de Morande], *La gazette noire par un homme qui n'est pas blanc: ou oeuvres posthumes du gazetier cuirassé* ("imprimé à cent lieues de la Bastille, à trois cent lieues des Présides, à cinq cent lieues des Cordons, à mille lieues de la Sibérie", 1784), p. 194.

71. Ver Richard Cobb, "Quelques aspects de la mentalité révolutionnaire", *Revue d'Histoire Moderne et Contemporaine*, 6 (1959), 81-120, e "The Revolutionary Mentality in France", *History*, 42 (1957), 181-96.

72. *La gazette noire*, p. 7. Um exemplo semelhante de tais rumores acerca do uso eventual da polícia por *gens en place* pode ser lido em *Correspondance secrète inédite sur Louis XVI, Marie-Antoinette, la cour et la ville de 1777 à 1792*, org. M. de Lescure (Paris, 1866), 11, 157-8.

73. O subtítulo da notícia do guilhotinamento da rainha em *Le Père Duchesne*, s. d. (out. 1793).

74. Pierre Goubert, *L'Ancien Régime* (Paris, 1969), 1, 152.

75. Bibliothèque Municipale d'Orléans, ms. 1423.

76. Citado por Frantz Funck-Brentano e Paul d'Estrée, *Les nouvellistes* (Paris, 1905), p. 304.

77. Goubert, *L'Ancien Régime*, p. 152. A relação entre privilégio e monopólio revela-se claramente na primeira acepção do verbete "Privilège" no *Dictionnaire de l'Académie Française* (Paris, 1778): "Capacidade concedida a um indivíduo, ou a uma comunidade, de fazer algo, ou de usufruir de alguma vantagem, com exclusão de outros".

78. Ver Charly Guyot, *De Rousseau à Mirabeau: pèlerins de môtiers et prophètes de 89* (Neuchâtel e Paris, 1936), cap. 4.

79. Embora a crescente severidade no policiamento do comércio de livros reduzisse seus negócios na França, a Société Typographique de Neuchâtel ainda fazia o melhor possível para fornecer obras como as seguintes, registradas em seus *Livres de Commission* (STN, ms. 1021, fol. 173-5), após receber uma enco-

menda de Bruzard de Mauvelain, de Troyes, datada de 16 de junho de 1784: "*6 Les petits soupers de l'hôtel de Bouillon; 6 Le diable dans un bénitier; 6 L'espion dévalisé; 1 Correspondance de Maupeou; 1 Recueil de remontrances au roi Louis XV; 2 Mémoires de Madame de Pompadour; 2 Vie privée de Louis XV; 12 Fastes de Louis XV; 6 Histoire philosophique 8º, 10 vols.; 6 Erotika Biblion 8º; 1 La mettrie; 1 Boulanger complet, Antiquité, christianisme, et despotisme; 1 Helvétius complet; 6 Lettres de Julie à Calasie, ou tableau du libertinage à Paris; 1 La dernière livraison de Jean-Jacques 12º; 6 Chronique scandaleuse; 6 Les petits soupers du comte de Vergennes; 6 Le passetemps d'Antoinette*".

80. Ver Paul Robiquet, *Théveneau de Morande: étude sur XVIIIᵉ siècle* (Paris, 1882).

Fontes dos textos

O Capítulo 1 foi originalmente um artigo, "The Hight Enlightenment and the Low-Life of Literature in Prerevolutionary France", publicado in *Past and Present: A Journal of Historical Studies*, nº 51 (maio 1971), 81-115. Copyright mundial © The Past and Present Society, Corpus Christi College, Oxford, Inglaterra.

O Capítulo 2 apareceu, em sua primeira forma, como "The Grub Street Style of Revolution: J.-P. Brissot, Police Spy", *The Journal of Modern History*, 40 (1968), 301-27. Republicado com permissão de The University of Chicago Press. Copyright © 1968 University of Chicago.

O Capítulo 3 é uma versão resumida de estudo mais detalhado: "The Life of a 'Poor Devil' in the Republic of Letters", in *Essays on the Age of Enlightenment in Honor of Ira O. Wade*, org. Jean Macary (Genebra e Paris: Librairie Droz, 1977), pp. 39-92. Republicado com autorização da Librairie Droz.

O Capítulo 4 é versão condensada de um estudo de maior fôlego publicado em *The Widening Circle: Essays on the Circulation of Literature in Eighteenth-Century Europe*, org. Paul J.

Korshin (Philadelphia: University of Pennsylvania Press, 1976), pp. 11-83. Republicado com autorização da University of Pennsylvania Press.

O Capítulo 5 foi, originariamente, parte das Conferências Engelhard sobre a História do Livro, um programa do Center for the Book da Library of Congress.

O Capítulo 6 apareceu pela primeira vez como *Reading, Writing and Publishing in Eighteenth-Century France: A Case Study in the Sociology of Literature* e foi publicado na revista *Daedalus* (inverno de 1971), pp. 214-56. Copyright © 1971 by Robert Darnton.

Glossário*

ANNALES. Revista francesa fundada por Marc Bloch e Lucien Febvre. Comumente a ela se atribui o papel de divulgadora de profunda renovação metodológica nos estudos históricos. Fernand Braudel, a partir de 1946, torna-se seu diretor, e entre os colaboradores mais destacados poderiam ser citados Georges Duby, Jacques Heers, Jacques Le Goff, Le Roy Ladurie, etc. Em entrevista que ficou famosa (setembro, 1985), Braudel assim resumiu as concepções do grupo de *Annales*: "Marx equivocou-se mais do que se imagina quando afirmou que os homens fazem a história; seria melhor dizer que a história faz os homens. Eles a padecem [...]. Ela avança como as procissões espanholas: cada progresso [...] produz novos problemas [...], há avanços e retrocessos. Ambos fazem parte das estruturas dinâmicas da história. Nelas existe não apenas Deus — mas o diabo também".

ARETINO, PIETRO (1492-1556). Poeta e escritor satírico italiano, natural de Arezzo, Toscana. Dotado de língua viperina e pena ágil, chamava, a si mesmo, *o açoite dos príncipes*. Adquiriu notoriedade sob o papa Leão x, apropriando-se indebitamente do velho título de Pasquino e produzindo almanaques anuais com previsões político-astrológicas, depressa transformados em

---

* O glossário e a cronologia foram redigidos especialmente para esta edição a fim de esclarecer as referências não muito conhecidas pelo leitor brasileiro. São de inteira responsabilidade da Companhia das Letras e a redação é de Piero Angarano e Sabatini Giampietro.

259

instrumento de chantagem. Estabeleceu-se definitivamente em Veneza, onde, protegido pela fama de agente do imperador Carlos v, criou uma antiacademia pornoliterária. Seu amigo Ticiano retratou-o (Florença, Galeria Palatina). Redigiu nestes termos o próprio epitáfio: *Qui giace l'Aretin, poeta tosco, / Di tutti disse mal fuorché di Dio, / Scusandosi col dir: Non lo conosco* (Aqui jaz o Aretino, poeta arrevezado, / Que a todos difamou, exceto a Deus, / Com quem se desculpou: não fui apresentado). Exercitou-se em todos os gêneros literários e, entre suas obras de mais recente reedição, figuram *Ragionamento tra Zoppino frate e Antonio puttaniere, Dubbi amorosi* e *Sei Giornate* (*I Ragionamenti*).

BARDACHE. Substantivo masculino francês, do italiano dialetal *bardascia* (daí o atual *bardassa*). Homossexual passivo, com implícita conotação de prostituição.

BASOCHE (DO PALÁCIO DE JUSTIÇA). Vocábulo talvez derivado do latim *basilica* (tribunal na Roma antiga). Primitivamente designava a comunidade clerical nas cortes de justiça, com privilégios e jurisdição. Com o tempo foi aplicado, em sentido pejorativo, à multidão de advogados (que hoje chamaríamos "de porta de cadeia") e serventuários que infestava o Palácio de Justiça à caça de clientes. É nesta acepção que o A. a empregou.

BEAUMARCHAIS, PIERRE-AUGUSTIN, CARON DE (1732-99). Autor de *O barbeiro de Sevilha* (1775), *As bodas de Fígaro* (1784) e de divertidas *Memórias*. Atrapalhado pela incompreensiva polícia do Ancien Régime, não pôde, como tencionava, enriquecer à custa de seu talento para o teatro, sendo forçado a exercer profissões mais rendosas. Uma delas, a de especulador; outra, a de propagandista político. Subterraneamente dedicava-se à confecção de *libelles* contra o governo e a Coroa; à luz do dia, defendia a causa dos americanos contra a Inglaterra. Graças a seus sólidos patrocínios na corte, fundou uma empresa, a Rodrigo Hortalez et Cie., dedicada a fornecer armas e munições aos rebeldes com financiamento não muito encoberto da França e da Espanha. A aventura teria resultado em lucros astronômicos se os ingratos americanos, obtida a independência, se lembrassem de pagar as contas. Seduzidos, contudo, pelas declarações de amor à liberdade gorjeadas pelos franceses, deixaram de fazê-lo — e Beaumarchais conheceu uma das muitas bancarrotas com que defrontou em sua carreira.

BLANCS-MANTEAUX. Mantos-brancos. Nome por que eram conhecidos, na França e na Suíça, os religiosos servitas (O. S. M.), ordem mendicante fundada no séc. XIII em Cafaggio, perto de Florença (Itália), por sete ricos mercadores posteriormente canonizados.

CAHIER. As reivindicações dos eleitores do Terceiro Estado eram anotadas em cadernos (*cahiers*), compondo autênticos memoriais. Os deputados eleitos para a Assembleia empossada em Versalhes em maio de 1789 obrigavam-se solenemente a cumpri-los como programa político.

CALONNE, CHARLES-ALEXANDRE DE (1734-1802). Nobre togado que progrediu nos escalões administrativos do Ancien Régime. Foi convocado por Luís XVI, com o apoio de Maria Antonieta, para assumir o posto de *Contrôleur général des finances* (ministro das Finanças) em 1785, após o "interregno ministerial" de dois anos que se seguira à primeira demissão de Necker. Tinha fama de voraz leitor de manuais de economia política, coisa que o habilitava para o cargo; e, embora não se pudesse dizer que seu passado burocrático como intendente real em Metz e Lille fosse brilhante ou bem-sucedido, o espirituoso M. de Calonne soubera atribuir os fracassos a funestas conjunções de circunstâncias. Mal tomou posse, abismou-se com o déficit dos cofres públicos, e pôs em prática o método que o imortalizaria: à falta de dinheiro, a monarquia viveria, dali por diante, da providencial instituição chamada *crédito*. Para isso, cumpria adquirir confiabilidade; e esta só viria através de um cuidadoso exercício de aparências. Em vez de reprovar à corte os gastos excessivos, como o mal-humorado Necker, Calonne esporeou-a a dilapidar ainda mais o patrimônio da nação — tudo pelo bem da França. Certa vez teria respondido, à rainha estupefata (a estupefação por gastos exagerados não seria, decerto, reação fácil de obter de Maria Antonieta): "Senhora, se a coisa é possível, já está feita", expressão que se tornou proverbial para indicar a prodigalidade predatória do Ancien Régime. Na metade do caminho de tão original política, esbarrou na má vontade dos impatrióticos banqueiros, que nesse ínterim haviam examinado o que havia por trás das luminosas aparências — e foi obrigado a mudar de tática. Consultou sua biblioteca econômica e julgou encontrar a solução: persuadiu o rei, em 1787, a convocar uma Assembleia dos Notáveis para forçar os membros mais eminentes do Primeiro e do Segundo Estados — aos quais se amontoaram às pressas alguns do Terceiro — a abrir mão da total isenção de impostos de que gozavam. A Assembleia opôs-se ferozmente e teve ataques apopléticos ao se inteirar das reais cifras da dívida da Coroa. Pressionado, Luís XVI terminou por "licenciar" Calonne — que correu a refugiar-se na Inglaterra, pretextando que o haviam ameaçado de morte. O novo ministro foi o líder dos opositores, Loménie de Brienne, arcebispo de Toulouse; uma superficial avaliação da catástrofe iminente convenceu-o a não fazer mais que preparar o terreno para a volta triunfal de Necker. Durante a Revolução, Calonne se manteve fiel à monarquia, a princípio apoiando o partido do conde D'Artois. Mais tarde divergiu dos emigrados e voltou a Paris para morrer em paz. Diz-se que renegou todas as obras de economia jamais escritas.

CHASSE AUX POMPIGNANS. "Caça aos Pompignans." Um dos episódios dos tempos heroicos do Iluminismo. Jacques Le Franc, marquês de Pompignan (1709-84), diletante que no passado cometera uma tragédia (*Dido*) e gozava, pois, de certa reputação literária, traduziu os Salmos e o Cântico dos Cânticos, publicando-os, em 1751, com o título de *Poésies sacrées*. A obra mereceu de Voltaire o seguinte comentário: "*sacrés*" *ils sont, car personne n'y touche* (trocadilho intraduzível entre *sacrées*, sacras, sagradas, e *sacrés*, malditas, blasfemas: "são mesmo malditas, pois não há quem se atreva a tocá-las"). Não satisfeito, redigiu uma sátira, um tanto malévola, ao infeliz marquês, *La vanité*. O irmão do poeta ultrajado, Jean-Georges Le Franc (1715-90), arcebispo de Vienne, no Delfinado, e autor de alguns escritos contra a incredulidade do século, correu a defendê-lo, agregando alguns partidários; os *philosophes* revidaram cerrando fileiras em torno de Voltaire. Como o estro poético do marquês fosse, contudo, limitado, não custou grande esforço "caçá-lo" [e ao irmão]: dali por diante, guardou-se prudentemente de perpetrar novas incursões beletrísticas. O arcebispo notabilizar-se-ia, mais tarde, mas em área menos sensível que a literária: foi o chefe dos 149 membros do clero que, a 27 de junho de 1789, causaram uma cisão no Primeiro Estado e se aliaram ao Terceiro.

COLAR DA RAINHA, O CASO DO (1784-6). Processo rumoroso, de vastas repercussões no fim do Ancien Régime. Maria Antonieta testemunhava franca antipatia pelo cardeal Edouard, príncipe de Rohan (1734-1803), que no entanto a cortejava acesamente. O prelado enamorado foi presa fácil do aventureiro e charlatão italiano Cagliostro e sua parceira, a condessa de La Motte. Esta insinuou que a rainha nada recusaria a quem a mimoseasse com um irresistível colar de diamantes, avaliado em 1.600.000 *livres*; o rei, um sovina destituído de qualquer espírito de galanteria, tivera o desplante de dizer não à pobrezinha. Rohan apressou-se em adquiri-lo aos joalheiros Boehmer e Bassenge, a crédito; e o enviou à rainha, com terno e esperançoso bilhetinho, por meio da prestimosa condessa — que, de posse da joia, saiu de circulação. O cardeal viu-se à beira da ruína. Os joalheiros apertaram-no, exigindo pagamento; do contrário, eles é que se arruinariam. O escândalo rebentou. Rohan foi embastilhado, embora o *Parlement* de Paris desse um jeito de livrá-lo e exilá-lo da cidade.

A condessa, capturada ao tentar deixar o reino, foi marcada com ferro em brasa e encerrada na prisão de Salpêtrière. Cagliostro, expulso da França. E a rainha, alheia à intriga, acabou com a reputação manchada: os *libellistes*, tomando o partido do inconsolável cardeal, deram-na por sua amante.

DRAGONADAS. Célebre episódio ocorrido no fim do reinado de Luís XIV. O Rei-Sol, desde seu casamento com a beata madame de Maintenon, viúva Scarron (Françoise d'Aubigné, 1635-1719), entregara-se à piedosa obra de converter os huguenotes ao catolicismo, e tão meritória a achou que ordenou aos servidores da Coroa lhe seguissem o exemplo. O intendente de Béarn, Foucault, funcionário consciencioso, caprichou no atendimento, adicionando um toque de criatividade pessoal às ordens régias. Como primeira medida, determinou que fossem fechadas todas as igrejas reformadas, fazendo expulsar, como agitadores e promotores de desordens, os pastores calvinistas. A seguir fez aquartelar grande quantidade de soldados, especialmente *dragões* [regimento de elite da cavalaria], nas casas dos protestantes, autorizando os hóspedes a pilhar e saquear à vontade. Despojados de suas igrejas, privados de seus pastores e — coisa dolorosíssima — com os bens à mercê de soldados turbulentos, os huguenotes converteram-se aos milhares à verdadeira fé. Tamanho foi o êxito de Foucault que as "dragonadas" se difundiram por todo o território francês. Perderam em truculência, contudo, e ganharam tonalidades mais violentas ao entrar para o folclore político: tornaram-se sinônimo de arbitrariedade impiedosa, algo como ordenar carga de cavalaria e tiros de mosquete sobre a multidão.

FEUILLANTS. Após a convocação dos Estados Gerais, proliferaram na França os clubes políticos. O de maior sucesso (152 filiais espalhadas pelo país em 1790), e de maior influência, foi o clube dos Jacobinos, inicialmente Clube Republicano e mais tarde Sociedade dos Amigos da Constituição. Ganhou o nome com que passou à história ao mudar do Palais Royal para o refeitório do convento dominicano (*Jacobins*) da rue Saint-Honoré. Desse núcleo brotaram os principais partidos revolucionários (v. GIRONDINOS e MONTAGNARDS). Os *Feuillants* foram uma cisão dos Jacobinos, que em julho de 1791 fundaram seu próprio clube, com sede no antigo convento dos Bernardinos, de estrita observância (cistercienses *Feuillants*, reformados em 1557 por Jean de La Barrière, abade de Feuillant, na Gasconha). Essa facção política englobava membros da alta burguesia e da nobreza, partidários de reformas moderadas e fiéis ao rei e à Constituição [daí serem também conhecidos como *les constitutionnels*]. Seu peso no processo revolucionário, contudo, foi praticamente nulo.

GIRONDINOS. Facção oriunda do clube dos Jacobinos, de que se distanciou, contudo, no inverno de 1792-3, quando os radicais dele se apoderaram. Empalmou o poder político no período que medeia entre a promulgação da Constituição e o golpe de Estado dos *Montagnards* (31 de maio de 1793). Seus membros geralmente ocupavam a ala centro-direita da Assembleia (na extrema-direita ficavam os *Feuillants*), cabendo a extremidade oposta, onde os bancos eram mais altos [daí o apelido "montanha"] aos *Montagnards*; o centro, mais baixo, era ocupado pelos indecisos (*planície*), e entre estes e a "montanha" os *Cordeliers* de Danton, outro egresso do jacobinismo. Os integrantes do partido girondino provinham, na maioria, do *Midi* (sul), especialmente da província de Gironda (capital Bordéus). Muito hábeis na articulação política, evoluíram do radicalismo para a moderação, defendendo difuso programa que buscava conciliar os interesses de armadores, banqueiros e negociantes ligados ao comércio internacional com os ideais revolucionários das classes médias. Combateram a influência das seções parisienses na Convenção, arvorando-se em defensores das províncias. Por razões econômicas, forçaram a declaração de guerra contra os aristocratas emigrados; mas se opuseram aos massacres de setembro de 1792 (v. MARAT vs. BRISSOT). Recusaram-se, enquanto puderam, a votar o guilhotinamento de Luís XVI. A proposta de proclamação da República foi apresentada por um de seus líderes, Jacques-Pierre Brissot de Warville, também autor da emenda de igualdade de direitos para todas as raças. Tentaram, de todas as formas, asfixiar as facções mais radicais. As seções de Paris, por estas controladas, exploraram as hesitações da Gironda na guerra contra os monarquistas para responder com o golpe de 31 de maio de 1793. Um motim popular seguiu-se à recusa, pelos Girondinos, da venda das terras dos exilados, da formação do Tribunal Revolucionário e da Comissão de Salvação Pública e da reforma do exército (que os *sans-culottes* queriam expurgar de comandantes pró-monarquia suspeitos de fazer corpo mole). A Guarda Nacional e grande multidão cercaram a Convenção, aprisionaram 31 Girondinos e o Tribunal Revolucionário, criado a seguir, condenou-os à guilhotina, aproveitando para despachar também Maria Antonieta (outubro de 1793), cujo destino até então permanecera incerto. Foram executados, cantando, a 31 de julho de 1793. Também conhecidos por *brissotistas* (de Jacques-Pierre Brissot de Warville). Outros líderes do partido: Barbaroux, Clavière, Gensonné, Guadet, Isnard, Louvet, Pétion, Roland e sua esposa, Servand e Vergniaud.

GLUCKISMO VS. PICCINNISMO. Polêmica musical que eclodiu no Ancién Régime. Christophe-Willibald Gluck (1714-87), compositor alemão, considerado o reformador da ópera italiana, fez sucesso em Paris com seu estilo inovador.

264

Diversas foram as modificações por ele introduzidas na estrutura operística: aboliu as árias supérfluas; conferiu sobriedade à orquestração, para não "sufocar" a poesia; enfatizou as aberturas; reforçou o papel dos coros; suprimiu os clavicímbalos; integrou o balé à ação. Numa palavra, subordinava os elementos musicais aos dramáticos. Sua primeira ópera de relevo, com os ingredientes aqui indicados, fora apresentada ainda na Itália: o *Orfeu*, com libreto do florentino Raniere Calzabigi. O primeiro êxito francês veio com *Ifigênia em Áulis*, adaptação da peça de Racine, e o autor declarou: "A verdadeira função da música é secundar a poesia para fortalecer a expressão dos sentimentos e o interesse pelo entrecho, sem interromper a ação nem resfriá-la com ornamentos sobrativos". Contra isso insurgiu-se Niccolò Piccinni (1722- -1800), que chegara a Paris precedido da fama de mais de cem óperas já compostas (seu catálogo oficial hoje arrola mais de 150), ex-mestre de capela do rei de Nápoles e dotado de um talento mais fecundo que propriamente profundo ou genial, embora possuísse inegável domínio dos elementos cênicos (*Dido, Olimpiada, Serva Senhora, Rolando, Armida, Átis*, etc.). Le *monde* mergulhou gostosamente na polêmica, que pegou fogo quando Maria Antonieta, outrora aluna de Gluck na corte austríaca, pronunciou-se em favor do professor. Mas Madame du Barry (Jeanne Bécu, condessa, decapitada durante o Terror revolucionário em plena graça cinquentona de seus encantos, muito apreciados por Luís XV) inclinou-se por Piccinni. O *gluckismo* teve ferrenhos partidários em Suard e no abade Arnaud; o *piccinnismo* revidava com Marmontel e D'Alembert. Por um lapso do A., La Harpe foi dado, no Cap. 1, como "campeão do gluckismo", quando na verdade se batia energicamente pela facção contrária. Houve um momento em que Gluck pareceu triunfar. Até os piccinnistas silenciaram após a exibição, em 1779, de *Ifigênia em Táuride*. Piccinni, que encomendara ao autor do libreto um texto alternativo, para oferecer aos parisienses uma demonstração esmagadora de sua inegável superioridade, achou prudente adiá-la por dois anos, só encenando sua versão em 1781. Os gluckistas aclamaram seu herói "o Michelangelo da música", pelo vigor e grandiosidade do estilo. Os piccinnistas, temporariamente encolhidos, resmonearam que o *italianismo* de Gluck era inaceitável. A controvérsia acabou desandando para um debate que opunha língua e música francesas à língua e música italianas. Exausto, Gluck acabou aceitando um cargo na corte austríaca e deixou o terreno livre para o rival. A distância de dois séculos dificulta uma adequada avaliação do que realmente esteve em jogo nessa formidável, prolongada e arrebatada discussão, sem dúvida centrada em duas personalidades poderosas. É certo que, no ápice da querela, a Piccinni coube o papel conservador, e a Gluck, o inovador. Mas, na prática, a tentativa de subordinar a música ao drama, fundindo declamação e récita, embora útil para libertar a ópera dos exageros rebuscados dos imitadores de Rameau, era uma paradoxal negação dos elementos operísticos.

IGREJA GALICANA (GALICANISMO). É duvidosa a datação da palavra *galicanismo* para designar o conjunto de liberdades, doutrinas e ritos particulares conservados pela Igreja, de sua organização primitiva, na França. Alguns a localizam em 1682 (*Declaração do clero da França*); outros pretendem vislumbrá-la já século e meio antes (concílio cismático de Pisa-Milão-Lyon, 1512, patrocinado por Luís XII contra o papa Júlio II). Bossuet, redator da Declaração do clero francês, resumiu o galicanismo em quatro artigos: 1º, o poder do papa devia restringir-se às coisas espirituais; 2º, o concílio de Constança (especialmente o decreto *Sacrosancta*, de 1415, afirmando a superioridade dos concílios sobre os papas) era plenamente válido; 3º, a Sé romana devia reconhecer a manutenção das antigas regras eclesiásticas vigentes na França; e 4º, só a Igreja era infalível, não os papas. O galicanismo só foi oficialmente condenado em 1870, ano em que a Igreja proclamou o dogma da Infalibilidade Papal em matéria doutrinária.

LETTRES DE CACHET. O *cachet* era um pequeno sinete gravado. As *lettres de cachet* ("cartas seladas"), documentos que determinavam encarceramento ou exílio, seladas em branco com o sinete real e distribuídas entre os favoritos do trono. Estes usavam-nas, o mais das vezes, para ajustar contas pessoais, daí haverem se tornado um dos mais expressivos símbolos da arbitrariedade e do despotismo do Ancien Régime.

LIGA CATÓLICA. Confederação criada em 1576, na França, pelos partidários do catolicismo em luta contra os huguenotes (protestantes). Obrigavam-se à defesa dos Estados Gerais e da religião, e escolheram um comandante supremo, o duque Henrique de Guise, com poderes ilimitados. Na prática, a Liga ameaçava o poder real. Henrique III, até então favorável aos católicos, viu isso muito bem: os Guise pleiteavam abertamente a Coroa para si, empregando uma legião de escrevinhadores para divulgar panfletos segundo os quais os Capetíngios haviam usurpado o trono, que por direito pertencia à casa de Lorena (da qual descendiam). Durante a reunião dos Estados Gerais (a partir de outubro de 1588), o rei viu-se em desvantagem. Os pregadores, nas igrejas de Paris, concitavam descaradamente o povo a depô-lo. Ensaiou manobra diversiva, declarando-se, ele próprio, comandante da Liga — e o pronunciamento foi recebido com estrepitosa vaia. Na noite de 23 de dezembro, o duque de Guise e seu irmão, o cardeal de Lorena, foram misteriosamente assassinados. Na manhã seguinte, os principais membros da família e os chefes da oposição nos Estados Gerais foram encarcerados. Rezam as crônicas que Catarina de Médicis, no mês de janeiro, farejou o clima político e morreu de terror. As maiores cidades francesas rebelaram-se. Henrique III tratou de refugiar-se junto ao cunhado Henrique de Navarra, chefe dos huguenotes. Este o apoiou militarmente, e o rei deu início à contra-ofensiva, batendo as tropas da Liga em Senlis; ato contínuo, marchou sobre Paris, disposto a assediá-la. A 31 de julho de 1589 foi apunhalado por um dominicano fanático, Jacques Clément, imediatamente aclamado pela Liga como um mártir da causa (v. RICHERISMO). Henrique III, o último dos Valois, morreu, em consequência do ferimento, a 2 de agosto. Sucedeu-o Henrique de Navarra (Henrique IV), que se converteu ao catolicismo sob a premissa de que "Paris vale u'a missa" e, com este ato, pôs fim à Liga, de resto já comprometida por sua aliança com Filipe II da Espanha.

L'INFÂME. As cartas e os panfletos propagandísticos de Voltaire costumavam terminar com um apelo enfático, *Écrasez l'infâme* — esmagai [tudo] o [que for] infame. Num desses panfletos lemos o resumo do que ele entendia por infame: "Esmaguemos os fanáticos e patifes, suas hipócritas declamações, seus miseráveis sofismas, a história mentirosa, o amontoado de absurdos. Não permitamos que os possuidores de inteligência sejam dominados pelos que não a têm — e a geração futura nos deverá a razão e a liberdade".

LIVRE. Moeda de prata francesa, de cunhagem real. O nome deriva do latim *libra*, mas a presente tradução, acompanhando o original inglês, evitou vertê-lo para a língua portuguesa, com isso conferindo certa cor local ao texto e evitando eventuais confusões com outra libra mais famosa, a inglesa. Seu valor variou grandemente ao longo dos tempos; mas, à época da Revolução, equivalia mais ou menos a 20 *sous* (do latim *solidus*, de onde *soldo*, que seria a tradução mais adequada; moedas de cobre), que, por sua vez, valiam, cada qual, 15 (*sou parisis*) ou 20 (*sou tournois*) dinheiros (*deniers*, pelo latim *denarius*).

MARAT VS. BRISSOT. "Foi uma qualidade para eu distinguir-vos da multidão de ignorantes que todos os dias me assediava", escreveu Jean-Paul Marat (1743--93) a Jacques-Pierre Brissot de Warville (1754-93), a quem conhecera por volta de 1779, depois de ler um elogio a suas pesquisas no panfleto brissotiano *Dos meios de reduzir a mendicidade em França*. Se uma lisonjeira citação o encantara, simplesmente extasiou-se quando Brissot, no tratado *Da verdade*, a ele se referiu como "o célebre físico", conjurando-o a desprezar filosoficamente "os gritos, as declamações e a perseguição da Academia de

Ciências". Marat enviou calorosa carta de agradecimentos: "Se algum elogio deve envaidecer, é aquele que parte de um amigo esclarecido. Depois de vossa amizade, vossa estima seria o melhor bem que eu possuiria, se uma pudesse existir sem a outra".

Em suas *Memórias*, Brissot afirma que Marat chegou a convidá-lo para "secretário literário": "Embaralhava as ideias, perdendo-lhes o fio à menor objeção", e precisava de alguém "com o dom da palavra" para "desenvolver para ele" suas teorias. Mas preferiu fundar seu *Lycée* em Londres, e a recusa não parece ter afetado a amizade. Ao contrário. Marat escreve com crescente afeição ("lembrai-vos, terno amigo, de que é necessária certa dissimulação quando não se é o mais forte"), e prestam-se mútuos favores. O "célebre físico" resolve problemas para Brissot em Paris; Brissot, em Londres, distribui as obras de Marat entre os livreiros e publica nas revistas (e nos jornais que sucessivamente fundava e faliam) trechos de seus artigos científicos. Em 1783 incluirá, em sua compilação *Biblioteca criminal*, o *Plano de legislação criminal* do amigo, calcado em *Dos delitos e das penas*, do italiano Beccaria. Ao voltar a Paris, encontra Marat desempregado, doente e em apuros. Embora não esteja, também ele, livre de complicações financeiras, Brissot não deixa de auxiliá-lo. Colabora na venda de seus livros e "caixas de experiências". "O ardor que punha em receber o modesto produto de sua venda", dirá depois, "fazia com que eu o julgasse na indigência, embora fosse muito orgulhoso para admiti-la." A gratidão de Marat só se exprimirá em fins de 1787, quando sua tradução da *Óptica* de Newton for publicada: oferece-lhe um esplêndido exemplar em papel velino. Brissot anotou: "Estava pobre e vivia miseravelmente". Pouco depois, Marat chafurda na penúria e adoece gravemente. Mas desta vez não tem o amigo Brissot por perto. Provavelmente já nem são amigos, embora se ignorem as causas da ruptura. O enfermo prepara o testamento e aguarda estoicamente a morte.

Tempos depois, dirá que foi ressuscitado pela notícia da convocação dos Estados Gerais. Em fevereiro de 1789, publica *Oferenda à Pátria*, sua "primeira aparição na confusão revolucionária" (Vellay) — e nela já se distancia politicamente de Brissot. "Enquanto vossos direitos", arenga ao povo no panfleto, "não forem fixados de maneira irrevogável, recusai tudo; sejam quais forem as vantagens oferecidas, recusai-as." É uma divergência velha como o tempo. As massas, recém libertadas da opressão bestializante, estarão preparadas para tomar nas mãos o próprio destino? Marat crê que sim; Brissot se inclina por um regime gradualista. A obra de Marat é sequestrada pelas autoridades; igual destino será reservado ao *Suplemento*, em que se lê: "Os interesses das corporações e das ordens privilegiadas são inconciliáveis com os interesses do povo".

Em agosto, Marat já é o feliz proprietário de um jornal, o *Ami du Peuple*, em que todos os projetos para a Declaração dos Direitos do Homem e do Cidadão são bombardeados: "Para conservar seus dias", escreve, "o homem tem o direito de atentar contra a propriedade, a liberdade e até a vida de seu semelhante. Para se livrar da opressão, tem o direito de oprimir, aguilhoar e chacinar". De outubro de 1789 a abril de 1790, engaja-se em feroz campanha contra Necker. Esta lhe vale o autoexílio, pois em janeiro tem a prisão decretada. Vagava um dia pelas ruas de Londres, sem dinheiro e faminto, quando lembrou de cobrar os livreiros a quem o amigo Brissot entregara exemplares de suas obras. Embasbacado, ouve que nada lhe devem. "Quero, então", exige, "os livros de volta." "Impossível", declaram os honestos comerciantes, "o dinheiro foi dado ao próprio M. Brissot." Ao menos, é a versão de Marat para o episódio. Brissot nunca se preocupou em contestá-la. Estão, assim, separados por mágoas passadas, diferenças políticas presentes — e desacordos financeiros que tendem à perenidade.

Em abril Marat está de volta a Paris, sem nenhuma simpatia, "nem póstuma", pelo ex-amigo. Por ora, recolhe silenciosamente o despeito. Só irá vazá-lo em ocasião propícia, um ano mais tarde: lançará em face de Brissot a acusação de espião da polícia.

O *Ami du peuple* está entre os atiçadores do motim popular de 10 de agosto de 1792, quando os prussianos já invadiram território francês. O povo assalta as Tulherias, onde está a família real, com quem a Gironda mantém entendimentos secretos. Luís XVI, com a rainha e os filhos, é trancafiado na prisão do Templo, depois de implorar socorro à Convenção; os aristocratas que o defendiam no palácio haviam sido trucidados pela multidão. Os Girondinos manobram desesperadamente para ganhar tempo — e escorregam, de inépcia em inépcia, para a guilhotina. A família real já não merece nenhuma afeição dos *sans-culottes* depois do ultimato enviado pelos prussianos, e a 2 de setembro as prisões de Paris são invadidas, e os prisioneiros, acusados ou suspeitos de monarquismo (sem exceção das prostitutas, cujo ofício, pelo visto, não era considerado republicano), passados a fio de espada. Durante cinco dias, 1100 pessoas são chacinadas sumariamente [*massacres de setembro*]. Apesar dos esforços do respeitado historiador Gérard Walter para inocentá-lo, parece historicamente estabelecido que Marat, pela Convenção, e Danton, como ministro da Justiça, foram os responsáveis pela carnificina. Em suas *Memórias*, Brissot registrará: "Marat foi o monstro que ordenou as matanças". E não deixou de apregoá-lo *viva vocis* na Convenção.

Para os Girondinos, não é difícil imaginar quem será a próxima vítima. Entregam-se a frenéticas manobras, pois ou liquidam os radicais ou serão por estes liquidados. A partir de então, Marat e Brissot já não se empenham em picuinhas pessoais, nem em questões de alta política: trata-se de pura luta pela sobrevivência. Aproveitando a virada da guerra — os prussianos haviam sido detidos em Walmy —, a Gironda tenta ainda uma vez salvar a cabeça do rei. Robespierre e Saint-Just demolem seus esforços no plenário; Danton, homem prudente, abstém-se de tomar posição pública, mas em segredo apoia os radicais; Marat e Desmoulins desacreditam os Girondinos pela imprensa. Luís XVI é decapitado em janeiro de 1793. Marat se dedicará, nas semanas seguintes, a "destroçar o rancho Roland-Brissot". Este último, no dia 16 de abril, publica, em seu *Le Patriote Français*: "um inglês [...] veio à França à procura de liberdade. Só viu a máscara horrível da anarquia. Desalentado, resolveu matar-se. Antes, escreveu estas palavras: 'Vim para cá gozar a liberdade. Porém Marat assassinou-a'". O artigo provoca comoção. O tal inglês era hóspede do famoso Tom Payne, convencional que votava com a Gironda — e na verdade, conforme se descobriu, mal se cortara levemente com a faca. Marat explora a ocasião para exigir justiça pública contra seus perseguidores. A Convenção, que o processava por iniciativa da Gironda, é obrigada a absolvê-lo; o povo o carrega em triunfo. A 31 de maio a Guarda Nacional e os *sans-culottes* cercam a Convenção. Os Girondinos são presos. Condenados à morte por traição da pátria. E guilhotinados em julho. Marat, destruindo os que tentavam barrar o aprofundamento do processo revolucionário, tomava sua vingança, política e pessoal. Mas não chegou a ver a cabeça de Brissot rolar; o punhal de Charlotte Corday chegou antes.

MARGOT, A COMPANHEIRA DOS EXÉRCITOS. O exército francês, como todos os outros, não dispensava, em campanha, um esquadrão de prostitutas, *les filles de joie*, que marchava em comboios na retaguarda, juntamente com os cantineiros, ratoneiros, agentes dos fornecedores, gado e toda a infinita marginália que associava sua sorte à dos soldados. A boa Margot, cujas aventuras tanto interesse pareceram despertar no público leitor, era evidentemente uma dessas *filles*, e em favor de seu ofício pode-se aduzir que teve predecessoras ilustres. Uma das quais, que se supõe italiana, atrasou patrioticamente o avanço de Carlos VIII da França sobre a Itália em 1494, retendo-o no leito.

MAZARINADES. O cardeal Mazarino (Giulio Mazarino, 1602-61), sucessor de Richelieu como primeiro-ministro da França, não era propriamente uma figura popular. Italiano de nascimento (naturalizou-se francês em 1632), cardeal sem que, no entanto, se abalançasse a tomar as ordens maiores, era acusado pela oposição de dilapidar o dinheiro público, enriquecendo-se, e a seu nu-

270

trido séquito de compatriotas, através da cobrança de impostos escorchantes. Os rumores de que desposara em segredo a rainha-regente Ana d'Áustria, viúva de Luís XIII e mãe de Luís XIV, o futuro "Rei-Sol", em nada o ajudavam. Não obstante, seu domínio sobre o reino era ilimitado, e soube levar adiante a política de seu antecessor, convertendo a França em potência continental. A alta aristocracia, a nobreza togada dos parlamentos e os membros da alta burguesia uniram-se contra esse "potentado estrangeiro" e decidiram guerreá-lo ("Fronda", nome derivado de uma brincadeira de crianças, simulando operações militares, praticada costumeiramente nos fossos que circundavam as muralhas de Paris). A rebelião terá duas fases. Na primeira (*Fronde parlamentaire*, 1648-9), as escaramuças contra a monarquia serão sustentadas por um *front* reunindo a nobreza togada, o cardeal de Retz e o príncipe de Condé: edificam-se barricadas em Paris, um eminente conselheiro do *Parlement* é engaiolado, a corte escapole para Saint-Germain. Na segunda (*Fronde des princes*, 1649-53), eclode autêntica guerra civil. Os rebeldes, com o apoio secreto da Espanha, sustentarão prolongada campanha militar contra o exército real, que só se encerrará com a batalha da Porte Saint-Antoine. A limitação do poder monárquico, assim, mostrava-se impraticável àquela altura do processo histórico, e Mazarino, a partir de então, governará sem obstáculos. As "mazarinadas" tiveram início durante a Fronda, e perseguiram o ministro até sua morte: eram panfletos e cançonetas satíricos, que não pareciam perturbar o cardeal. Ao contrário, costumava dizer, com um sorriso: *Se ils cantent la cançonetta, ils pagaront*, "enquanto cantarem cançonetas, pagarão [os impostos]". Um exemplo do *libellisme* das mazarinadas pode ser lido nos seguintes versos de Scarron, publicados no auge da guerra civil: *Un vent de Fronde/ A soufflé ce matin:/ Je crois qu'il gronde/ Contre le Mazarin* [tradução livre: Um vento de insurreição/ Soprou com vigor matutino:/ Urrando qual furacão/ Contra o cardeal Mazarino].

MONTAGNARDS. Grupo oriundo do clube dos Jacobinos, e que o controlou no primeiro semestre de 1793, durante a encarniçada luta de morte travada, na Convenção, entre radicais e Girondinos. Seus principais chefes foram Robespierre, Saint-Just e Billaud, com a adesão ocasional de Danton. Camille Desmoulins, da linha deste último, também costumava apoiá-los. E Marat, embora mantendo certo distanciamento crítico (tinha concepções tão pessoais que alguns o acusavam de ambicionar tornar-se ditador), preferia-os decididamente à Gironda. Após a tomada do poder, os *Montagnards* implantaram o regime do Terror (setembro de 1793), após uma insurreição popular comandada pelos *bras-nus* ("braços-nus"), facção extremista dos *sans-culottes*, e os *enragés* ("danados"), que cercaram a Convenção e exigiram divisão das grandes propriedades entre o povo miserável, congelamento de preços e fim da carestia. O exército, depois da euforia de Walmy, tornava a recuar. Robespierre cedeu parcialmente, criando o Exército Revolucionário (que, ao lado da Comissão de Salvação Pública, inaugurada em julho, e do Tribunal Revolucionário, semeou o pânico entre os inimigos do regime e dos *Montagnards*). As medidas draconianas foram bem-sucedidas. O exército, após um pavoroso expurgo que não poupou os comandantes derrotados, retomou a ofensiva. Os preços caíram. Mercadorias desaparecidas reapareceram. Ainda não se fez uma investigação definitiva acerca do papel dos *Montagnards*. O certo é que Robespierre e seus aliados não se limitaram a golpear à direita; Danton e Desmoulins foram para a guilhotina em abril de 1794, e os radicais não tardaram a seguir-lhes as pegadas. Mas o partido perdera prestígio nas províncias, onde era visto como um títere das seções parisienses. A oposição, nesse ínterim, reunia forças para um desesperado contragolpe. Este se deu com o motim de 27 de julho de 1794, durante o qual Robespierre, Saint-Just e seus partidários da Convenção foram aprisionados. O golpe partia dos conservadores, mas os *sans-culottes*, privados de seus líderes tradicionais (Hébert, Jacques Roux), não se mobilizaram para defender os *Montagnards*, que marcharam para a guilhotina na manhã seguinte.

MENU-PLAISIRS. "Prazeres miúdos." Entretenimentos e diversões na corte francesa, desde jogos, bailes e espetáculos até as "portadas", isto é, iguarias servidas em banquetes e refeições *en palais*. Segundo os padrões culturais do Ancien Régime (provavelmente herdados de um vago sentimento de culpa derivado do ascetismo medieval, pródigo em pantagruelices), tais eventos mereciam registro minucioso; daí a existência de cronistas estipendiados para esse fim. O cargo, sem dúvida, seria saboroso; supõe-se que o *historiographe* incumbido de descrever os fatos a eles tivesse acesso direto, por uma questão de fidelidade narrativa.

NOBREZA DE ESPADA, NOBREZA TOGADA. Era-se aristocrata, na França, de duas maneiras: pelo sangue, *noblesse d'épée* (nobreza de espada), ou por serviços prestados no aparelho administrativo-judicial da Coroa, *noblesse de robe* (nobreza de toga). A primeira categoria compreendia certa quantidade de famílias de patrimônio principesco — mas, no conjunto, não era exatamente rica no século XVIII. O nobre de espada próspero vivia de renda sobre as terras e da arrecadação de direitos gentilícios; o pobre, afastado das profissões burguesas por antigos preconceitos de casta, empregava-se no exército, na marinha ou na Igreja. Casamento de interesse, só se se conseguisse arranjar uma dama de sangue azul — as burguesas, por mais sedutores que fossem os seus dotes, estavam fora de questão. Frequentar a corte, no entanto, implicava despesas formidáveis; isso obrigava ricos e pobres a assumir constantes empréstimos e a viver perpetuamente endividados. Já a nobreza togada — com a qual a aristocracia *d'épée*, em princípio, não se misturava — era composta pelos conselheiros dos parlamentos e os juízes dos tribunais superiores independentes. Suas posições, uma vez adquiridas, tornavam-se hereditárias; mas podiam ser transacionadas, desde que um breve régio autorizasse o negócio. O *Parlement* de Paris, segundo o costume, era considerado o principal da França, ligando-se aos provincianos por meio de intrincada malha de clientela. A nobreza togada fazia casamentos entre si ou com membros da alta burguesia. Como as ordenações reais fossem consuetudinariamente submetidas aos parlamentos, que vez por outra tomavam a liberdade de discuti-las e rejeitavam uma ou duas em duzentas, a nobreza togada passou a ser vista, nas últimas décadas do Ancien Régime, como uma espécie de contrapeso à onipotência da Coroa. Isso a fazia popular, embora, como classe, participasse do sistema de privilégios e fosse, por conseguinte, reacionária.

PILON DA BASTILHA. Local onde se destruíam as obras proibidas ou piratas apreendidas pelas autoridades do Ancien Régime. Os livros eram verdadeiramente submetidos a um pilão, esmagados e convertidos em massa; o material assim obtido era vendido como matéria-prima aos fabricantes de papel. Em francês, desde então, tornou-se usual o emprego da expressão *mettre un ouvrage au pilon* para indicar a destruição de um livro.

RAMEAU, JEAN-PHILIPPE (1683-1764). Compositor dominante na corte francesa nos últimos anos de Luís XIV e por boa parte do reinado de Luís XV. Cravista e organista, contribuiu, com seu *Traité de l'harmonie*, para fixar a ciência da harmonia. Soube explorar ao máximo, em suas óperas (*Hipólito e Arícia*, *Castor e Pólux*, *O templo da glória*, etc.), o clima emocional, conferindo acentos patéticos à declamação e grande peso à orquestração, impondo com isso um estilo que de certa forma provocou a contestação de Gluck [v. GLUCKISMO VS. PICCINNISMO]. Condenou um novo sistema de notação musical proposto por J.-J. Rousseau. Morreu em posição de relevo, nobilitado e reverenciado. Daí Diderot haver criado um fictício sobrinho para ele, *Le neveu de Rameau*, para personificar o pobre-diabo *déclassé*.

RATÉ. Termo aplicado a artistas, de um modo geral, que, por falta de talento ou de oportunidade, permanecem na obscuridade. O típico *raté* é o personagem central de *Le neveu de Rameau*.

RICHERISMO. De Edmond Richer (1559-1631), teólogo de exasperada tendência galicana [v. IGREJA GALICANA]. Fez a apologia de Jacques Clément, monge dominicano esquartejado por assassinar Henrique III em 1589. Posteriormente se retratou dessa obra, mas era tarde demais: os jesuítas conseguiram fazer com que perdesse o importante cargo de síndico da Universidade de Paris. Desde então se pôs a combatê-los denodadamente, e em sua obra *De ecclesiastica et politica potestate* (1611) condena a influência política dos religiosos na França (leia-se: as usurpações jesuítas), ao mesmo tempo que se mostra um apóstolo do galicanismo.

ROUX, JACQUES (?-1794). Líder dos *enragés* (danados), facção ultrarradical dos *sans-culottes* parisienses. Vigário de St. Nicholas-des-Champs, por diversas vezes manifestou o propósito de abandonar a batina, mas nunca chegou a fazê-lo; ganhou o apelido de "pregador dos *sans-culottes*". Desejoso de fundar uma editora, aproximou-se do clube dos Jacobinos ao organizar, a pedido do autor, uma coletânea dos principais artigos de Marat em 1792, intitulada *École des citoyens*. Perseguido pela polícia, Marat refugiou-se uns tempos em sua casa; entenderam-se às maravilhas. Ao partir, o *Ami du Peuple* deixou sobre a lareira um *assignat* de 15 *livres*, coisa que aparentemente ultrajou o hospedeiro — não se sabe se pelo ato ou se pela modesta quantia. Nas eleições de agosto, Marat elegeu-se deputado à Convenção. Roux não, dedicando-se devotadamente às bases, as "fezes da Revolução". E estas eram explosivas: numa população estimada em 600 mil habitantes, 160 mil parisienses seriam mendigos. Os *enragés* começaram a tomar forma. Jacques Roux tornou-se membro da Comuna revolucionária de Paris e desencadeou violenta campanha antiparlamentar. A crise econômica do inverno de 1792-3 colocou-o na crista da onda. Além de estar presente a todas as manifestações públicas, acompanhara ao patíbulo, qual confessor caricato (era o custodiador do presídio do Templo), o rei deposto Luís XVI, puxando os aplausos no momento em que a cabeça rolou para o cesto. Em fevereiro de 1793, as lavadeiras parisienses, por ele instigadas, fizeram saber à Convenção estarem mais interessadas na falta de sabão que nas consequências político-militares da execução do rei. Uns poucos deputados apoiaram o ato de protesto. O líder dos *enragés* escreveu: "Se temos representantes infiéis, aí está a guilhotina para puni-los. Se não querem, se não podem salvar o povo, digamos a este que se vingue de seus inimigos". O alvo era claro — os Girondinos. Pouco depois romperia com Marat, que o acusara, sem provas, em seu jornal. A 17 de maio, a Gironda engolia a isca atirada pela oposição; apavorada com os sucessivos ataques, fez votar uma Comissão dos Doze para "investigar as atividades da Comuna e das seções de Paris", cuja primeira providência foi engaiolar Hébert, porta-voz de outro grupo radical dos *sans-culottes* na Convenção, os *bras-nus*. A medida foi a senha para a insurreição. Marat discursou inflamadamente, no dia 26, na sede dos Jacobinos. No dia 30, a Comuna organizou a multidão. No dia 31, a Convenção foi cercada, e os Girondinos caíram. Era a vitória da ortodoxia revolucionária *Sans-culotte*, dos *petits* contra os *gros*. Roux, com seus companheiros Verlet e Leclerc, comandara o assalto, e o sucesso tornou-o progressivamente audacioso: pedia, agora, a abolição da propriedade. Marat, que se considerava o árbitro do radicalismo, ataca giratoriamente: exige a cabeça dos moderados da linha de Danton — e, de quebra, a dos "fanáticos" como Roux e Hébert. Pouco depois, foi assassinado. Robespierre, mesmo julgando-o um desequilibrado perigosíssimo, adotará à risca seu programa: liquidará, de uma só cambulhada, os conciliadores e os radicais (abril de 1794). Condenado à morte pelo Tribunal Revolucionário, Jacques Roux apunhalou-se em sua cela no presídio de Bicêtre, desde então estando à espera de um historiador que o decifre.

TIPOGRAFIA PLANTINIANA. Oficina gráfica estabelecida em Antuérpia e pertencente a Christophe Plantin (1520-89), mestre-tipógrafo francês. Publicou a *Biblia Poliglota*, em 8 volumes (1569-72), que fixou o texto original do Antigo e do Novo Testamento; o trabalho foi custeado por Filipe II da Espanha.

VERGENNES, CHARLES GRAVIER, CONDE DE (1717-87). A exemplo de Calonne, Vergennes formou-se nos quadros administrativos do Ancien Régime, embora se originasse da *noblesse d'épée*. E as semelhanças cessavam por aí. No exercício de suas funções, sempre se mostrou cônscio de representar um regime despótico, não considerando necessário para ser bem-sucedido angariar simpatias fora dos grupos de apoio tradicionais. Agia com o escrupuloso zelo de um funcionário mais realista que o rei, conforme o leitor terá observado no Cap. 6. Morreu no posto de ministro das Relações Exteriores, tendo feito os editores clandestinos passarem maus bocados. Sua principal realização foi o Tratado de Paris, que pôs fim oficialmente à guerra de independência dos Estados Unidos. A França, na condição de aliada dos vitoriosos, extraiu vantagens das conversações de paz, recobrando territórios em poder dos ingleses.

VILLON, FRANÇOIS (1431-C. 89). Poeta francês que, embora integrado aos cânones literários medievais, antecipa em muitos sentidos a figura saturnina, isto é, "marginal", do artista romântico. Para isso contribuiu, sem dúvida, sua opção por uma vida de "eterno estudante", metido em aventuras, duelos e encrencas de taverna. Ignora-se se, em seu tempo, foi mais conhecido pelo estro poético ou pelas virtudes de espadachim; o certo é que as prisões do rei o conheceram muito bem, pois nelas era habitué. Por duas vezes exilado de Paris, na segunda as autoridades tiveram o prazer de comunicar-lhe que, se reaparecesse, teria morte infame. Nunca mais foi visto. Sua biografia foi romanceada por F. Stocchetti em *O rei vagabundo*. Obras principais: *Pequeno testamento*, *Grande testamento* e *Balada dos enforcados*.

Cronologia

1726 Esbirros do cavaleiro de Rohan, por ordem do amo, surram Voltaire em Paris. A vítima recalcitra em aceitar de boa cara o atentado e, em consequência, é embastilhada, assim permanecendo por quinze dias. Dão-lhe a liberdade sob a condição de deixar imediatamente o reino. Vai para a Inglaterra, onde toma contato com a obra de Newton, Locke e Hobbes.

1728 J.-J. Rousseau converte-se ao catolicismo em Turim, na Itália.

1729 Outra vez na França, Voltaire faz circular, de forma sigilosa e manuscrita, as *Cartas filosóficas sobre os ingleses*.

1734 Publicada uma edição pirata das *Cartas filosóficas*. O parlamento de Paris condena a obra à fogueira, definindo-a como "escandalosa, contrária à religião, à moral e ao respeito pelas autoridades". Voltaire, rilhando os dentes de fúria contra o editor clandestino, foge de Paris.

1736 Inicia-se a correspondência de Voltaire com o príncipe-herdeiro da Prússia, Frederico.

1740 Frederico II rei da Prússia.

1742 D'Alembert publica o *Tratado de dinâmica*. Primeira execução do *Messias*, de Handel. Chega a Paris, aos 30 anos, J.-J. Rousseau, disposto a conquistar fama e fortuna.

1743 Nasce Jean-Paul Marat.

1744 Voltaire retorna a Paris, protegido por Mme. de Pompadour, *maitresse en titre* de Luís XV.

1748 Devido a sua *Carta sobre os cegos*, considerada ateia e imoral, Diderot é aprisionado em Vincennes por três meses. Rousseau visita-o frequentemente.

1749 Voltaire hospedado em Potsdam, corte de Frederico II da Prússia.

1752 Diderot e D'Alembert lançam o primeiro volume da *Encyclopédie*. Os cinco primeiros volumes serão sistematicamente apreendidos, a pedido da Igreja. Em Genebra, Rousseau se reconverte ao protestantismo.

1754 Foragido da Prússia, banido da França, Voltaire se estabelece perto de Genebra. Nasce Jacques-Pierre Brissot.

1755 Terremoto de Lisboa. Rousseau publica o *Discurso sobre a origem da desigualdade*. Morre Montesquieu.

1756 Eclode a Guerra dos Sete Anos com a invasão, pelos prussianos, da Saxônia (agosto). A Inglaterra dá apoio moral a Frederico II, que se vê às voltas com a artilharia e as tropas bem concretas de meia Europa (França, Áustria-Hungria, Rússia, Suécia e Saxônia). Voltaire publica o *Ensaio sobre a moral e o espírito das nações, desde Carlos Magno até Luís XIII*. Rousseau escreve *A nova Heloísa*.

1758 Voltaire adquire o *château* de Fernay, na fronteira franço-suíça. Nasce Maximilien Robespierre.

1759 Voltaire publica *Candide*. Pombal expulsa os jesuítas de Portugal.

1760 Cesare Bonesana, marquês de Beccaria, publica *Dos delitos e das penas*. Rousseau opõe-se à abertura de um teatro em Genebra, contrariando Voltaire, que lá queria ver encenadas suas peças. Brota feroz e inconciliável inimizade entre ambos. Voltaire escreve a Rousseau, a propósito de seu *Discurso sobre a origem da desigualdade*: "Acabei de receber seu último livro contra a espécie humana, e agradeço. Ninguém foi tão refinado quanto o senhor na tentativa de reconverter-nos em brutos. A leitura da obra produz o desejo de voltar a ficar de quatro. Como, entretanto, há uns sessenta anos deixei de exercitar tal postura, sinto que me é impossível a ela retornar". *Chasse aux Pompignans*.

1761 *Caso Calas*. Um jovem de Toulouse comete suicídio. O pai, para evitar a aplicação da lei — que manda arrastar pelas ruas, nu, o cadáver do suicida —, arranja testemunhas que declaram sua morte natural. A verdade vem à tona; o comerciante é preso e morto, acusado de haver assassinado o filho para impedi-lo de se converter ao catolicismo. Voltaire o defende, e a sua família.

1762 Rousseau refugia-se em Neuchâtel, depois que o *Emílio* e o *Contrato social* são condenados pelas autoridades genebrinas. Marat chega a Paris. Gluck compõe o *Orfeu*.

1763 Tratado de Paris: fim da Guerra dos Sete Anos. Para recuperar as possessões perdidas durante o conflito, a França abdica a suas pretensões territoriais na América do Norte. Voltaire publica o *Dicionário filosófico*. Rousseau escreve as *Confissões*. Marmontel eleito para a Académie Française.

278

1764 O parlamento inglês vota o Ato do Açúcar, taxando violentamente o rum produzido nas Treze Colônias americanas. Rousseau refugia-se na Inglaterra. Morre madame de Pompadour, pretensamente declarando: *après nous le déluge*. Morre o Delfim da França; seu filho Luís Capeto (futuro Luís XVI) torna-se o herdeiro presuntivo do trono.

1765 Le Barre, jovem protestante de 16 anos, acusado de mutilar crucifixos, é decapitado e queimado, juntamente com o *Dicionário filosófico*, que lia quando o prenderam. Voltaire escreve a D'Alembert: "Será este o país da filosofia e do prazer? Diria, antes, ser o país da Noite de S. Bartolomeu". O Parlamento inglês promulga a Lei do Selo, tributando todos os documentos públicos emitidos nas colônias americanas. Marat em Londres.

1766 O Parlamento inglês suspende a aplicação da Lei do Selo.

1767 O Parlamento inglês edita os Atos Townshend (tarifas alfandegárias sobre a importação, pelas colônias americanas, de chá, chumbo, verniz, etc.). As colônias respondem com o boicote à importação de artigos ingleses.

1770 *O sistema da natureza*, de D'Holbach. Rousseau de volta à França. Nascem Beethoven e Hegel. Goethe inicia o *Fausto*. Subscrição, em Paris, para construir um monumento ainda em vida a Voltaire. Este se dedica à libertação dos servos da gleba do Franco-Condado. O Parlamento inglês revoga os Atos Townshend, exceto a tarifa sobre o chá. Robespierre, aos 12 anos, ganha uma bolsa de estudos para o colégio Louis-le-Grand em Paris, onde fará amizade com Camille Desmoulins, dois anos mais moço.

1772 O Exército da Rússia invade a Polônia, anexando o leste desse país e dando início a sua partilha pelas potências vizinhas. D'Alembert secretário-perpétuo da Académie Française.

1773 Em Boston, a *Tea Party* (dezembro): cidadãos disfarçados de índios apoderam-se de um carregamento de chá inglês e o lançam ao mar. Na Alemanha, o *Sturm und drag* (tempestade e ímpeto): início do Romantismo.

1774 *Os sofrimentos do jovem Werther*, de Goethe (publicado anonimamente). *10 de maio*: morre Luís XV, de varíola. Seu neto, Luís XVI, é o novo rei da França. Voltaire dedica uma resenha maldosa ao *Ensaio sobre o homem* de Marat. Diderot afirma que "o autor nada entende do assunto". Desde então, os *philosophes*, para Marat, serão uma "seita perversa". *Setembro*: primeiro Congresso Continental das colônias americanas, em Filadélfia; decide-se que estas devem obediência ao rei nas guerras externas e nos tratados de paz — mas gozarão de total autonomia nos demais assuntos.

1775 Edição suíça das *Obras completas* de Voltaire. Marat diploma-se em medicina pelo não muito exigente St. Andrew College, de Edimburgo (Escócia). Segundo Congresso Continental das colônias americanas em Filadélfia. *3 de julho*: George Washington assume o comando geral das tropas e ocupa o forte de Ticonderoga.

1776 Na França, tentativas reformistas de Turgot. O Congresso Continental de Filadélfia aprova a Declaração de Independência.

1778 Robespierre realiza seu sonho de visitar Rousseau. Voltaire retorna triunfalmente a Paris. *30 de maio*: morre, sendo-lhe recusado sepultamento cristão; os amigos enterram-no em Salliers. *2 de julho*: morre J.-J. Rousseau. A França decide apoiar a Guerra da Independência dos americanos.

1779 Marat faz amizade com Jacques-Pierre Brissot. *Ifigênia em Táuride*, de Gluck.

1780 Conclui-se a primeira edição da *Encyclopédie*. Morre Condillac.

1781 Robespierre diploma-se em direito e volta para a província. *Crítica da razão pura*, de Immanuel Kant. *Outubro*: na guerra americana, os ingleses pedem um cessar-fogo.

1782 José II, imperador da Áustria-Hungria, suprime os conventos em seus territórios e os converte em escolas.

1783 Morre D'Alembert. Calonne ministro das Finanças na França. Máquina a vapor de James Watt. *3 de setembro*: paz entre Inglaterra e as colônias americanas (Tratado de Paris). *Novembro*: os exércitos ingleses deixam o continente americano. *Dezembro*: Washington entra em Nova York.

1784 Morre Diderot. *O caso do colar da rainha*.

1785 Napoleão Bonaparte, aos 16 anos, deixa a escola militar de Paris com o posto de tenente de artilharia.

1788 Morre Frederico II da Prússia. Sucede-lhe o filho Frederico-Guilherme.

1787 *Don Giovanni*, de Mozart. *Setembro*: Constituição dos Estados Unidos da América, a primeira a consignar o princípio, proposto por Montesquieu, da divisão dos poderes. Na França, a Assembleia dos Notáveis.

1788 Morre Buffon. Os banqueiros franceses recusam novo empréstimo à Coroa. Cai o ministro Calonne. Seu substituto é Loménie de Brienne. *Abril*: oficialmente adotada a Constituição dos Estados Unidos da América. *Agosto*: convocação dos Estados Gerais de França, por sugestão de Necker, novo ministro das Finanças.

1789 O congresso dos Estados Unidos da América nomeia George Washington primeiro presidente da República. Morre D'Holbach. *5 de maio*: reúnem-se os Estados Gerais de França em Versalhes. *9 de julho*: juramento do campo de péla: os delegados do Terceiro Estado comprometem-se a não encerrar seus trabalhos enquanto não dotarem a França de uma constituição. *12 de julho*: motim dos *sans-culottes* parisienses. *14 de julho*: Tomada da Bastilha. *4 de agosto*: abolição dos gravames feudais na França. *16 de setembro*: circula a primeira edição do *Ami du Peuple* de Marat, que será, com o *Père Duchesne* de Hébert, o jornal mais lido e mais radical da Revolução. *27 de agosto*: Declaração dos Direitos do Homem e do Cidadão. *5 de outubro*: o

280

povo marcha sobre Versalhes e obriga o rei e a Assembleia Constituinte a se transferirem para Paris. *8 de outubro*: ordem de prisão contra Marat. Na clandestinidade, abrirá violenta campanha contra Necker.

1790 *22 de janeiro*: meirinhos apresentam-se no clube dos Amigos dos Direitos do Homem, ou dos *Cordeliers* (nome do convento franciscano onde se reúnem), presidido por Danton, com ordens para prender Marat, lá refugiado. Este consegue evadir-se. *Fevereiro*: Marat em Londres, onde descobre que Brissot teria embolsado o dinheiro da venda de seus livros. *Maio*: Marat de volta a Paris. *Junho*: cai Necker.

1791 Os restos mortais de Voltaire são instalados solenemente no Panteão de Paris. Cerca de 700 mil pessoas acompanham o cortejo. Morre Mirabeau. *21 de junho*: fuga da família real. Detida em Varennes, terá de voltar a Paris e ficar sob a custódia da Assembleia Constituinte no palácio das Tulherias. Os republicanos iniciam um abaixo-assinado pelo fim da monarquia no Campo de Marte; a Guarda Nacional e os dragões da cavalaria desfazem-no de maneira brutal, atirando sobre a multidão (*massacre do Campo de Marte, 17 de julho*). Os radicais são procurados pela polícia. Robespierre oculta-se; Marat foge para Londres. Ainda em *julho*: fundado o clube dos *Feuillants*. *Setembro*: promulgada a Constituição da França. *30 de setembro*: encerra-se a Assembleia Constituinte. Iniciam-se os procedimentos para a eleição da Assembleia Legislativa. *Novembro*: Marat de volta a Paris, iniciando campanha contra a guerra que a nova Assembleia, dominada pelos Girondinos, pretende declarar aos aristocratas emigrados, a quem o eleitor de Treves permitira organizar um exército de 5 mil homens que tencionavam concentrar em Coblença. *Dezembro*: em discurso no clube dos Jacobinos, Robespierre também se declara contrário à guerra. O povo, contudo, habilmente manipulado pela Gironda, passa a apoiá-la.

1792 *Abril*: Marat abre fogo contra a Gironda. Sobre a guerra, afirma: "É de se temer que um de nossos generais, coroado pela vitória, traga suas tropas para a capital e se transforme em déspota". A Assembleia torna a decretar sua prisão. O *Ami du Peuple* continuará circulando clandestinamente. No fim do mês, Luís XVI comparece perante os deputados e declara oficialmente guerra à Áustria-Hungria. A Prússia, que mantém aliança com o Império e apoia os aristocratas emigrados, inicia os preparativos para invadir território francês. *Maio*: a França é invadida. Marat pede o expurgo dos realistas aprisionados. *11 de junho*: a Assembleia decreta a *pátria em perigo*. *28 de agosto*: o duque de Brunswick, comandante das tropas invasoras, a dois dias de marcha de Paris, divulga um ultimato — a pedido de Maria Antonieta — declarando que arrasará Paris se um só fio de cabelo de Luís XVI for tocado. *10 de agosto*: o povo invade as Tulherias. A família real é transferida para a prisão do Templo. Robespierre pressiona a Assembleia para tomar medidas decisivas. Marat reaparece em público. *Dia 11*: os *sans-culottes* invadem a Comuna (prefeitura) e declaram a Comuna Revolucionária. Robespierre, seu líder mais influente, vai à Assembleia e anuncia o novo programa de governo. *2 de setembro*: notícias de que Verdun abrira as portas ao inimigo põem Paris em pé de guerra. *2 a 6 de setembro*: as prisões parisienses são invadidas e os suspeitos de lealdade à Coroa exterminados impiedosamente (*massacres de setembro*). *9 de setembro*: eleições para a Convenção Nacional de Emergência, que irá substituir a Assembleia Legislativa. Brissot, Marat, Hébert, Danton, Robespierre e Saint-Just são eleitos; Jacques Roux não. O programa de Marat parece o mais radical: embora pregando unidade nacional para vencer a guerra, com a cessação provisória das disputas partidárias, exige a execução do rei e a pena de morte para os atravessadores do comércio de gêneros alimentícios e os arrendatários de impostos. *20 de setembro*: em Walmy, o Exército francês detém a invasão e inicia a contraofensiva que o levará à Bélgica, à Holanda e ao Piemonte. No mesmo dia instala-se, em Paris, a Convenção. Robespierre é o jacobino de maior expressão; Brissot lidera a Gironda. *13 de novembro*: discute-se o destino de Luís XVI. Os Girondinos tentam uma derradeira manobra para salvá-lo, propondo que o veredicto, seja qual for, passe por um plebiscito. As galerias, apinhadas de *sans-culottes*, gemem lugubremente: *la mort, la mort*. *16 de novembro*: Luís XVI condenado à guilhotina.

1793   *21 de janeiro*: Luís XVI decapitado. A consequência imediata é a formação de vasta coalizão europeia contra a França, à qual aderem Holanda, Inglaterra, Espanha, Portugal e Sardenha. Neste ano, Napoleão Bonaparte será promovido a general. *5 de abril*: Marat eleito presidente do clube Jacobino (coisa rotineira: os membros se revezam na função por períodos de 15 dias. A ocasião, contudo, é altamente propícia para seus desígnios). O general Dumouriez, que ele vinha acusando sistematicamente, bandeia-se para os prussianos. *6 de abril*: Marat pressiona a Convenção a criar a Comissão de Salvação Pública: "Talvez seja chegada a hora de organizar temporariamente o despotismo da liberdade para esmagar o despotismo dos reis". A Gironda contra-ataca, conseguindo a suspensão de seu mandato e a abertura de um processo contra ele. *24 de abril*: Marat absolvido na Convenção e carregado em triunfo pelo povo. *17 de maio*: os Girondinos fazem aprovar a formação da Comissão dos Doze para investigar a Comuna Revolucionária; decreta-se a prisão de Hébert. *26 de maio*: no clube dos Jacobinos, Marat prega abertamente a insurreição. *30 de maio*: mobilização dos *sans-culottes*. *31 de maio*: a Convenção é cercada. Todos os deputados têm permissão para sair — menos os Girondinos, cujos chefes têm a prisão decretada. *13 de julho*: Charlotte Corday, jovem provinciana de Caen, assassina Marat. *16 de julho*: exéquias solenes de Marat. *31 de julho*: execução dos Girondinos, entre os quais Brissot e madame Roland (cujo marido, assim como Condorcet, havia se envenenado no cárcere). Seguir-se-ão o ex-duque de Orléans (Philippe Egalité), Bailly, Barnave, Manuel, etc. *4 de setembro*: os *sans-culottes*, convocados por Jacques Roux e Hébert, cercam a Convenção e exigem medidas drásticas para salvar a Revolução. Instala-se o regime do Terror. *Outubro*: Maria Antonieta guilhotinada. Danton começa a tramar com os realistas e os Girondinos sobreviventes a queda da Comissão de Salvação Pública e a negociação da paz com os emigrados e seus aliados. Os *Montagnards* começam a reunir provas de sua corrupção (certas falcatruas da Companhia das Índias por ele acobertadas mediante comissão).

1794 *4 de março*: os radicais, liderados por Hébert e Jacques Roux, tentam uma fracassada insurreição. *13 de março*: Saint-Just chefia o contragolpe *Montagnard*, ordenando a prisão dos hébertistas e *enragés*. *Dia 17*: os ultrarradicais são apanhados. *Dia 24*: guilhotinados. *30 de março*: Danton e seus principais aliados, entre os quais Camille Desmoulins, são detidos; também os espera a guilhotina. Robespierre é o líder incontestes. A oposição, temendo pelo pescoço, põe-se a tramar furiosamente uma contraofensiva. *27 de julho*: a Convenção é cercada. A Comuna de Paris sai em defesa dos convencionais, mas os *sans-culottes* permanecem inertes. *28 de julho*: os líderes *Montagnards* são executados.

Índice remissivo

Académie des Inscriptions, 21
Académie des Sciences, 33
Académie Française, 18, 20-1, 23, 25, 33, 36, 278, 279
Académie Royale de Musique, 33
Académie Royale de Peinture et de Sculpture, 33
académies, 33, 50
acquits à caution, 205, 208, 221, 251
Aiguillon, Emmanuel Arnaud de Vignerod du Plessis de Richelieu, duque d', 18, 45
Alemanha, 91, 114, 279
Alembert Jean Le Rond d', 15-6, 18, 23, 25-7, 29, 54, 56, 85-6, 88, 126, 131; como patrão de Le Senne, 95, 99, 103-5, 107-8, 112, 118, 122; declínio de sua reputação, 117, 119; e a propaganda filosófica, 122; sua morte, 118
alfabetização, 28, 147
Almanach des muses, 36
Almanach Royal, 18, 77
Amar, André, 63

América do Norte, 278
Ami du Peuple, 269, 274, 280-1
Amsterdam, 9
Annales Politiques, Civiles et Littéraires du Dix-huitième Siècle, 85
Annales, revista, 195, 259
Année Littéraire, 39, 85
Antuérpia, 171
Aretino, Pietro, 41, 259-60
Arnaud, *abbé* François d', 15, 17-8, 24, 265
Artois, Charles-Philippe de Bourbon, conde d', 215, 262
Assembleia Geral do Clero, 106-7, 121
Assembleia Legislativa, 66, 70, 281-2
Aubert, Jean-Louis, *abbé*, 20
Audouin, Pierre-Jean, 38
Aulard, Alphonse, 62, 70
Áustria-Hungria, 278, 280-1
autores: estabelecidos, 14-26; gerações de, 26-7; população de, 182-4; privilégios, 203; profissionalização dos, 184-6; "provincialização de",

184-6; subliteratos *ver* boemia literária
Auxerre, 103, 116, 118-9, 126
Avignon, 118, 166, 207

Bailly, Jean-Sylvain, 51, 61, 69, 283
Balzac, J.-L. Guez de, 25, 40, 184
bardache, 36, 260
Barnave, Antoine-Pierre, 68, 283
Basileia, 161
basoche, 37, 260
Bastilha, 17, 38, 44, 54-8, 61, 64, 66, 69-72, 75-8, 80, 127, 145, 157, 198, 210, 216, 273, 280; arquivos da, 8-9, 38, 49-50, 71-2, 127, 145; *pilon da*, 273
Bauprais, viúva (livreira), 87, 96, 110-2, 116, 125-6, 131
Bayreuth, margrave de, 18
Beaumarchais, Pierre-Augustin, Caron de, 27, 260
Beauvau, Charles-Just, marechal de, 19-20
Beauvau, Charles-Just, príncipe de, 17
Beauvau, princesa de, 18
Bélgica, 282
Bellelay, 100, 105, 109, 126
Benjamin, Walter, 180
Berna, 113, 126, 162, 165, 207
Bernardin de Saint-Pierre, Henri, 20
Besançon, 59, 141-3, 164, 207
bibliotecas, composição das, 186-93
Bibliothèque de l'Arsenal, 71
Bicêtre, 38, 275
Blanc, Louis, 62
Blancherie, P. C. de la, 36
Blancs Manteaux, 100-2, 107, 109
Blondel, Pierre-Jacques, 202
Bluche, François, 186, 192
boemia literária, 5, 28, 32, 37, 41, 48-50, 52, 78, 90, 125, 138, 229
Boisgelin, Raymond de, arcebispo de Aix, 24

Bornand, Jacob-François, 198, 206
Bosset de Luze, Abraham, 85-91, 94-5, 97-8, 102
Bouillon, 75, 94
Boulogne-sur-Mer, 56-7
Bourse de Valores, 37
Bouvet (livreiro), 135-6, 138-9, 144
Braun, Rudolf, 165
Bretanha, *Parlement* da, 192
Bretin, *abbé*, 96-7, 121
Brienne, E. C. Loménie de, 24, 261, 280
Brissot de Warwille, Jacques-Pierre, 32-3, 48, 50, 53-7, 59-82, 134, 216, 264, 267-70, 278, 280-3; como espião da polícia, 50, 62-74, 79; e a Société Typographique de Neuchâtel, 56-60, 76-80; seu *Lycée* em Londres, 54-6, 58, 73, 75; trancafiado na Bastilha, 55
Brunoy, 96
Brunswick, duque de, 281
Bruxelas, 206
Budapeste, 9
Buffon, Georges-Louis Leclerc, conde de, 16, 26, 207, 280

cafés, 13, 35-6, 45, 52, 73, 229
cahier, 148, 261
Cailhava de l'Estendoux, Jean-François, 15, 20
Calonne, Charles Alexandre de, 19, 28, 46, 261-2, 275, 280
Caraccioli, Luigi, 21
Carra, Jean-Louis, 22, 29, 32, 41, 46, 50, 71
Caso Calas, 278
Centre National de la Recherche Scientifique, 22
Chabot, François, 64
Châlonssur-Saône, 147, 207
Chambre Syndicale, 200, 205

Chamfort, Nicolas de, 15, 20, 24
Champcenetz, Louis Edmond de, 29
Chartres, 80-1, 105-6, 108-9, 121
Chasse aux Pompignans, 262, 278
Chastellux, François Jean, marquês de, 17, 24
Châtelet, conde du, 97
Chénier, André, 39, 67
Chesnon (oficial de polícia), 111
Choiseul, Etienne-François, duque de, 18
chroniques scandeleuses, 149, 152, 154-9
cistercienses, 113, 263
Clairvaux, 207
Clavière, Etienne, 59-60, 74, 80, 264
Cloots, Anacharsis, 64
Coigny, J.-A.-F. de Flanquetot, duque de, 18
Colar da Rainha, caso do, 48, 209, 218, 221, 262, 280
Colar de Diamantes, caso do *ver* Colar da Rainha, caso do
Colbert, Jean-Baptiste, 33, 199
Collège des Bernardins, 96, 98, 104
Collot d'Herbois, Jean-Marie, 29
Comédie Française, 33-4, 229
comércio escravagista, 66
Comissão de Segurança Geral, 63
Comissão de Segurança Pública, 63
Companhia das Índias, 283
Condillac, Etienne Bonnot de, 26-7, 128, 280
Condorcet, Antoine-Nicolas, marquês de, 51-2, 283
Contat, Nicholas, 172
Contrat social, 181, 214, 219
Contrôleur général, 21, 261
Convenção Nacional de Emergência, 62-3, 65, 264, 269-75, 282-3
Corday, Charlotte, 270, 283
Cordeliers, 264, 281

Court de Gébelin, Antoine, 36
Crébillon Fils, 29
Cubières-Palmézeaux, Michel de, 15, 20
Cugnet (livreiro), 95-9, 101-3, 109-13, 118, 121, 124-5, 127, 198; sua mulher, 102, 104, 110

Danton, Georges Jacques, 62, 264, 269-72, 275, 281-3
Declaração dos Direitos do Homem e do Cidadão, 269, 280
Delacroix, Jean-François, 38
Delille, Jacques, *abbé*, 15, 24
Delisle de Sales, J.-B.-C. Izouard, 22
Des Essarts, Nicolas-Toussaint le Moyne, 20
Desauges, 59, 198
Desforges d'Hurecourt, 55
Desmoulins, Camille, 29, 50, 65, 69, 80, 220, 270-2, 279, 283
Dictionnaire Philosophique, 25
Diderot, Denis, 17, 26-7, 32, 83, 120, 126, 129, 131, 153, 184, 203, 273, 277-80
Dijon, 207
Direction de la Librairie, 34, 88, 124, 196, 201, 206
Dorat, Claude-Joseph, 15
dragonadas, 44, 263
du Barry, Jeanne Bécu, condessa, 45, 47, 97, 124, 136, 157-8, 214, 217, 265
Ducis, Jean-François, 21
Duclos, Charles Pinot, 16, 24-6, 30-1
Dumont de Sainte-Croix, J.-C.-N., 21
Dumouriez, Charles-François, 73, 282
Duport du Tertre, F.-J., 38
Duport, Adrien, 68
Duras, Henri de Durfort, duque de, 24

Edimburgo, 279
Édito de Nantes, 182

Ehrard, Jean, 186, 189-90, 192
Encyclopédie, 8, 16, 24, 82, 161-2, 164-5, 169, 205, 211, 220-1, 278, 280
enragés, 128, 271, 274, 283
Escarpit, Robert, 182-5
Escócia, 279
Espanha, 43, 260, 267, 271, 275, 282
espionagem, 62-3, 67-71, 80
Estados Unidos, 69, 73, 275, 280
Estivals, Robert, 209

Fabre d'Eglantine, Philippe, 22, 29, 40, 50
Fauche, Samuel, 220
Félice, Barthélemy de, 162, 166
Ferney, 15, 24
feuillants, 66, 68, 263-4, 281
fisiocráticos, 114, 121
Flandrin, Jean-Louis e Maria, 190
Fontenelle, Bernard Le Bovier de, 16
Fournier fils (livreiro), 118
Franco-Condado, 206, 279
Frankfurt, 9
Franklin, Benjamin, 172
Frederico II, 88, 104, 277-8, 280
Fréron, Elie, 39, 85-6, 126
Friburgo, 113, 119, 126
Fronda, 41, 182, 271
Furet, François, 186-90, 192, 194, 209, 212

Gaillard, 24, 162
galicanismo (Igreja galicana), 266, 274
Garat, Dominique-Joseph, 15, 20
Garden, Maurice, 165
Garnier, J.-J., 30
Gaxotte, Pierre, 62
Gazette de France, 16-7, 23, 88
Genebra, 74, 137, 162-4, 206-7, 278
Genlis, S.-F. Ducrest de Saint-Aubin, condessa de, 56, 68

Geoffrin, Marie-Thérèse, 16-7
Gerbier, P. J. B., 13
girondinos, 61, 65, 81, 134
Gluck, Christoph Wilibard von, 52, 264-5, 273, 278, 280
Gorsas, Antoine-Joseph, 22, 29, 38, 50
Goupil de Pallières (livreiro), 75
Gouy d'Arsy, marquês de, 65-6
Graffigny, Françoise Paule d'Issembourg de, 181
Grammont, Béatrix de Choiseul-Stainville, duquesa de, 18
Grégoire, Henri, 13, 51
Grenoble, 206
Grimm, Friedrich Melchior, barão de, 65
Grosley, P.-J., 148
Grub Street, 120
Guerra dos Sete Anos, 204, 278

Haia, 206
Hébert, Jacques, 50, 52, 69, 219, 272, 275, 280, 282-3
Helvétius, Claude-Adrien, 97, 152-3
historiógrafo, 20, 23
Hobbes, Thomas, 35, 277
Holanda, 94, 282
Holbach, Paul Thiry, barão d', 16, 26, 124, 153, 156, 221, 279-280
Houdetot, Elisabeth, condessa d', 16

Igreja galicana, 92, 107, 266, 274
Iluminismo: autores, sua popularidade, 16, 20, 23-5, 35, 83, 121, 123, 153-4, 158, 181, 187, 189, 191-2, 195, 213; e Revolução, 27, 28, 51-3
Imprimerie Polytype, 38
infâme, l', 52, 84, 267
Inglaterra, 54, 92, 118, 183, 209, 260-1, 277-80, 282
Itália, 261, 265, 270, 277

287

jacobinos, 51, 64, 263-4, 271, 274-5, 281-2

jornalismo, 74, 86, 123-4, 155-6, 190, 218

José II, 113, 115, 280

Journal de Littérature, des Sciences et des Arts, 89

Journal de Paris, 18, 36, 66-7

Journal des Savants, 23, 189-90, 193

Journal Encyclopédique, 86, 95

Journal Helvétique, 85, 89, 104, 108-9, 122-3

Kepler, 117

Keralio, Louis-Félix Guinement de, 20

La Blancherie, P.-C., 36, 229

La Harpe, Jean-François de, 15, 18, 20, 24, 27, 34, 40, 51, 265,

La Mettrie, Julien Offroy de, 152-3

La Noue, madame (livreira), 197

La Vrillière, duque, 44

Labrousse, C.-E., 209

Lafayette, Marie Joseph, marquês de, 65, 68, 73

Lamartine, Alphonse de, 183

Lameth, Théodore, 65, 67-8

Lanjuinais, Jean-Denis, 51

Launay, marquês de, 72

Laus de Boissy, Lois de, 85

Lausanne, 161-2, 166, 206-7, 214

Le Barre, 279

Le Breton, André François, 211

le monde, 16-8, 21-2, 24, 26-7, 31-6, 43-4, 48, 50-2, 130-1

Le Sage, Alain René, 31

Le Senne, *abbé*: como livreiro, 110, 112, 115, 118, 120-1, 123-5; obras anticlericais, 102, 104-8, 113, 117, 121-2; relações com a Société Typographique de Neuchâtel, 84-114, 117-8, 120, 122-5, 127

lei Sálica, 220

Leipzig, 9

leitura, 153, 159, 186-7, 189, 191-3, 195, 212; mudanças de hábito, 186-94, 221; público leitor, 11, 28, 32, 191

Lenoir, Jean-Charles Pierre, 19, 22, 59, 61-2, 65-9, 71-5, 78-80, 98-9, 102, 110, 112, 124, 216-7, 220; sobre Brissot como espião da polícia, 70, 72-5, 79; sua oposição às corporações de livreiros, 98-9, 124

Les Verrières, 139-41

Lescure, F.-A. Mathurin de, 62

Lespinasse, Jeanne Julie Éléonore de, 16

lettres de cachet, 44, 54, 64, 78, 127, 151, 156, 220, 266

Liga Católica, 41, 266

Lille, 206, 261

Linguet, Simon-Henri, 30, 36, 85-6, 91, 122-3, 151, 156

Lisboa, 9, 278

livre (moeda), 267

livreiros, corporações de (guildas), 33, 98-9, 124, 199-203, 206, 220

livres philosophiques, 134, 188, 221-2

livros, comércio, 14, 50; anticlericais, 102, 114, 138, 149, 154; clandestinos, 9, 11, 77, 79, 89, 95, 97, 110, 115, 124-5, 133, 135, 139-41, 143, 146, 153, 196, 208, 211; despesas de seguro, 142, 147; éditos de regulamentação, 199-202, 205, 211; encomendas de Mauvelain, 134-8, 141-2, 146, 148, 153-5, 158; legais, 88, 98, 124, 199-200, 203; provincianos e estrangeiros, 204-10

livros, contrabando de *ver* livros, comércio clandestino

Locke, John, 35, 277

Londres, 54, 56-8, 62, 74-5, 91, 94, 120, 220, 268-9, 279, 281

288

Lons-le-Saunier, 67
Loustalot de Couvray Jean-Baptiste, 50
Louvre, 96, 99, 103, 110
Luís XIV 44, 182-3, 263, 271, 273
Luís XV, 26, 44-5, 129, 150, 157-8, 182-3, 217, 265, 273, 277, 279
Luís XVI, 28, 158, 183, 216-7, 219-20, 261, 264, 269-70, 274, 279, 281-2
Luzarches, 102
lycées, 20, 36, 54-5, 57-8, 73, 75, 268
Lyon, 34, 161, 163-4, 191, 196-7, 205-6, 210, 266

Mably, Gabriel Bonnot de, 26-7
Madri, 41
Maestricht, 206
Mairan, Dortous de, 191, 193-4
Mairobert, Mathieu-François Pidansat de, 153, 155
Malesherbes, C.-G. de Lamoignon de, 104, 114-5, 121, 187, 200, 203, 283
Mallet du Pan, Jacques, 28
mansardes, 40
Manuel, Pierre-Louis, 29, 38, 48, 50, 71-3, 78, 153
Marat, Jean-Paul, 32, 39, 41, 50, 61-2, 64, 69, 75, 80, 267-71, 274-5, 277-83
Marchais, madame de, 17
Maret, Hugues-Bernard, 50
Margot, a companheira dos exércitos, 14, 270
Maria Antonieta, 68, 261-2, 264-5, 281, 283
Marmontel, Jean-François, 15, 20, 23-4, 27, 34, 50, 214, 265, 278
Marot, Clément, 181
Marselha, 9
Martin (secretário da polícia), 77-9
Mathiez, Albert, 62
Maupeou, Renê Nicolas de, 45-6, 214
Maurepas, madame de, 18

Maury, Jean-Sifrein, *abbé*, 15, 34
Mauvelin, Bruzard de, 134-48, 153-9
Mazarinades, 41, 270-1
Mémoires de Trévoux, 189, 193
Mémoires secrets, 107, 152, 155
menus-plaisirs, 23, 272
Mercier, Louis Sébastien, 22, 29-32, 38, 50, 76, 153
Mercure, 16, 20, 23, 34, 36, 88-9, 189
Meyer, Jean, 187, 192, 195
Michelet, Jules, 62
Mirabeau, Honoré Gabriel Riqueti, conde de, 36, 72, 74, 140, 147, 151, 153, 156, 216, 220, 281
Molière, Jean-Baptiste Poquelin, 40
montagnards, 63-5, 68, 263-4, 271-2, 283
montes Jura, 164, 197
Montesquieu, Charles de Secondat, barão de, 16, 26, 54, 68, 153, 278, 280
Morande, Charles Théveneau de, 37, 42-7, 70, 74, 153, 222
Morellet, André, *abbé*, 15, 20, 34, 50, 128
Mornet, Daniel, passim, 53, 180-1, 186, 189, 191-3, 195, 212
Moscou, 9
Mouchy, Antoine, 73
musées, 36

Napoleão, 182, 280, 282
Nápoles, 9, 265
Necker, Jacques, 16, 18, 91, 127, 138, 261-2, 269, 280-1
Neuchâtel, 9, 39, 56-7, 60, 79, 86-7, 89-91, 96, 98-9, 102, 104, 106, 108, 111, 114, 116, 118-9, 126-7, 136-8, 140-2, 148, 160-2, 164-6, 170, 207, 214, 278; biblioteca de, 8: *ver também* Société Typographique de Neuchâtel
neveu de Rameau, Le, 83, 129, 131-2, 185, 273

Néville, Le Camus de, 203
Newton, sir Isaac, 41, 117, 186, 268, 277
Nivernais, duque de, 18-9
nobreza: de espada, 144, 184-5, 272; togada, 144, 192, 271, 273

Ordre du Saint-Esprit, L', 20, 23
Orléans, duque d' (Philippe Egalité), 62, 68, 73, 283
Ormesson de Noiseau, Louis-François de Paul Lefèvre d', 39
Ostervald, Fréderic-Samuel, 85-91, 94, 99-103, 105, 107-110, 114-5

Palais de Justice, 37
Palais Royal, 35, 56, 69, 99, 155, 220, 263
Palissot, Charles, 126
Panckoucke, Charles-Joseph, 17, 88, 203, 205-6
Pange, François de, 66-7, 69
Panis, Etienne-Jean, 39
papier blanc, 204
Parlement de Paris, 98, 193, 201, 245, 262, 273
Patriote Français, 67, 68, 78, 81, 270
"pauvre diable, Le", 83-4, 94, 109, 116, 119, 129
pensões, 18-22, 27-8, 31, 33, 46, 50, 68-9, 91, 118-9, 126, 144, 157
père Duchesne, Le, 48, 219, 280
permissions, 28-9, 187-8, 190, 193-4, 197, 212
Perrentruy, 113
Pétion, 68, 264
Petit, Régine, 186-7, 192
Peuchet, Jacques, 74
Piccinni, Niccolò, 52, 265
Piis, Pierre-Antoine Augustin de, 20
Poitiers, 14
Pompadour, madame de, 277, 279
Pontarlier, 139-41

Pope, Alexander, 120
pornografia, 32, 37, 47, 72, 74-5, 149, 151, 153, 209, 222
Portugal, 278, 282
Potsdam, 278
Pottinger, David, 184-5
Prévost, Antoine François, abbé, 31
privilégios, 22, 33, 220; de instituições, 33, 60, 89, 200-3, 211; de livreiros, 28, 124, 201-2, 212; de livros, 33, 98, 188
Procope (café), 35
propaganda, 21, 36, 41, 51, 106-7, 121-2, 126-7, 159, 201; anticlerical, 102, 114, 117, 121
"proteção", 19, 34, 51, 85, 102, 108, 110, 122, 130, 156
Provins, 103, 108-9, 112, 121
Prudhomme, Louis-Marie, 38, 50
Prússia, 115, 277-8, 280-1

Quandet de Lachenal, Nicolas-Guillaume, 110, 117
Quiquincourt, 98, 117

Rameau, Jean-Philippe, 32, 119, 127-32, 266
raté, 129, 273
Raynal, Guillaume-Thomas-François, abbé, 16, 76, 97, 128, 137, 152-4
Régence, La (café), 35
Reims, 103, 112, 147
Renânia, 160
Restif de la Bretonne, Nicolas, 29, 172, 185
Revol, A. J., 196-7
Riccoboni, Marie-Jeanne Laboras de Mézières, 181, 220
Richelieu, A.-J. du Plessis, duque de, 182, 270

Richer, Edmond, 274; richerismo, 122, 267, 274
Rivarol, Antoine, 22, 29, 34, 51, 65, 69, 80
Robespierre, Maximilien, 64, 181, 270-2, 275, 278-83
Roche, Daniel, 186, 191-2
Roger, Jacques, 186, 189-90, 192
Rohan Edouard, príncipe de, 15, 48, 68, 262
Roucher, Jean-Antoine, 15
Rouen, 110, 206
Rousseau, Jean-Jacques, 17, 26-7, 48, 54, 68, 76-7, 81, 97, 99, 108, 153, 181, 214, 221, 273, 277-80
Rousseau, Pierre, 86
Roux, Jacques, 128, 272, 274-5, 282-3
Rulhière, Claude-Carloman de, 15, 24
Rússia, 278-9

Sainmore, Blin de, 20
Saint-Denis, 115, 125
Saint-Just, Louis de, 63, 70, 270-2, 282-3
Saint-Lambert, Jean-François, marquês de, 20
Saint-Yacinthe, Thémiseul de, 181
salons, 16
sans-culottes, 264, 269-72, 274-5, 280, 282-3
Sardenha, 282
Sartine, A.-R.-J.-G. Gabriel de, 203
Saurin, Bernard-Joseph, 17; sua viúva, 20
Saxônia, 278
Société des Amis des Noirs, 66
Société Royale de Médecine, 33, 39
Société Typographique de Neuchâtel (stn), análise de vendas, 148-52; correspondência com Le Senne, 84-114, 117-8, 120, 122-5, 127; correspondência com Mauvelain, 134-47,

157; vendas na França, 90-1, 95-103, 134
Sociologie de la littérature, 182
Soleure, 113, 126
Soulavie, Jean-Louis Giraud, abbé, 21
Suard, Jean-Baptiste-Antoine, 15-9, 24, 27, 32, 50, 52, 265
subliteratos ver Boemia literária, população de
Suécia, 278
Swift, Jonathan, 120

Tableau de Paris, 38, 76, 152
Taine, Hippolyte, 51, 62-3
Target, Guy-Jean-Baptiste, 15
Terray, Joseph-Marie, abbé, 45, 204, 214
Terror, 44, 219, 265, 267, 271, 283
Tessé, madame de, 18
Thomas, Antoine-Léonard, 15, 24, 27, 34, 243
Thompson, E. P., 165
tipografia; tipógrafos: brincadeiras, 174-8; cerimonial dos trabalhadores, 172-4; gírias, 161, 167, 172-7; padrões de trabalho, 166, 171, 178; recrutamento pela stn, 160-4; salários, 143, 161, 168, 170, 172
Tipografia Plantiniana, 171, 275
Tocqueville, Alexis de, 34
Tonnerre, 134
Toulouse, 261, 278
Trenard, Louis, 191
Treves, 281
Tribunal Revolucionário, 65, 69, 81, 264, 272, 275
Troyes, 103, 112-3, 115-6, 134, 136, 138-42, 144, 146-8, 153
Tulherias, 269, 281
Turgot, Anne-Robert-Jacques, 202-3, 205, 214, 280
Turim, 277

Varennes, 73, 281

Variétés, 52

Varsóvia, 9

Vergennes, Charles Gravier, conde de, 55, 205-10, 212-4, 217-8, 220-1, 275

Vers, 43

Versalhes, 38, 90, 98, 155-6, 197-8, 203, 208, 216, 261, 280-1

Vicq d'Azir, Félix, 39

Vidaud de Latour, Jean-Jacques, 19

Villon, François, 131, 275-6

Vincennes, 44, 77, 277

Voiture, Vincent, 25

Volney, C.-F., 65

Voltaire, François-Marie Arouet, 15-6, 23-7, 29-31, 35, 37, 40, 42, 48, 52, 54, 56, 83-4, 88, 91-2, 99-100, 108-9, 113, 119-22, 126, 128-9, 148, 153, 181, 191, 202, 262, 267, 277-81

Weber, Max, 174

Yverdon, 162, 166